RANG YUEDU ZHENZHENG FASHENG
ZHENGBEN SHU YUEDU ZHI TANSUO YU SHIJIAN

让阅读真正发生

——整本书阅读之价值探寻与教学实践

张　媛◎著

中国文联出版社

图书在版编目（CIP）数据

让阅读真正发生：整本书阅读之价值探寻与教学实践 / 张媛著． -- 北京：中国文联出版社，2023.3
ISBN 978-7-5190-4970-6

Ⅰ．①让… Ⅱ．①张… Ⅲ．①阅读课－教学研究
Ⅳ．① G423.02

中国版本图书馆 CIP 数据核字（2022）第 177608 号

著　　者　张　媛
责任编辑　闫　洁　王　萌
责任校对　吉雅欣
装帧设计　张　凯

出版发行　中国文联出版社有限公司
社　　址　北京市朝阳区农展馆南里 10 号　　邮编　100125
电　　话　010-85923025（发行部）　010-85923091（总编室）
经　　销　全国新华书店等
印　　刷　中煤（北京）印务有限公司

开　　本　710 毫米 × 1000 毫米　　1/16
印　　张　20.75
字　　数　310 千字
版　　次　2023 年 3 月第 1 版第 1 次印刷
定　　价　82.00 元

序　言

认识张媛老师，因为整本书阅读，转眼就是12年。12年来，我们一直并肩作战，让整本书阅读真实地进入语文课程，让学生的阅读真正发生。其间遇到并解决了许多具体问题，张老师用心，完整细致地记录了解决的过程，提炼出一些带有普适价值的操作办法，完成了《让阅读真正发生——整本书阅读之价值探寻与教学实践》。根据语文教师学术表达的基本类型，这本书可视为一个典型案例，具有案例的基本特点：呈现了真实而复杂的情境，描述了典型的教学事件，提出了多个问题并给出了效果确切的解决办法。按照写作内容，《让阅读真正发生——整本书阅读之价值探寻与教学实践》作为案例的典型性体现为以下三个方面。

整本书教学实践的典型案例。整本书阅读教学最初的设计形态，改进的原因，改进后的效果，张老师用源自教学现场的资料翔实记述了实践反思的过程，为其他老师探索整本书阅读的校本化方案提供了路径和策略参照，提供了解决问题的思想方法。整本书阅读与学校既有的文化氛围、家长和学生的阅读观念密切相关，需要多种情境下的多种教学样态，张老师提供了名校优生的实践样态，具有代表意义。自读—初读—深读—共议—表达的教学流程，注意到学生阅读的全过程，统筹安排了课内与课外、集体与个人的阅读活动，创设出自由阅读、快乐分享的阅读氛围，有利于保护和支持学生在阅读中的个性化理解，有利于发现学生阅读整本书的成功经验，体现出张老师学习观念和教学理念的先进性。特别是教学过程中使用的学习工具，能够引导学生用积极的状态参与阅读及其他语言实践活动，能够帮助学生借助阶段性学习成果进行自我反思，实现自我改进，逐渐养成自主阅读、深入思考的良好习惯。

教师专业发展的典型案例。执教《孩子你慢慢来》《海鸥乔纳森》，教学内容是在集体解读的基础上选定的；执教《西游记》《红星照耀中国》，教学内容源自丰富的文献积累，张老师在研读大量文献资料的基础上形成自己的理解，选择了合宜的教学内容；执教《昆虫记》《钢铁是怎样炼成的》，教学内容源自张老师的个性化解决，彼时，她的积淀足够丰厚，形成了自己解读文本的系统方法与独特视角。导读课程和学习任务单的设计，专题探究课的主题选择和组织方式，其中的变化均体现出实践过程中的发展与提升，表现出张老师教学实践的方向感和动力感。虽然张老师并没有将自己的教学主张提炼出来，但已经显现出稳定的教学追求，显现出区别与其他教师的重要特征，个人理论的特点已经比较鲜明。《让阅读真正发生——整本书阅读之价值探寻与教学实践》收录的教学实践资料时间跨度比较大，深入分析原始材料，能够看到张老师专业视野的拓展、专业自信的确立，专业信念的初步形成，从中可以探寻张老师对整本书阅读教学的理性认识。

学生阅读能力提高的典型案例。张老师在书中完整描述了一个学生个案，描述内容按时序呈现，涉及的资料包括学生的阅读内容、阅读成果，家长对学生阅读行为的支持和影响，老师和学生、家长的深度交流等。要取得面向全体学生的教学经验，要先从关注个体做起，聚焦个体完整的学习过程、独特的学习体验，描述学生成长的具体过程，以期从中抽取一般规律。张老师的个案研究属于长时间的跟踪研究，是多个观察视角的立体研究，通过可见的阅读能力进阶，确立一个成功的样本，这个样本能够为全体学生提供良好的示范。另外，教师细致全面地观察每一位学生，提高的是观察学生的敏感度，发展的是自身的育人能力。学生个案的价值在于既凸显了学业成功的范例，又刻画了优秀教师的教育教学行为。

案例的魅力在于其所含意义不能穷尽。案例反映了教师对教育教学的认识水平，支持这一思考过程的是教育教学的基本理论，从这个角度来看，本书的内容依然具有阐释空间，这种空间激发教师专业学习的需求，未来依然能够助力张老师的专业成长，故此本书的 2.0 版值得期待。案例向其他教师展示了完整的思考过程，对其他教师的启发包括聚焦关键事件和提供解决方案两个方面，在此基础上提供专业成长的视角和经验，不同的教师的阅读收获有所不同，能够从多个角度展开讨论。斯滕豪斯说"私下的研究在我们看来简直称不上研究。部分原因在于未公开发表的研究得不到公众批评的滋养，部分原因在于我们将研究视为一种共同体活动，而未发表的研究对他人几乎没有什么用处"，用大量精力整理资料，成书出版，能够体现张老师对研究的态度：对别人有用处的研究也会滋养自己未来的研究，成果可以迭代升级，研究需要持续推进。

张老师和我都很喜欢《海鸥乔纳森》，从乔纳森身上能看到张老师的影子。乔纳森先后挑战了一千英尺、两千英尺、五千英尺、八千英尺的高空飞行，学会了流线型高速俯冲，学会了乘着劲风飞抵远方的内陆，最终理解了"完美速度并不是时速一千英里、一百万英里，甚或与光速一样。任何数字都是一种局限，而完美是无止境的"。《让阅读真正发生——整本书阅读之价值探寻与教学实践》只是张老师的一份工作总结，"未来的岁月在前面召唤，散发着希望的光芒"，我知道她已经从一所学校毕业，是新学校开学的时候了。

吴欣歆

2022 年 4 月于北京

目　录

第一章
整本书阅读的价值探寻

第一节 整本书阅读的研究背景

"阅读是人类社会的一种重要的活动。"[1] 阅读是学生有能力进行终身学习的必要前提。"通过阅读，我们可以了解过往、审视现在、畅想未来；通过阅读，我们能够实事求是，脚踏实地；通过阅读，我们学会理解他人，表达观点；通过阅读，我们明白这个世界，学会生存之道。"[2]

基础教育对初中生阅读素养的培养尤为重视。朱永新教授认为，阅读的关键期在 14 岁之前，在学生时代培养起阅读习惯尤为重要，当他们成人以后，他们是用孩提时代所获得的东西为根基，继续构建内心的成人世界，"一个人的精神发育史就是其阅读史"[3]。对初中生而言，丰富厚重的"阅读史"可以为学生濡染潜隐的人格底色，奠定其人生发展的根基，涵养其平静而生动的气韵。青少年时代借助阅读形成的学养将深深浸渍于人的生命之中，成为抹不掉的文化记忆。"阅读关乎心灵的润泽，关乎生命的壮大，关乎人之为人的根基与气脉。"[4]

---

[1] 张必隐 . 阅读心理学 [M]. 北京：北京师范大学出版社，1992：1.
[2] 温红博，辛涛 . 阅读素养：孩子面向未来的基础能力 [N]. 中国教育报 . 2011–03–17（8）.
[3] 朱永新选编 . 改变，从阅读开始：重塑心的文化 [M]. 天津：天津教育出版社，2007：10.
[4] 杜霞 . 奥巴马的赞美诗 [J]. 中国教师，2012（19）.

初中是学生形成阅读能力的重要时期。处在信息时代的学生，尤其需要养成良好的阅读习惯，掌握有效的阅读技巧，形成高雅的阅读品位，进而实现真实有效的个性化阅读。"所谓阅读是学习之母，就是指阅读对生活、对工作有极为重要的影响；对口语表述、对书面写作有最直接的作用；对知识的获得、对智力的开发，有非常深远的意义。"[①] "缺乏阅读能力，将会阻碍和抑制脑的极其细微的连接性纤维的可塑性，使他们不能顺利地保证神经元之间的联系。谁不善于阅读，他就不善于思维。"[②] 初中阶段系统的阅读训练将为学生成长为自觉、快乐、热忱的终身阅读者打好基础。

一、学生整本书阅读现状问卷调查情况

为了加强实验与研究的针对性，我通过座谈、问卷的形式调查学生整本书阅读状况。我将北京市某学校初一 2 个班 70 名学生作为调查对象，从阅读兴趣、阅读目的、阅读时间、阅读习惯等方面考察学生整本书阅读现状。（问卷见附录一）

在学生整本书阅读情况调查问卷中，我共设计 27 道客观选择题，3 道主观笔答题。客观题涉及学生的阅读兴趣、阅读目的、对待整本书阅读的态度、是否自觉阅读、整本书阅读时间、阅读范围、选择读物的心理、选择读物的种类、阅读时的心理状态、阅读方法、交流意愿、对整本书阅读与语文测试中阅读成绩的认识、对老师指导的要求等。

主观题包括：你平时采用的读书方法有哪些；拿到一本书，你最先阅读的是哪些部分；请推荐一两本你认为值得同龄人细细品读的好书。

从调查的结果分析来看，该校初中生整本书阅读现状呈现以下主要特点：

---

① 张定远编.阅读教学论集［M］.天津：新蕾出版社，1983.
② ［苏］苏霍姆林斯基.给教师的建议［M］.杜殿坤，编译.北京：教育科学出版社，1984：202.

第一，有着较强的整本书阅读意愿，有着较为广泛的阅读兴趣，但就个体而言，阅读范围略显"狭窄"。

在被调查的 70 位学生中，74.3% 的学生比较喜欢整本书阅读。在最喜欢看的书类中，学生比较喜欢小说戏剧、传记文学、优秀散文等。访谈时，我重点调查了学生喜爱的小说类型，排在前几位的有中外经典名著、侦探推理小说、童话故事书、反映中学生生活的小说。在最喜爱的书籍推荐中，几位男生推荐了《三国演义》，他们认为"这里的人物描写很好，也可以了解一些历史"。推荐《小妇人》的同学认为"此书描绘了马奇家四个女儿从幼年成长到懂得情谊的少女的过程，情节感人至深、扣人心弦"。被访谈的几位学生都喜欢《福尔摩斯探案全集》，他们认为这个系列的书籍能够让自己学知识，变聪明，并且萌发了做侦探的愿望。一位同学推荐《女生贾梅》，她认为书中写到了初中发生的事，适合初中女生阅读。还有同学推荐了《小王子》，理由是"这本书让我懂得什么是纯真与爱"；《我在雨中等你》，理由是"反映了一只狗的心理，是一本令人感动的书"。总体看来，学生有较强的整本书阅读意愿，教师在教学中要关注"如何保护他们的阅读兴趣"。

关于学生整本书阅读的种类，34.3% 的学生认为自己的阅读面较为狭窄，60% 的学生有自己的兴趣取向，在书籍选择方面倾向于自己的偏好。"诗集"等内容少为初中生问津，这显然不利于学生审美趣味的提升。

第二，从阅读目的来看，大多数学生能够认识到整本书阅读对自己的成长具有积极的意义。

75.7% 的学生表示阅读目的是"理解世界，提升自己，增长知识，开拓视野"。被访谈时，学生们具体说明："读书可以让我看到更广阔的世界，知道一些我以前并不知道的事，得到更多的信息与知识。""我喜欢和书中的人物一起体验喜怒哀乐，这很有意思。""阅读能使我们增长知识，认识世界，了解人间情感。""我喜欢了解人生哲理，多学习一些成长的智慧。"调查中，有 12.9% 的学生将阅读目的定位为增强写作能力，11.4% 的学生为了消遣娱乐或完成家长或教师布置的任务而阅读。

与此相关，54.3% 的学生认为"整本书阅读最重要的作用"是可以丰富知识，陶冶情操，美化心灵，34.3% 的学生认为通过整本书阅读可以提高自己的阅读能力与写作能力。上述数据说明，学生能够明白读书的重要性，能够认识到整本书阅读的意义。

第三，学生整本书阅读的总量与时间有所欠缺。

在对学生平日阅读时间的调查中，82.9% 的学生每周只有 2 小时以内的时间用于阅读，55.7% 的学生将阅读时间安排在双休日。访谈时，学生们纷纷感慨："我挺想读书，可是每天写完作业就已经很晚了，家人催促我赶紧睡觉，一些好书就被放在一边了。"也有的学生坦言："好不容易到了周末，赶完了老师布置的作业，我还得上辅导班，虽然多学点英语挺好的，可是我的时间好像更不够用了。"可见，课业负担重挤占了大多数学生整本书阅读的时间。通过整本书阅读实现自我提升并非一朝一夕之事，与眼前具体的学习任务相比，还是后者的压力更大。阅读时间受限，阅读总量自然也受制约。

第四，阅读方法有待培养，阅读习惯有待养成。

在选择读物时，58.5% 的学生能根据自己成长的需要选择读物，换言之，他们愿意占有选择书目的主动权。57.1% 的学生会根据老师的介绍选择书籍，42.8% 的学生依据同学的议论选择阅读书目。由此可见，多数学生都能在与师友交流的过程中，选择整本书阅读。另外，25.7% 的学生选书的原则是"碰到什么读什么"，这种随意状况也不容忽视。

与此相关，只有 8.6% 的学生能够有计划地主动阅读；41.8% 的学生能够主动阅读，但无明确的计划；47.2% 的学生在阅读过程中缺乏计划性。

"能够有计划地读书"，是阅读习惯养成的一个重要参照，学生这方面的现状不容乐观。

阅读一本书时，52.9% 的学生表示自己的状态是"全身心投入"，但也有 37.1% 的学生认为自己的状态是"浮光掠影"。从主观题目的回答可以看出，学生的阅读方法不够丰富多样，部分学生无法提炼出自己的读书方法，能够明确列出的方法只有"圈点批注法"，从学生的描述看，半数左右的学生采用的是"逐行阅读法"，少数学生能够在阅读时细细品味，极个别的学生能够使用"跳读、猜读、研究性阅读"等方法。拿到一本书后，很少有同学能仔细"阅厅读跋"，多数同学会逐次阅读，30% 的同学会关注目录，从自己最感兴趣的部分入手。

进行整本书阅读的时候，31.4% 的学生没有提问习惯，55.7% 的学生发问但并不是很多。阅读与思考应当并行，调查结果显示，相当一部分学生的质疑意识有待培养。当被问及"你会用已有的阅读方法指导自己的阅读吗"，38.6% 的学生表示"不会自觉指导自己阅读"，50.0% 的学生处于"想指导，但找不到方法"的困惑中。

第五，渴盼教师指导。

基于数据分析，学生的阅读方法有待培养，学生的阅读习惯也有待养成，这些愿景的实现依靠学生自身的力量无法完全实现，这就引发我们关注：在学生看来，教师的"出席"会起到哪些作用？

在对自己课外选择的书册进行阅读时，只有 15.7% 的学生能够做到认真读，做笔记；但在教师指导下进行整本书阅读时，32.9% 的学生能够做到经常勾画、圈点、批注、摘抄，写读书笔记，边读边思。由此可见，教师的出席可以帮助学生养成良好的整本书阅读习惯。74.3% 的学生渴望得到教师指导，54.3% 的学生希望老师在阅读前、过程中、阅读后均有指导。

我们可以从学生对整本书阅读的态度和学生对整本书阅读教学的愿景两方面总结学生整本书阅读现状：初中生有着较强的整本书阅读意愿，有着较为广泛的阅读兴趣，但就个体而言，阅读范围略显"狭窄"。整本书阅读不应仅仅拘泥于文学，学生阅读面的拓展需要教师、家庭、社会的共同引导。调查结果显现，学生的阅读能力、阅读习惯与家庭读书环境的创造正相关。语文教师有义务和家长一起，拓宽学生整本书阅读的视野。从阅读目的来看，大多数初中生能够认识到整本书阅读对自己的成长具有积极意义，可现实情况是学生整本书阅读的总量与时间有所欠缺。

学生渴望能够"在有限时间内提高整本书阅读效率"，他们希望"在自主阅读后老师带领同学们一起阅读"或者"老师带领我们分析几次，再让我们自主学习"。学生希望"多留时间，课上讨论"甚至是"边读边讲"。学生们普遍希望教师"介绍一些符合我们年龄段、贴近我们内心的读物"，"多教一些阅读方法"，"多一些有趣味的活动"，"用章节串烧或读前文题的巧妙设计增加读书欲望"。学生也希望"能有一个解疑的专题，与老师交流"，他们觉得"缺少了老师带领分析的过程，同学可能走弯路"。总而言之，学生的阅读方法有待培养，阅读习惯有待养成，他们寄希望于教师的指导。如何将阅读学中的理念与学生自身能力的提升接轨？这需要教师在整本书阅读教学过程中开发合理的实施流程，用系列整本书阅读的教学指导把学生培养成"爱读书、会读书"的人。

二、整本书阅读教师教学情况调查

在对学生进行问卷调查的同时，我也通过座谈、问卷的形式，对整本书阅读教学情况进行了调查。我将某校初中部 20 位语文教师作为调查对象，调查教师本人的阅读习惯与其整本书阅读教学现状，结果如下。（问卷见附录二）

教师整本书阅读调查问卷包括19道客观选择题，5道主观笔答题。客观题分两部分展开：第一，对教师自身的整本书阅读情况进行调查，主要问题涉及教师自身的整本书阅读兴趣、阅读目的、对待教师自身阅读的态度、所读书目等；第二，教师对整本书阅读教学的态度，问题涉及"是否尝试过整本书阅读教学""整本书阅读教学在目标、内容、时间、开展方式等方面的安排""整本书阅读教学实施流程中的哪个环节更重要"等。在主观题中，我请老师回答"您理解的初中生整本书阅读目标是什么？""您认为初中学生所表现出来的整本书阅读方面的倾向与特点是什么？""根据阅读目标和学生阅读的特点，您是如何开展阅读教学的，采用了什么样的阅读策略和方法？""在以往的阅读教学过程中，您都积累了哪些宝贵的阅读教学经验？""在以往的阅读教学过程中，您又有哪些问题和困惑？"

从调查的结果分析来看，我校整本书阅读教学现状具有以下主要特点。

第一，教师本人有强烈的阅读兴趣但缺少规划。

被问及"您喜欢整本书阅读吗？"，95%的老师表示非常喜欢。他们阅读书册的目的绝大多数是"理解世界，提升自己，增长知识，开拓视野"。总体说来，语文教师对书册阅读有着发自内心的痴迷。我在访谈中发现，多数教师保持着自觉阅读的好习惯，对于书报、杂志等有较高的关注度。但就整本书阅读而言，只有30%的教师能够有计划地主动阅读。有的老师办有首都图书馆的借阅卡，每月必借4本书，年阅读量在48本以上。也有的老师根据教学所需，阅读相关作家的文集及评论书册。有的老师关注个人成长需求，大量阅读诗文、小说类作品之后选择教育理论书籍提升自己。60%的教师虽然热爱阅读，但是缺乏有意识的规划，阅读视野未能被有效拓展，从书册中汲取的养分也大大缩水。

第二，教师对于"整本书阅读教学"的认识存在误区。

调查结果显示，95%的教师认为整本书阅读教学是比较重要或非常重要的，从教师自身的成长历程来看，一本好书可以改变人的一生，语文教师承担着引导学生读书的义务。教师普遍注重整本书阅读，但在"整本书阅读教学"的认识上存在误区。

在教学实际中，90%的教师都是按《课标》要求完成任务，尚未系统而有创意地开展整本书阅读，多数作品是由教师推荐给学生自行阅读。受此种意识的影响，教师在教学目标、内容的安排上大体明确的占30%，比较随意和模糊的占70%。在整本书阅读教学中，90%的教师最关注试卷中"名著阅读"部分学生的成绩。不难看出，多数教师为"应考"而开展整本书阅读教学，真正意义上自觉主动的整本书阅读尚未开始。

在整本书阅读教学受到冲击的因素中，30%的教师认为是"学生学业负担过重，没有阅读时间"，另有30%的教师认为整本书阅读教学"付出与收效不成正比"。他们认为，如果将大量的时间用来开展整本书阅读，就冲击了常规教学，沉溺在茫茫书海中，常规知识点很难落实。

太多的顾虑担心、太多的急功近利、太多的谨小慎微使"整本书阅读教学"成为大多数教师可望而不可即的梦。

第三，对于"整本书阅读教学"的实施，教师缺乏深入探究。

访谈中，一位教师坦言自己对驾驭整本书的阅读教学存有畏难情绪，觉得"整本书阅读教学"心有余而力不足。在整本书阅读教学开展方式的调查中，90.0%的教师会根据大纲要求布置学生课下阅读相关著作，65.0%的教师会根据自己的读书品味推荐学生课下读好书，75%的教师曾组织学生课上开展好书推荐活动，40.0%的教师关注学生整本书阅读最终成果并组织课上交流展示，仅有5.0%的教师开展班级读书会，在学生读书过程中予以指导和推进。

在整本书阅读教学实施流程中，50%的教师关注阅读前指导，30%的教师关注阅读后指导，能够同时兼顾阅读过程中指导的只占10%。75%的教师关注学生阅读习惯的培养却苦于没有很好的方法。

随着《课标》理念的落实，很多教师都积极开展整本书阅读指导，但基本停留在两个层面。其一，将课外阅读完全置于"课外"，交由学生自行阅读，教师没有充分关注学生在阅读中遇到的困难。由于课外名著阅读已纳入中考范围内，教师对学生阅读验收的标准就是能答出中考试卷中的若干考题。教师并不关心学生是否享受到阅读的愉悦，更多关注答题的准确性。名著经典沦为另类的"题海"。其二，教师渴望对阅读有所指导，但书册种类多，底蕴丰厚，教师的指导活动开展得不够深入透彻。"在实际教学工作中，有一项工作没有引起足够的重视。这项工作就是教给学生阅读方法，培养学生具有良好的阅读习惯。"[1]很多教师自己热爱阅读，但没有较好的指导策略，一些优秀书目只停留在教师的推荐书目中，没有真正走进教室，创造出"交流、交融、交锋"的活跃课堂。据我所知，不少教师组织学生阅读，要求学生写读后感，但并未指明读写结合点。学生写完读后感后也仅是选出优秀者在班级朗读，朗读作品的学生对书册的理解未得到同龄人的补充与丰富，其余学生也不知自己的感受该如何深化。

【附录一】学生问卷

学生整本书阅读调查问卷

亲爱的同学：

你好！这是一份简短的问卷，目的是了解你语文整本书阅读的情况，

---

[1] 颜振遥.教育阅读方法，培养良好阅读习惯［J］.人民教育，1963（10）.

以备老师对你的阅读进行有针对性的指导。请你认真如实地答好下面问卷的内容。谢谢合作。

初一语文组

一、请根据自己的实际情况选择，选择适合你的选项。（没有特别注明的只能选择一项）

1. 你喜欢整本书的阅读吗？

A. 非常喜欢　　　　　　　　B. 比较喜欢

C. 偶尔喜欢　　　　　　　　D. 不喜欢

2. 你的阅读目的是什么？

A. 增强写作能力　　　　　　B. 增长知识，开拓视野

C. 理解世界，提升自己　　　D. 为了完成家长或教师布置的任务

E. 消遣娱乐

3. 你对待整本书阅读的态度是：

A. 有计划的主动阅读　　　　B. 能够主动阅读，但无明确的计划

C. 有人督促才会去读　　　　D. 偶尔翻一翻

4. 你认为整本书阅读最重要的作用是什么？

A. 能提高阅读能力，提高写作能力

B. 能丰富知识，陶冶情操，美化心灵

C. 放松心情，休闲娱乐

5. 你是否有自觉阅读的好习惯？

A. 经常自觉阅读　　　　　　B. 偶尔自觉阅读

C. 没有阅读的习惯

6. 你平时用于整本书阅读的时间有多少（每周）？

A. 2 小时以内　　　　　　B. 2—4 小时

C. 4—6 小时　　　　　　D. 6 小时以上

7. 你平时阅读的时间一般安排在什么时候？

A. 双休日　　　　　　　　B. 周一至周五每天完成学习任务后

C. 想读的时候随时阅读

8. 你平时的阅读范围如何？

A. 自认为很广泛　　　　　B. 广泛

C. 一般化　　　　　　　　D. 狭窄

9. 你选择读物的心理是？（可多选）

A. 根据自己成长的需要　　B. 听到老师介绍

C. 听到同学议论　　　　　D 碰到什么读什么

10. 你的整本书阅读中，常看一些什么种类的书籍？（可多选）

A. 传记文学　　　　　B. 小说戏剧　　　　C. 诗集

D. 散文集　　　　　　E. 政治经济类评论

11. 你平时阅读的书籍是从哪种渠道获得的？

A. 自己买　　　　　　　　B. 向别人借

C. 学校图书馆或其他途径

12. 阅读时的心理状态如何？

A. 全身心投入　　　　　　B. 浮光掠影

C. 不想读，硬着头皮看

13. 对于你自选的课外书册，你会用哪种阅读方式？

A. 应付式　　　　　　　　B. 随便翻翻

C. 认真读，做笔记　　　　D. 不动笔墨，但认真思考

14. 整本书阅读对你来说是（   ）

A. 一件轻松的事情，我能从中体会到快乐

B. 一件平常的事情，我能基本完成阅读要求

C. 一件为难的事情，我对自己的阅读水平没多大自信

D. 一件烦恼的事情，我对自己的阅读能力丧失信心

15. 你会用已有的阅读方法指导自己的阅读吗？

A. 会自觉指导自己阅读　　　　　B. 不会自觉指导自己阅读

C. 想指导，但找不到方法

16. 进行整本书阅读的时候，你是否有好问的习惯？

A. 经常发问　　　　　　　　B. 发问但并不是很多

C. 没有好问习惯

17. 在整本书阅读的过程中，你有跟同学分享读书体会的渴望吗？

A. 渴望交流，期待提升　　　　B. 无所谓　　　　　C. 不愿交流

18. 在整本书阅读结束后，你愿意与同学分享你的读书成果吗？

A. 渴望展示，期待认同　　　　B. 无所谓　　　　　C. 不愿展示

19. 在阅读过程中遇到不懂的问题，你是如何解决的？

A. 通过已形成的查阅字典或参考资料的习惯解决

B. 与家长或同伴交流

C. 与教师交流

D. 没有上述习惯，听之任之

20. 在课堂上进行阅读，你是否主动思考并积极发言？

A. 积极思考并踊跃发言

B. 思考但只是偶尔主动发言

C. 老师点名要我回答时才发言

D. 一贯懒得思考，从不发言

21. 在教师指定的整本书阅读中，你经常使用圈点批注的方法吗？

A. 经常勾画、圈点、批注、摘抄，写读书笔记，边读边思

B. 一般情况下，没有好的方法，只是随随便便，勾勾画画

C. 只读不思，读完就算

D. 根本不会去做

22. 如果让你回忆小时候的读书经历，你认为下列情况哪个是你所经历过的？（可多选）

A. 父母带我去书店买我喜欢的书，并建议我读有利于提高阅读能力的书籍

B. 小时候父母总是抽出时间陪我读书，总不间断，这对我今后阅读有帮助

C. 父母忙，很少陪我买书读书，我只是自己买我感兴趣的书籍，随便看看，但会问我最近读什么书

D. 父母基本不过问我的阅读情况。一家人闲处时间父母通常是聊天、看电视，没有一家人一起阅读的习惯

23. 如果你的阅读水平较好，你认为这得益于下面哪些因素？

A. 家庭早期阅读的培养且父母有好的读书习惯　　B. 老师的指导

C. 说不上来为什么，就是阅读成绩好　　　　　　D. 自己的爱好

24. 如果你的阅读能力比较低下，你认为是有什么原因造成的？

A. 家里没有多少书可读，家人不重视读书

B. 老师几乎没有好的方法指导

C. 我不喜欢坐下来读书

D. 无论我怎么用功读书，阅读成绩的提高无济于事

25. 你认为整本书阅读对提高现代文阅读成绩有无帮助？

A. 有很大帮助　　　B. 有帮助，但帮助不大　　　C. 没有帮助

26. 在你看来，整本书阅读对提高作文成绩有无帮助？

A. 有很大帮助　　　　　　B. 有帮助，但帮助不大　　　　C. 没有帮助

27. 你希望在整本书阅读时得到老师的指导吗？

A. 希望老师在阅读前、过程中、阅读后均有指导

B. 希望老师仅在读前指导

C. 不用指导　　　　　　D. 无所谓

二、主观题

28. 你平时采用的读书方法有哪些？

29. 拿到一本书，你最先阅读的是哪些部分？

30. 请推荐一两本你认为值得同龄人细细品读的好书。

表 1-1　初一年级学生问卷调查结果（70 份）

选项 题号	A	B	C	D	E
1	45.7%	28.6%	7.1%	2.9%	
2	12.9%	30.0%	45.7%	4.42%	7.14%
3	8.6%	41.4%	34.3%	12.9%	
4	34.3%	54.3%	11.4%	0.0%	
5	12.9%	20.0%	67.1%	0.0%	
6	82.9%	10.0%	4.3%	2.9%	
7	55.7%	34.3%	10.0%	0.0%	
8	17.1%	22.9%	25.7%	34.3%	
9	58.5%	57.1%	42.8%	25.7%	
10	50.0%	92.9%	4.3%	32.9%	28.6%
11	48.6%	8.6%	42.9%	0.0%	
12	52.9%	37.1%	12.9%	0.0%	
13	8.6%	25.7%	15.7%	50.0%	
14	18.6%	54.3%	14.3%	5.7%	

题号 \ 选项	A	B	C	D	E
15	11.4%	38.6%	50.0%	0.0%	
16	12.9%	55.7%	31.4%	0.0%	
17	47.1%	40.0%	12.9%	0.0%	
18	45.7%	38.6%	14.3%	0.0%	
19	15.7%	48.6%	28.6%	7.1%	
20	5.7%	51.4%	30.0%	12.9%	
21	32.9%	55.7%	7.1%	4.3%	
22	62.9%	57.1%	40.0%	32.9%	
23	48.6%	15.7%	21.4%	14.3%	
24	32.9%	27.1%	5.7%	34.3%	
25	51.4%	35.7%	12.9%	0.0%	
26	48.6%	34.3%	17.1%	0.0%	
27	54.3%	22.9%	8.6%	7.1%	

【附录二】教师问卷

教师整本书阅读教学情况调查问卷

尊敬的老师:

您好!整本书阅读是本校语文教学的组成部分,如何提升学生的整本书阅读能力,如何提高教师指导的效率,一直是老师们关注的问题。这份简短的问卷,目的是了解您整本书阅读教学的情况,以便我们能找到目前整本书阅读实施过程中的问题,探索出合理的整本书阅读实施流程,改进目前的教学行为,提升学生的阅读素养。请您认真如实地答好下面的问卷内容。谢谢合作。

初一语文组

一、请根据自己的实际情况，选择适合你的选项。（没有特别注明的只能选择一项）

1. 您喜欢整本书阅读吗？

A. 非常喜欢　　　　　　　　B. 比较喜欢

C. 说不清　　　　　　　　　D. 不喜欢

2. 您阅读的目的是什么？

A. 理解世界，提升自己　　　B. 增长知识，开拓视野

C. 娱乐休闲，打发时间　　　D. 完成教学任务

3. 您对待整本书阅读的态度是：

A. 有计划的主动阅读　　　　B. 想读便读，随意性强，但阅读量较大

C. 偶尔翻一翻　　　　　　　D. 太忙，想不起来读

4. 在您眼里，认为学生读课外书籍有什么作用？

A. 能提高阅读能力，提高写作能力，对学习有帮助

B. 能丰富知识，陶冶情操，美化心灵

C. 没什么作用，随便翻翻，打发时间

5. 您是否有自觉阅读的好习惯？

A. 经常自觉阅读　　　　　　B. 偶尔自觉阅读

C. 没有阅读的习惯

6. 您认为整本书阅读教学重要吗？

A. 非常重要　　　　　　　　B. 比较重要

C. 不太重要　　　　　　　　D. 分数重要，训练不太重要

7. 您是否尝试过整本书阅读教学？

A. 有创意，开展得很系统　　B. 按大纲要求完成任务

C. 没有开展

8. 您的整本书阅读教学在目标、内容方面是怎么安排的？

A. 系统有序　　　　　　　　B. 大体明确

C. 比较随意　　　　　　　　D. 比较模糊

9. 您的整本书阅读教学一般如何安排课时？

A. 每周一节　　　　　　　　B. 每两周一节

C. 每月两至三节　　　　　　D. 很少安排

10. 您认为目前初中生整本书阅读教学受到的最大冲击是：

A. 考试制度　　　　　　　　B. 学生学业负担过重，没有阅读时间

C. 付出与收效不成正比　　　D. 都有涉及

11. 您认为学生整本书阅读能力提升关键靠：

A. 教师　　　　　　　　　　B. 学生

C. 师生双方　　　　　　　　D. 不知道

12. 您平时注重整本书阅读教学实施流程中的哪个环节：

A. 阅读前的指导　　　　　　B. 阅读过程中的指导

C. 阅读后的指导　　　　　　D. 都注重

13. 您是否注重学生阅读习惯的培养？

A. 注重培养学生良好的阅读习惯

B. 关注但没有很好的方法引导学生

C. 不关注

14. 您的整本书阅读教学开展方式趋近于下列哪种方式？（可多选）

A. 根据大纲要求让学生课下阅读相关著作

B. 根据自己的读书品味推荐学生课下读好书

C. 组织学生课上开展好书推荐活动

D. 关注学生整本书阅读最终成果并组织课上交流展示

E. 开展班级读书会，在学生读书过程中予以指导和推进

15. 在整本书阅读教学中，您最关注的问题是什么？

A. 试卷中"名著阅读"部分的学生成绩

B. 学生读书习惯的培养

C. 学生是否通过该书阅读收获新的阅读方法

D. 学生是否收获心灵的滋养

E. 学生的创造潜能是否得到激发

16. 在整本书阅读教学中，您曾涉及一些什么种类的书籍？（可多选）

A. 传记文学　　　　　　　　B. 小说戏剧散文类

C. 科学科幻类　　　　　　　D. 历史、经济等社科类论著

E. 绘本

17. 您会用已有的阅读方法指导学生的阅读吗？

A. 会自觉指导　　　　　　　B. 没有考虑过阅读中的指导问题

C. 想指导，但找不到方法

18. 如果学生的阅读水平较好，您认为这得益于下面哪些项目？（可多选）

A. 父母的督促　　　　　　　B. 老师的指导

C. 家庭早期阅读的培养且父母有好的读书习惯

D. 学生自己的爱好

19. 如果学生的阅读能力比较低下，您认为是有什么原因造成的？

A 家长不重视读书　　　　　　B. 老师几乎没有好的方法指导

C. 学生能力低下

二、主观题

1. 您理解的初中生整本书阅读目标是什么？

2. 在您眼里，初中学生所表现出来的整本书阅读方面的倾向与特点是什么？

3. 根据阅读目标和学生阅读的特点，您是如何开展阅读教学的，采用了哪些阅读策略和方法？

4. 在以往的阅读教学过程中，您都积累了哪些宝贵的阅读经验？

5. 在以往的阅读教学过程中，您又有哪些问题和困惑？

表 1-2　初中语文教师整本书阅读教学问卷调查结果（20 份）

题号 \ 选项	A	B	C	D	E
1	95.0%	5.0%	0.0%	0.0%	
2	85.0%	5.0%	5.0%	5.0%	
3	30.0%	45.0%	15.0%	10.0%	
4	40.0%	60.0%	0.0%	0.0%	
5	90.0%	10.0%	0.0%	0.0%	
6	50.0%	45.0%	5.0%	0.0%	
7	0.0%	90.0%	10.0%	0.0%	
8	0.0%	30.0%	35.0%	35.0%	
9	90.0%	10.0%	0.0%	0.0%	
10	15.0%	30.0%	30.0%	25.0%	
11	60.0%	15.0%	25.0%	0.0%	
12	50.0%	10.0%	30.0%	10.0%	
13	25.0%	75.0%	0.0%	0.0%	
14	90.0%	65.0%	75.0%	40.0%	5.0%
15	90.0%	75.0%	25.0%	50.0%	10.0%
16	40.0%	100.0%	30.0%	10.0%	10.0%
17	25.0%	0.0%	75.0%	0.0%	
18	0.0%	30.0%	40.0%	30.0%	
19	40.0%	50.0%	10.0%	0.0%	

第二节　整本书阅读的研究意义

"读一本好书，会让你的努力有所回报。最好的书对你的回馈分成两种：第一，当你成功地阅读了一本难懂的好书之后，你的阅读技巧必然增进了。第二，一本好书能教你理解这个世界以及你自己。你不只更懂得如何读得更好，还更懂得生命。你变得更有智慧，而不只是更有知识，像只提供讯息的书所形成的那样。你会成为一个智者，对人类生命中永恒的真理有更深刻的体认。"①

与单篇文章相比，"整本的书"文字信息量更大，逻辑结构更为错综复杂，思想内涵也更为丰富和厚重。每一本好书都凝聚着作家的心魂，每一次投入的阅读都是读者与作者的心灵对话。阅读是读者寻找自我、发现自我、救赎自我的路径。经由阅读，学生不仅可以收获"审美自失"的愉悦，还可以收获经典作品中所蕴含的智慧和精神，从而生成思维、产生思想。与单篇阅读相比，整本书阅读对青少年精神生活的充实，阅读素养的提升具有更显著的促进作用。

纵观历年课程标准，"整本书阅读"一直被大力倡导，不同的课程文件用不同的表述形式呈现出对"整本书阅读"的重视。

1929 年《初级中学国文暂行课程标准》中有这样一条关于教学目标的表述："养成了解平易的文言文书报的能力。养成阅读书报的习惯和欣赏文艺的兴趣。"②在"作业要项"中也明确指出，阅读分为"精读"和"略读"。"精读由教员选定适当的材料，指导各种研究的方法，使学生对于所读的

---

① ［美］莫提默·J.艾德勒，查尔斯·范多伦.如何阅读一本书［M］.郝明义，朱衣，译.北京：商务印书馆，2004：341.

② 课程教材研究所.20 世纪中国中小学语文课程标准·教学大纲汇编：语文卷［Z］.北京：人民教育出版社，2009.

材料，关于内容方面，有明白的认识，关于形式方面，有详细的了解。略读由教员选定整部的名著，或节选整部的名著，指导读法，使学生对于所读的内容旨趣，有概括的了解和欣赏。"①八十多年前，"整部名著"的阅读就被列入课程标准中，可见近代教育史对整本书阅读的关注。

1956年，《初级中学文学教学大纲（草案）》对教学课时进行了细致的规划，每学期留出4课时做"课外阅读指导"。1963年《全日制小学语文教学大纲》中明确指出："提高学生的语文水平，一方面要让学生精读课文，另一方面要让学生广泛地阅读。古人说：'读书破万卷，下笔如有神。'只读课本，不广泛涉猎，总是不够的。因此，必须加强课外阅读指导。课外阅读指导，主要是选择有益的读物，提示阅读的方法，培养读书的习惯，协助组织一些读书活动。课外的阅读指导和写作指导，既要有统一的布置和一般的要求，又要适当地考虑到学生能力的差别和爱好的不同，尽可能做到切实具体，因材施教。"②

1978年，《全日制十年制学校中学语文教学大纲（试行草案）》提出："不仅在课堂上要重视培养学生的自学能力，还要指导学生进行课外阅读和写作。从长篇作品中节选的课文，可以指导学生课外阅读全书或部分章节。要给学生推荐有益的读物，提示阅读的方法，引导学生不断扩大阅读范围。可以组织学生举行读书心得交流会、朗诵会等。要使学生在课外阅读和写作中养成使用一般工具书的习惯。"③

1980年，《全日制十年制学校中学语文教学大纲（试行草案）》（修订

---

① 课程教材研究所.20世纪中国中小学语文课程标准·教学大纲汇编：语文卷［Z］.北京：人民教育出版社，2009.3.

② 课程教材研究所.20世纪中国中小学语文课程标准·教学大纲汇编：语文卷［Z］.北京：人民教育出版社，2009.3.

③ 中华人民共和国教育部制订.全日制十年制学校中学语文教学大纲（试行草案）［Z］.北京：人民教育出版社，1978.

后第二版）也强调："提高学生的读写能力，只靠课内是远远不够的，还要指导学生进行课外阅读和写作。教材中的阅读课文，要有计划地指导学生学习。从长篇作品中节选的课文，可以指导学生课外阅读全书或部分章节。要给学生推荐有益的读物，提示阅读的方法，引导学生不断扩大阅读范围。可以组织学生举行朗诵会、读书心得交流会等。要使学生在课外阅读和写作中养成使用一般字典和词典的习惯。"①

1986年，《全日制中学语文教学大纲》（以下简称《大纲》）指出："课外阅读指导，主要是推荐有益读物，提示阅读方法。"②在"各年级语文基本能力和基础知识教学要求"中，《大纲》还明确规定了整本书阅读的数量："初一年级，课外阅读三五本书。初二年级，养成读报的习惯，课外阅读三五本书。初中三年级课外阅读三五本书。能对程度适宜的政治、科技读物和文艺读物的内容和表达形式作一点评析。学会做读书卡片。"③

1988年《九年制义务教育全日制初级中学语文教学大纲（初审稿）》、1990年《全日制中学语文教学大纲（修订本）》也都要求教师"推荐有益读物，提示阅读方法"。

1992年《九年制义务教育全日制初级中学语文教学大纲（试用）》提出初中生"应养成读书看报的习惯。课外自读每学年不少于80万字（其中文学名著2—3部）"④。在"课外阅读推荐书目"中推荐了《西游记》《鲁滨逊漂流记》《水浒传》等十部名著。至此，整本书阅读不仅有了字数方面的要求，而且有了具体的推荐书目。

---

① 中华人民共和国教育部.全日制十年制学校中学语文教学大纲（试行草案）[Z].北京：人民教育出版社，1980.

② 课程教材研究所.20世纪中国中小学语文课程标准·教学大纲汇编：语文卷[Z].北京：人民教育出版社，2009.

③ 中华人民共和国教育部.全日制中学语文教学大纲[Z].北京：人民教育出版社，1986.

④ 中华人民共和国教育部.九年制义务教育全日制初级中学语文教学大纲（试用）[Z].北京：人民教育出版社，1992.

2001 年，《全日制义务教育语文课程标准（实验稿）》指出："九年课外阅读总量应在 400 万字以上。学会制订自己的阅读计划，广泛阅读各种类型的读物，阅读总量不少于 260 万字，每学年阅读两三部名著。"① "培养学生广泛的阅读兴趣，扩大阅读面，增加阅读量，提倡少做题，多读书，好读书，读好书，读整本的书。鼓励学生自主选择阅读材料。"② "读整本的书"的提法明晰，整本书阅读从此备受关注。课外读物推荐中，不仅有《安徒生童话》等童话、《伊索寓言》等寓言、《朝花夕拾》等诗歌散文集、《西游记》等长篇文学名著，"茅盾文学奖"获奖作品等文学书册，还有对"科普科幻读物和政治、历史、文化各类读物"的大力推荐。整本书阅读的选择范围不断拓展。

2011 年，《义务教育语文课程标准（2011 年版）》（以下简称《课标》）明确指出："培养学生广泛的阅读兴趣，扩大阅读面，增加阅读量。提倡少做题，多读书，好读书，读好书，读整本的书。鼓励学生自主选择阅读材料。"③ 在阅读数量上，也明确要求"7—9 年级课外阅读总量不少于 260 万字，每学年阅读两三部名著"④。

2022 年，《义务教育语文课程标准（2022 年版）》（以下简称《课标》）将"整本书阅读"设为"拓展型学习任务群"，指出："本学习任务群旨在引导学生在语文实践活动中，根据阅读目的和兴趣选择合适的图书，制订阅读计划，综合运用多种方法阅读整本书；借助多种方式分享阅读心得，

---

① 课程教材研究所 . 20 世纪中国中小学语文课程标准·教学大纲汇编：语文卷［Z］. 北京：人民教育出版社，2009.

② 课程教材研究所 . 20 世纪中国中小学语文课程标准·教学大纲汇编：语文卷［Z］. 北京：人民教育出版社，2009.

③ 中华人民共和国教育部 . 义务教育语文课程标准（2011 年版）［M］. 北京：人民教育出版社，2011.

④ 中华人民共和国教育部 . 义务教育语文课程标准（2011 年版）［M］. 北京：人民教育出版社，2011.

交流研讨阅读中的问题，积累整本书阅读经验，养成良好阅读习惯，提高整体认知能力，丰富精神世界。"①

纵观八十多年语文课程标准和教学大纲对课外阅读的相关建议，我们不难发现，课程文件一直以"倡导读名著、广泛涉猎"的提法引导教师关注初中生整本书阅读。

1941 年，叶圣陶先生曾在《论中学国文课程的改订》中提出这样的观点："现在的国文教材似乎该用整本的书，而不该用单篇短章……退一步说，也该把整本的书作主体，把单篇短章作辅佐。"②1949 年，《中学语文课程标准》中明确要求："中学语文教材除单篇的文字外，兼采书本的一章一节，高中阶段兼采现代语的整本的书。"③ 社会的不断进步、经济的不断发展，国民素质的不断提高，加之信息时代的到来使得青少年通过多种媒介更早地接触到海量信息，青少年的知识面在不断扩大，他们的阅读视野也通过多种渠道不断拓展。整本书阅读成为初中语文学习中不可或缺的一部分，从上述文件课程的规定来看，初中生进行整本书阅读是必要的，也是可行的。

第三节　整本书阅读的目标要求

整本书阅读目标的确定决定着整本书阅读教学实施流程的价值取向。

---

① 中华人民共和国教育部.义务教育语文课程标准（2022 年版）［M］.北京：北京师范大学出版社，2022.

② 叶圣陶.叶圣陶语文教育论集［M］.北京：教育科学出版社，1980.

③ 叶圣陶.叶圣陶语文教育论集［M］.北京：教育科学出版社，1980.

"目标决定内容，内容决定行为。整本书阅读教学目标决定着整本书阅读内容及整本书阅读教学实践行为。"①明确目标要求，可以使我们从"出发点"着手开始整本书阅读的教学实践。

一、来自国外文献的经验

通过对各国整本书阅读教学目标的比较，我发现国外整本书阅读目标与我国整本书阅读目标的不同点体现为：阅读目标多样化；引导学生学会精确阅读、掌握阅读技能的同时，引导学生用批判的眼光评价文学作品，鉴别、筛选大众传媒作品；注重学生阅读过程中内心的感受。

（一）增进阅读技巧

综观美国、英国、德国、法国、日本、加拿大的整本书阅读目标中，都提及"培养必要的阅读技能，理解以各种形式出现的文字。发展学生一系列的阅读和学习技巧。提高学生深入阅读文学作品的能力"②。

阅读是寻求意义的途径。阅读的一个重要目的就是要使学生学会流畅阅读，精确分析，并能理解各种不同的读物内涵，作出正确的推论。

在《如何阅读一本书》中，作者认为"阅读的目标：为获得资讯而读，以及为求得理解而读"。那么，提取信息及提升理解能力应成为阅读的目标。

"真正的阅读：你什么都没有，只凭着内心的力量，玩味着眼前的字句，慢慢地提升自己，从只有模糊的概念到更清楚的理解为止。这样的一种提升，是在阅读时的一种脑力活动，也是更高的阅读技巧。这种阅读就

---

① 易海华.国外书册阅读教学的系统考察与启示［J］.湖南科技大学学报（社会科学版）2006（5）.

② 易海华.国外书册阅读教学的系统考察与启示［J］.湖南科技大学学报（社会科学版）2006（5）.

是让一本书向你既有的理解力做挑战。"① 阅读是通过凝神思索，将自我的阅读感受不断深化，使个人对书册由粗浅的了解渐渐走向深度阅读。

（二）在阅读中发现乐趣

国外整本书阅读目标大多注重孩子阅读过程中内心的感受。他们认为，要使学生在阅读中发现乐趣，阅读是为了满足兴趣和享受愉悦。"使学生认识到阅读既是获取知识的手段，又是生活中的一种娱乐活动。""阅读是关乎个人生活的大事，整本书阅读不仅为了课内课程的学习，也是为了未来社会生活和工作的需要。"② 只有在阅读中激发学生的兴趣，整本书阅读才可能成为与孩子相伴一生的习惯。

（三）保持心智的活力与成长

"心智就跟肌肉一样，如果不常运用就会萎缩。好的阅读，也就是主动的阅读，不只是对阅读本身有用，也不只是对我们的工作或事业有帮助，更能帮助我们的心智保持活力与成长。"③ "最好的书对你回馈最多。第一，当你成功地阅读了一本难读的好书之后，你的阅读技巧必然增进了。第二，一本好书能教你了解这个世界及你自己。你不只更懂得如何读得更好，还更懂得生命。你变得更有智慧，而不是更有知识。你会成为一名智者，对人类生命中永恒的真理有更深刻的体认。"④ 整本书阅读的最终目标，不仅是使我们变成聪明的人，更重要的是使我们变成智慧的人、完整的人。

---

① ［美］莫提默·J.艾德勒，查尔斯·范多伦.如何阅读一本书［M］.郝明义，朱衣，译.北京：商务出版社，2004.

② 易海华.国外书册阅读教学的系统考察与启示［J］.湖南科技大学学报（社会科学版）2006（5）.

③ ［美］莫提默·J.艾德勒，查尔斯·范多伦.如何阅读一本书［M］.郝明义，朱衣，译.北京：商务出版社，2004.

④ ［美］莫提默·J.艾德勒，查尔斯·范多伦.如何阅读一本书［M］.郝明义，朱衣，译.北京：商务出版社，2004.

在《重构语文世界：后殖民教学实践》一书中，作者认为"为了更富批判精神，更具同情心地阅读我们周围的世界而去阅读文字"[①]。由此可见，阅读的最终目的是引导我们"回归"生活本身，理解身周的世界，头脑清醒，心怀善意，对别人更有用。

（四）学会鉴赏和评价

加拿大的整本书阅读目标中提及："以自己的反应和读物的文学特点为基础，用批判的眼光去评价文学作品。"在整本书阅读教学中，能培养学生的"鉴别与评价"能力是目标的重要内容之一。通过阅读，学生不仅要鉴别所读小说和诗歌的质量，同时要能选择优秀图书，鉴赏和批评戏剧、电影和广播节目，具备观察多种宣传媒介表现手法的能力。这无疑为学生未来的大众交际打好了基础。阅读的目标与未来生活紧密相关，阅读成为"真实的任务"，这必将强化学生阅读的动力。

（五）德纳姆的看法

三百多年前英国诗人德纳姆说得很简洁："书籍应有助于达到以下四个目的中的一个——获取智慧，变得虔诚，得到欢乐，或便于运用。"我们可以将"获取智慧，变得虔诚，得到欢乐，便于运用"作为整本书阅读的四个目标。

二、我国课标解读

"我们对阅读教学的基本定位是：让学生在阅读中学会阅读，在阅读中获得丰富积累，通过阅读提高语文的综合素养。"[②]

---

① ［加］英格丽德·约翰斯顿.重构语文世界：后殖民教学实践［M］.郭洋生，邓海等，译.北京：教育科学出版社，2007.

② 黄厚江.语文的原点：本色语文的主张与实践［M］.南京：江苏教育出版社.2011：137.

课程文件的相关要求

1912年,《中学校令施行规则（摘录）》规定，"国文要旨在通解普通语言文字，能自由发表思想，并使略解高深文字，涵养文学之兴趣，兼以启发智德。国文首宜授以近世文，渐及于近古文，并文字源流、文法要略及文学史之大概，使作实用简及之文，兼课习字"①。

1929年,《初级中学国文暂行课程标准》规定"略读由教员选定整部的名著，或节选整部的名著，指导读法，使学生对于所读的内容旨趣，有概括的了解和欣赏"②。

1948年,《初级中学国文课程标准（修订版）》中将阅读的目标定位为"培养阅读之兴趣与习惯"③。

1986年,《全日制中学语文教学大纲》指出："课外阅读指导，主要是推荐有益读物，提示阅读方法。"④ 在"各年级语文基本能力和基础知识教学要求"中,《大纲》明确规定了整本书阅读的数量："初一年级，课外阅读三五本书。初二年级，养成读报的习惯，课外阅读三五本书。初中三年级课外阅读三五本书。能对程度适宜的政治、科技读物和文艺读物的内容和表达形式作一点评析。学会做读书卡片。"⑤

1992年,《九年义务教育全日制初级中学语文教学大纲（试用修订版）》提出："养成读书看报的习惯。学会浏览、检索、摘录、制作卡片、写读书笔记等读书方法。课外自读每学年不少于80万字（其中文学名著2—3部）。"⑥

①　舒新城编.中国近代教育史资料［Z］.北京：人民教育出版社，1981.
②　国民政府教育部.初级中学国文暂行课程标准：修订版（1929）［Z］.
③　国民政府教育部.初级中学国文课程标准：修订版（1948）［Z］.
④　中华人民共和国教育部.全日制中学语文教学大纲［Z］.北京：人民教育出版社，1986.
⑤　课程教材研究所.20世纪中国中小学语文课程标·准教学大纲汇编：语文卷［Z］.北京：人民教育出版社.2009.3.
⑥　中华人民共和国教育部.九年义务教育全日制初级中学语文教学大纲（试用修订版）［Z］.北京：人民教育出版社，1992.

2001 年，《全日制义务教育语文课程标准（实验稿）》中明确提出："阅读教学的重点是培养学生具有感受、理解、欣赏和评价的能力。这种综合能力的培养，各学段可以有所侧重，但不应把它们机械地割裂开来。逐步培养学生探究性阅读和创造性阅读的能力，提倡多角度的、有创意的阅读，利用阅读期待、阅读反思和批判等环节，拓展思维空间，提高阅读质量。各个学段的阅读教学都要重视朗读和默读。加强对阅读方法的指导，让学生逐步学会精读、略读和浏览。有些诗文还应要求学生诵读，以利于积累、体验、培养语感。培养学生广泛的阅读兴趣，扩大阅读面，增加阅读量，提倡少做题，多读书，好读书，读好书，读整本的书。鼓励学生自主选择阅读材料。"①

2011 年，《义务教育语文课程标准（2011 年版）》明确指出："阅读是搜集处理信息、认识世界、发展思维、获得审美体验的重要途径。"②

课程文件中与整本书阅读相关的目标包括如下几个维度：

（1）兴趣：培养学生广泛的阅读兴趣，使学生关心当代文化生活，尊重多样文化，吸收人类优秀文化的营养，提高文化品位。

（2）习惯：养成默读习惯，有一定的速度，阅读一般的现代文，每分钟不少于 500 字。随文学习基本的词汇、语法知识，用来帮助理解课文中的语言难点；了解常用的修辞方法，体会它们在课文中的表达效果。了解课文涉及的重要作家作品知识和文化常识。

（3）数量：广泛阅读各种类型的读物，课外阅读总量不少于 260 万字，每学年阅读两三部名著。

---

① 中华人民共和国教育部.全日制义务教育语文课程标准（实验稿）［Z］.北京：人民教育出版社，2001.

② 中华人民共和国教育部制定.义务教育语文课程标准（2011 年版）［M］.北京：人民教育出版社，2011.

（4）方法："阅读需要学习，有效阅读需要方法和策略的指导。"[①]学会制订自己的阅读计划。具有独立阅读的能力，学会运用多种阅读方法。教师应加强对阅读方法的指导，让学生逐步学会精读、略读和浏览。学生能阅读日常的书报杂志，能初步鉴赏文学作品，丰富自己的精神世界。阅读时，能提出自己的看法，并能运用合作的方式，共同探讨、分析、解决疑难问题。

（5）思维：理清思路，理解、分析主要内容，体味和推敲重要词句在语言环境中的意义和作用。

（6）情感："在主动积极的思维和情感活动中，加深理解和体验，有所感悟和思考，受到情感熏陶，获得思想启迪，享受审美乐趣。注重情感体验，发展感受和理解的能力。"[②]"欣赏文学作品，有自己的情感体验，初步领悟作品的内涵，从中获得对自然、社会、人生的有益启示。对作品中感人的情境和形象，能说出自己的体验；品味作品中富于表现力的语言。"[③]

（7）创造性："能主动进行探究性学习，激发想象力和创造潜能，在实践中学习和运用语文。"[④]"逐步培养学生探究性阅读和创造性阅读的能力，提倡多角度的、有创意的阅读，利用阅读期待、阅读反思和批判等环节，拓展思维空间，提高阅读质量。"[⑤]

①　王文静，罗良.阅读与儿童发展［M］.上海：华东师范大学出版社，2010.

②　课程教材研究所.20世纪中国中小学语文课程标准·教学大纲汇编：语文卷［Z］.北京：人民教育出版社，2009.

③　课程教材研究所.20世纪中国中小学语文课程标准·教学大纲汇编：语文卷［Z］.北京：人民教育出版社，2009.

④　课程教材研究所.20世纪中国中小学语文课程标准·教学大纲汇编：语文卷［Z］.北京：人民教育出版社，2009.

⑤　课程教材研究所.20世纪中国中小学语文课程标准·教学大纲汇编：语文卷［Z］.北京：人民教育出版社，2009.

三、整本书阅读目标确定的维度

通过整理文献经验，结合对学生整本书阅读、教师整本书阅读教学现状调查，我将"整本书阅读总目标"加以整合，拟定如下：

（一）涵养文学兴趣

通过系统的整本书阅读来培养学生广泛的阅读兴趣，使学生关心当代文化生活，尊重多样文化，吸收人类优秀文化的营养，提高文化品位。就单册书的教学而言，应激发学生对本书持续阅读、深入研读的兴趣，激发学生阅读相关书籍的兴趣。

（二）养成阅读习惯

在教师指导下，学生学会制订自己的阅读计划，学会运用精读、略读和浏览等多种阅读方法进行阅读。阅读后，学生能自由发表思想，并能运用合作的方式，共同探讨、分析、解决疑难问题。

（三）增进阅读技巧，提升思维能力

提升对讯息的提取能力与对文字的理解能力。通过教师指导，使学生能将自我的阅读感受不断深化，使个人对整本书由粗浅了解渐渐走向深度阅读。阅读技巧的提升实质上是思维水平的提升。

（四）提升鉴赏能力

"鉴赏能力，不仅表现为对作品的理解，还表现为对作品的感受与评判。对文艺作品而言，感受是理解的前提，而理解又是评判的前提。因此，感受—理解—评判，便构成了鉴赏的全过程。"[1]

---

① 黄岳洲主编.阅读指导［M］.北京：语文出版社，1986.

（五）保持心智的活力与成长

引导学生通过整本书阅读"回归"生活本身，理解身周世界，对人类生命中永恒的真理有更深刻的体认，变成智慧的人、完整的人。

（六）开发创造潜能

相对于语篇阅读教学而言，整本书阅读给读者留出更广阔的想象、解释空间。"能主动进行探究性学习，激发想象力和创造潜能，在实践中学习和运用语文。""逐步培养学生探究性阅读和创造性阅读的能力，提倡多角度的、有创意的阅读，利用阅读期待、阅读反思和批判等环节，拓展思维空间，提高阅读质量。"①

第四节　整本书阅读流程的整体设计

整本书的阅读方式多种多样，阅读指导更具情境性。多年来，我和学生共读《水浒传》《西游记》《海底两万里》《骆驼祥子》《红星照耀中国》《昆虫记》《孩子你慢慢来》《草房子》《海鸥乔纳森》《渴望生活：梵高传》等书，反复探索阅读过程的自主性和阅读指导的合理性，将整本书阅读的教学流程提炼为"自读—初探—深读—共议—表达"五个步骤。

作为优秀的言语文本，不同类型的经典书籍能为学生语文素养的提升提供不同的精神营养、语言材料、生活话题和行文样式。教师和学生通过商议、票选等方式，选定共读的书目，长久积累，逐步确立符合学校教

---

① 肖川. 义务教育语文课程标准（2011年版）解读［M］. 武汉：湖北教育出版社，2012.

育情境的"校本书单"。书目选定的基本原则为：有兴趣、有质量、有数量，在此基础上强调书目的厚度和视野。阅读开始前，教师针对绘本、传记、小说、散文集、童话等不同特点的书籍制定阅读目标，并依据目标精心设计阅读流程。共读绘本，引导学生读懂文字的节制与图画的秘密；共读散文集，引领学生探讨多篇集束凸显的主旨；共读传记，帮助学生了解传主人生轨迹、思想个性；共读小说，启发学生关注社会环境，走进人物内心，了解塑造人物的方法……

一、自读：设疑激趣、制订计划

整本书阅读最重要的任务是使学生逐步学会"在阅读中学习"，从而成长为自觉、独立、热诚、快乐的终身阅读者。学生是阅读的主体，学生的"自主性"是整本书阅读始终遵从的原则。"自读"是阅读活动的起点，如何让学生的"自读"行为变得更主动？实践证明，"激趣导入"，规划设计全班的"共读时段"是较为合理的策略。

导入方式多种多样：巧拟谜题；故设悬念；展示本书的影响力；借助与本书相关的影视作品引起学生关注；引导学生读序阅跋，了解概貌；带领学生浏览目录，提取要点。

《西游记》导入课上，我给每小组分发了"猴王出世""龙宫借宝""三打白骨精""唐僧收服白龙马""孙悟空大战二郎神"等图片，要求学生按照时间顺序排列。共读《水浒传》，我通过"猜图""猜人物""猜情节"的方式设趣导入。导读《水浒传》，多个译本的趣闻成为学生的兴趣点，组织学生讨论不同译本的特点激起了学生阅读的渴望。《海鸥乔纳森》的导入课上，我告诉学生这本书曾位居美国畅销书榜首 39 周，塑造了整整一代人的文化灵魂，用"好奇"刺激学生关注这本书。

兴趣的维持需要合理的计划支持。我用制订阅读计划的方式帮助学生养成良好的阅读习惯，通常先引导学生浏览目录，"透视一本书"，感知全书概貌，分解长难作品的阅读任务。《课标》要求初中学生阅读一般的现代文每分钟不少于 500 字，这是拟定阅读任务清单的重要依据。

表 1-3 《草房子》各章节字数及阅读用时

章节	字数	阅读建议用时	阅读日期
第一章　秃鹤	16700 字	33 分钟	
第二章　纸月	16655 字	33 分钟	
第三章　白雀（一）	18220 字	37 分钟	
第四章　艾地	17889 字	36 分钟	
第五章　红门（一）	19669 字	40 分钟	
第六章　细马	16909 字	34 分钟	
第七章　白雀（二）	12361 字	28 分钟	
第八章　红门（二）	16675 字	34 分钟	
第九章　药寮	16552 字	33 分钟	
总　计	151630 字	308 分钟（5 小时）	

表 1-3 是我依据电子书统计《草房子》各章字数并估算的阅读用时，有了基于时间精算的时段划分，课内外结合的全班共读计划安排更为灵活合理，学生信心大振，不再对整本书的阅读任务望而生畏。

二、初探：整体感知、分享初感

引导学生"透视一本书"并制订读书计划后，如何评估学生初读的推进情况？与"自读"相匹配，我采用设计"阶段任务"的策略实现阅读过程的"督导"。"初探"环节就是通过组织"初期班级读书会"来交流"阶段任务"的完成情况，帮助学生维持阅读热情。

"阶段任务"即基于整本书章节内容设计的言语实践活动。比如，阅读《草房子》第二章"纸月"时，我拟定的阶段任务是："请你以第一人称的视角为纸月写一则自传。"此任务借读写转换训练学生梳理人物命运、概括情节变化的能力。在《呼兰河传》的第三、四章的阅读中，我拟定的"阶段任务"是："请你将感兴趣的选段改写成小诗，并尝试配乐朗诵。"此任务将抽象概括转化为形象体验，引导学生感受小说语言的诗化魅力。"阶段任务"可根据书册章节特点灵活设计，拟小标题、人物形象分析、故事情节概括、书签制作、据文绘画、情节补白、微电影创作、串词撰写等都是可采用的形式。学生完成阶段任务后，教师既可以采用"诵诗文""述情节""讲故事""演短剧""说评书"等丰富多彩的方式组织学生交流阅读初感受；也可以采用朴素安静的"交流阅读批注"的形式有效推进阅读。

三、深读：思维碰撞、专题探究

学生分章节阅读文本得到的感悟深浅不一、各个不同，阅读习惯好、感悟能力强的同学感触更多、更深刻；阅读基础相对薄弱的同学可能理解不够深入。在阅读过程中，学生也会有不同的质疑，不同的发现。如何提升学生初读原作的认识？如何以课堂为对话平台组织有效、有序、有质的交流？这就要求教师结合不同书籍设计不同的"研究主题"引导学生在初读基础上深读深思，读出每本书的精华。

深读引领可采用以下几种形式：

（一）推荐阅读名家解读文献，丰富学生认知，形成独特思考

学生在阅读书册时，教师可将名家解读文献遴选后推荐给学生，让学生的认知碰撞名家感悟，产生认知冲突。在这样的阅读中，原本浅显的认识会不断深化，不同人不同角度的理解激发出学生个性化的阅读体验。

在阅读《曼德拉传》时，可将《英雄的完成：踏上回家的路》《智者不惑 仁者不忧 勇者不惧——读"漫漫自由路"和"与自己对话"》《多面

曼德拉：平民总统有血有肉》《成事在人：曼德拉与世界杯传奇》等文章推荐给学生。学生阅读选文时，关注重点是比较这些素材与《曼德拉传》解读视角的异同。不同的视角代表不同的立场，学生研读多人观点，会在丰富认识的同时形成自己独特的思考。全班可围绕专题展开讨论或辩论。本专题推荐讨论和辩论角度涉及："为何全世界都在纪念曼德拉？""对南非发展而言，黑人解放运动功大于过还是过大于功？""曼德拉和马丁·路德·金、圣雄甘地等的比较"等。学生整合和重构了先前积累的感性材料，形成较为清晰的研究思路，完成小论文"曼德拉带给世界的启示"。

学生这样表述他们的理解：曼德拉之所以伟大，是因为在他成为一位政治家、领导人之前，他首先是个品质高尚、仁爱慈悲的人。在他的卓越领导才能之上，他首先人格完整，闪烁光辉，他懂得在需要化解仇恨时首先伸出和解之手，也懂得面对对方的失信与残暴时据理力争。正因为如此，即使他政绩不甚显著，即使他在治理南非时也有过疏漏和错误，人们仍然尊敬他。他履行承诺，总统任期期满便辞职退休，移交权力并担当调停南非内部冲突、非洲大陆冲突甚至国际冲突的角色。他清醒避开"有权力后容易走向追求的反面"之怪圈。

从学生的阅读成果可以看出名家解读对学生认识水平提升的价值，可以看到思维碰撞后学生的思想提升。

（二）以学生的质疑为突破口，引导学生读出书籍的精华

初读过程中，学生会提出不少极富价值的疑问，教师可将这些疑惑转化为教学资源，引导学生深读全书。学生初读阶段读不出的，恰恰是我们课堂教学的提升点。

在阅读《孩子你慢慢来》一书时，多数学生在初读阶段感受的是"母爱丰富性、复杂性"；当教师把一位同学的疑惑抛给大家时，就引发了新

一轮的深读:"为什么龙应台写自己孩子故事的书要用别人家孩子的故事做序言?"这个真实的问题引发我们聚焦序言《蝴蝶结》,细读之后,学生产生了更多的疑问:《蝴蝶结》中作者联想的"回教徒"一段特别突兀,这"哪儿跟哪儿"啊?对于王爱莲大段的回忆更离谱了,这是不是详略失当、文不对题?序言题目为什么叫《蝴蝶结》……

在这样的问题引领下再读全书,学生认识到,作者呼唤我们关注的是:"在孩子成长的过程,对孩子的呵护源于对生命的尊重;在世界发展的过程中,每个人都是社会的孩子,我们应尊重生命,不能践踏生命。"有了这一重理解,作者为什么称孩子的出生是"石破天惊的创世纪",为什么把其中一篇定名为《他的名字叫做"人"》等问题迎刃而解。在此基础上,学生形成了新的认识:《孩子你慢慢来》一书的精华在于这位有着丰富人生阅历、深刻文化思考的母亲写出了自己在呵护养育孩子的过程中重新发现自己,重新成长的欣喜与感悟。她是有心的母亲,把安安、飞飞一路走来的故事深情记录;她又是悲天悯人的大家,用"别人家孩子"的故事作为全书的序言,唤起我们对"人"的凝思。本书题目是"孩子,你慢慢来",生活需要慢时光,教育更是慢的艺术。慢下来,才有可能凝视孩子生活细节,才有时间静心思索孩子的变化,"慢慢来"是对生命的尊重、礼赞,是该被强化的"生命成长意识"。

(三)教师抛出问题,借助自身的阅读经验,提升学生的认识

如果说班级教学的优势在于营造了师生交流、生生交流的平台,教师作为更为成熟的阅读者,可以借助自己对文本的深度解读提升学生的认知水平。在《海鸥乔纳森》读书会上,我认真比对"外研社"与"南海出版公司"的不同译本,在对于第二章第 26 段、29 段、54 段的几句话的译文有不同。这几句的原文是:"Heaven is being perfect." " It's kind of fun." "Keep working on love." 不同译法表明译者对于"完美""乐趣""爱"等含义的不

同理解，这正触及本书的精华。教师组织学生辨析译文，意在引导学生走向深度阅读：从具象上升到抽象，对"灵魂完美"等命题深入思考。

四、共议：合作探究、深度交流

"深读""共议"是两个紧密结合的过程："深读"，是教师提供资源，指出方向，学生开展静悄悄的阅读，用阅读笔记中记录自己的思考；"共议"，是就"深读"阶段研读的问题在课堂上进行集中的交流与分享。这是阅读流程中极为重要的一个环节，教师借助"班级读书会"设计思维层次清晰的交流活动，回顾、梳理、提升学生精读原作后的认识，借助深度对话帮助学生建构新的阅读体验，梳理新的阅读经验。这不同于初读阶段分章节的交流分享，我采用的主要形式是召开"后期班级读书会"，引导学生咀嚼书的精华。

在《海鸥乔纳森》班级读书会中，我借助彩色"罗盘式"人物谱系图梳理全书的人物关系，并通过不同译本之间关键句的不同译法引导学生深入探讨全书主旨。在《渴望生活：梵高传》班级读书会上，我通过组织学生互评不同小组绘制的"凡·高人生地图"及"凡·高·印象思维导图"来引导学生走近这位"因善良而痛苦的天使，因绘画而享乐的天才"，在分享过程中提示学生阅读传记的方法：关注传主的生活章节、关键事件、重要他人、压力难题、生活主题、人生信条等。在《草房子》班级读书会上，我引导学生关注人物成长的"起点""节点""终点"，探析成长原因。交流时，我提示学生关注叙事学家米克·拜尔的塑造人物四原则：重复、积累、关系、转变。

五、表达：落笔沉淀、成果共享

经过"后期读书交流会"的分享，学生对书籍的认知得到深化，教师还要积极帮助梳理学生阅读成果。这一阶段，教师可自己示范，引导学生用规范的体式记录阅读成果——撰写书评、文评、读后感、研究论文等。教师可将学生的作品集结成册，或向杂志报刊投稿，或发表于班级博客，或展示于班级家长 QQ 群空间……阅读结果的多元化使学生的阅读充满个性色彩，创造潜能得到充分开发。教师还可以就整本书阅读组织学生与父母的交流，"这种阅读活动是一次全新的尝试，但也会是一种真正的阅读，学生会在阅读中成长，家长会在阅读中对子女的教育产生全新的思考与认识"①。

　　综观上述实施流程，课上指导与课下阅读形成整体，教师设计阶段任务，关注阶段成果，对学生阅读有指导，有建立在共读基础上的整体提升，活动结束后有成果整理。如果说，言语实践活动方式开发的过程可为"获取、加工、传递信息"的过程，那么，整本书阅读流程中将其细化为"获取—加工（督促）—传递（交流）—再度加工—再度传递"的过程，具备合理性；在操作细化的过程中，教师的指导作用也得到发挥。整个流程中，学生始终是阅读的主体，充分体现了"自主性"：以学生"自读"为起点，以"言语实践活动"为载体，以"课堂"为交流平台，以"文集"为成果结晶。学生浸润于阅读之中，体会发现之乐趣、交流之愉悦、表达之畅快，这样的情绪体验有利于师生共同开启新一轮的整本书阅读。

---

①　唐江澎，张克中. 在亲历中感悟意义：例说语文活动体验式教学［M］南京：江苏教育出版社，2012：60.

第二章

自读：设疑激趣、制订计划

第一节　如何确定阅读书目的教学价值

　　整本书阅读在我国教育中源远流长，无论是《论语·季氏》中的"不学《诗》，无以言"，还是"四书""五经"的学习，都是整本书阅读。1949年，叶圣陶在《中学语文科课程标准草稿》中指出："阅读要养成习惯才有实用，所以课外阅读的鼓励和指导必须配合着教材随时进行。换句话说，课外书也该认作一项教材。"统编语文教材总主编温儒敏先生在《培养读书兴趣是语文教学的"牛鼻子"——从"吕叔湘之问"说起》一文中指出："语文课最基本的内容目标，是培养读书的兴趣和习惯。有了读书的兴趣和习惯，才能把语言文字运用的学习带起来，把素质教育、人文教育带起来。现在重新提出要抓住培养读书兴趣这个'牛鼻子'，去改进语文教学。这不是什么新观点，但在语文的概念被弄得很混乱的当今，重新回到朴素的立场来考虑问题，从'多读书'的角度去理解语文的本质，是有现实意义的。"

　　在如何阅读整本书方面，温儒敏先生建议："有相应的教学计划，根据各个学段的教学目标，安排适当的课外阅读，注意循序渐进，逐级增加阅读量与阅读难度，体现教学的梯度"。同时，"特别要关注阅读方法与习惯问题"。

统编教材精选了阅读书目，设置"名著导读"栏目，给学生以阅读指导。在统编教材中，每册书设置 2 次名著导读，每次为 1 部名著做导读，同时推荐课外阅读书目 2 部。导读部分介绍了名著的主要内容、写作特色等，还以该书为例，讲解阅读方法，如精读和跳读、快速阅读、选择性阅读等。

表 2-1　统编版初中语文教材名著阅读篇目

年级	中考必读	自主阅读
七年级（上册）	《朝花夕拾》作者：鲁迅	《白洋淀纪事》作者：孙犁
		《湘行散记》作者：沈从文
	《西游记》作者：（明代）吴承恩	《猎人笔记》作者：（俄）屠格涅夫
		《镜花缘》作者：（清代）李汝珍
七年级（下册）	《骆驼祥子》作者：老舍	《红岩》作者：罗广斌、杨益言
		《创业史》作者：柳青
	《海底两万里》作者：［法］儒勒·凡尔纳	《基地》作者：［美］阿西莫夫
		《哈利·波特与死亡圣器》作者：［英］J.K.罗琳
八年级（上册）	《红星照耀中国》作者：［美］埃德加·斯诺	《长征》作者：王树增
		《飞向太空港》作者：李鸣生
	《昆虫记》作者：［法］法布尔	《星星离我们有多远》作者：卞毓麟
		《寂静的春天》作者：［美］蕾切尔·卡森
八年级（下册）	《傅雷家书》作者：傅雷、朱梅馥、傅聪 编者：傅敏	《苏菲的世界》作者：［挪威］乔斯坦·贾德
		《给青年的十二封信》作者：朱光潜
	《钢铁是怎样炼成的》作者：［苏］尼古拉·奥斯特洛夫斯基	《平凡的世界》作者：路遥
		《名人传》作者：［法］罗曼·罗兰
九年级（上册）	《艾青诗选》作者：艾青	《泰戈尔诗选》作者：［印］泰戈尔
		《唐诗三百首》注：（清代）孙洙选编（共选77位唐代诗人三百余首作品）
	《水浒传》作者：（元末明初）施耐庵	《世说新语》注：由南朝宋临川王刘义庆组织一批文人编写
		《聊斋志异》作者：（清代）蒲松龄

年级	中考必读	自主阅读
九年级（下册）	《儒林外史》 作者：(清代) 吴敬梓	《围城》作者：钱锺书
		《格列夫游记》作者：乔纳森·斯威夫特
	《简爱》 作者：[英] 夏洛蒂·勃朗特	《契诃夫短篇小说选》 作者：[俄] 契诃夫
		《我是猫》 作者：[日] 夏目漱石

当我们拿到这份书单时，我们要将其与课内篇目的教学融合起来，在有限的教学时限内实现教学效益最大化。这就要求我们对书目的教学价值准确定位。如何定位教学价值呢？我们不妨从"知识积累""能力提升""策略建构""精神成长"几方面入手。"知识积累"是指阅读本书，学生可以获得哪些知识层面的收获，这之中有语文学习领域中字词句篇、语法修辞、表达技巧、作品类型等诸多方面的知识，也包括本书所涉及的关乎学生综合素养提升的知识，比如阅读《昆虫记》时，学生还可以收获生物学方面的知识。"能力提升"是指学生在阅读整本书过程中可以提升的阅读能力，比如提取信息的能力，品评人物形象的能力，鉴赏文学作品语言的能力等等。"策略建构"是指在阅读本书过程中，学生可以主动运用并建构的阅读策略。"精神成长"是指经由阅读，学生收获的内心感悟和精神力量。我们结合《钢铁是怎样炼成的》《红星照耀中国》《昆虫记》《西游记》四部作品，探讨不同类型文学作品的教学价值。

【案例一】 走近钢铁战士，寻找精神坐标

——《钢铁是怎样炼成的》教学价值

《钢铁是怎样炼成的》于1934年自问世以来，在国内外引起极大的

反响。保尔·柯察金从底层少年成长为钢铁战士的故事点燃了几代人的理想，成为永不褪色的精神坐标。《钢铁是怎样炼成的》作为自传体小说的经典之作，既有宝贵的文学价值，又有丰富的教学价值。我们从"知识积累""能力提升""策略建构""精神成长"几个角度来提炼。

一、知识积累

阅读《钢铁是怎样炼成的》，能够积累以下知识：

（一）自传体小说

自传体小说是传记体小说的一种，是在作者亲身经历的真人真事的基础上，运用小说的艺术手法与表达技巧加工而成。自传体小说有虚构与想象的成分，不同于一般的自传和回忆录，同时，自传体小说要以作者或自述主人公为原型。《钢铁是怎样炼成的》一书中许多故事情节都来源于作者尼古拉·奥斯特洛夫斯基的亲身经历，比如，奥斯特洛夫斯基在小学时因招惹神父被学校开除，在布尔什维克的引领下走上革命道路，在前线英勇奋战，多次负伤，转战后方仍拼命工作，抢修铁路，抢救木材，身体透支，在全身瘫痪、双目失明的情况下创作小说。保尔，是以奥斯特洛夫斯基为原型的典型形象——既具有鲜明、独特、丰满的个性特征，又具有深刻普遍的代表性和概括性，是"千千万万个为争取自己的幸福而奋不顾身地投入战斗的男女青年"中"活生生"的那一个。

（二）红色经典

"红色经典"以文学艺术特有的形式，铭记了一段不容忘却的历史，那是血与火的记忆，那份记忆关乎信仰追求，关乎责任担当，关乎家国情怀，这份记忆里有刀光剑影、血雨腥风，也有慷慨激昂、舍生取义。《钢铁是怎样炼成的》塑造了以保尔·柯察金为代表的一代英雄的光辉形象。

保尔为了党和人民的事业，战胜生活中的种种苦难，表现出超越常人的顽强与坚韧。保尔为信仰献身的信念以及他钢铁般的意志使得本书闪烁着崇高的理想主义光芒。阅读红色经典，可以培育学生的人格之美。学生阅读红色经典之后的情感认同和思想成长，是继承和发扬优秀的革命传统的前提，也是阅读红色经典的价值观目标。

（三）特定时代的社会风貌

《钢铁是怎样炼成的》书写了十月革命前后乌克兰地区的生活画卷，写出了特定时代的战斗烽火、建设场景、社会生活风貌，这可以帮助我们了解20世纪的苏联。在小说中，我们看到少年保尔家境贫寒，饱尝生活的艰辛与屈辱。透过保尔的经历，我们也看到底层百姓生活的艰难与困窘。激烈而残酷的阶级斗争席卷乌克兰的时候，市民的安逸日子不复存在。"风雪漫天飞舞，隆隆炮声震撼着那些破旧的小屋，市民们蜷缩在地窖的墙根，或是躲进自家挖的避弹壕里。"战争与屠杀阴云之下的小镇，如同黑色的染缸一般，乌云、浓烟、蓝黑色的天空、隆隆的声响，都让人感到恐慌与压抑。布尔什维克中央委员会带领无产阶级开展的斗争充满了艰难困苦、血雨腥风。书中故事发生的地点是乌克兰，对于严寒环境中"冰天雪地"的描写给人留下了深刻的印象。"严寒就在积雪的大地上肆虐""外面狂风呼啸，卷起一团团白雪"的状态成为多个故事的发生场景。"摩尔斯电报机"的响声，手风琴奏起的乌克兰民歌，都成为社会风貌的独特记忆。

（四）叙述视角

叙述视角是指叙述语言中对故事内容进行观察和讲述的特定角度。叙述视角包括全知视角、内视角、外视角等。《钢铁是怎样炼成的》主要采用了全知视角，叙述者全知全觉，全方位描述人物和事件。无论是保尔命运的一波三折，还是与他有交集的人物的命运，叙述者都能细致讲述各个细节，时空延展度大。书中还引用了多篇"丽达日记"和"尼娜日记"，这些日记采用"内视角"讲述故事。在日记的书写中，作者借助特定人物的感觉和意识，从人物的角度讲述故事进展及人物感受，讲述方式更具可信性、亲切感。

二、能力提升

（一）品读鲜活完整的人物形象

《钢铁是怎样炼成的》描绘了十月革命前后乌克兰地区的布尔什维克党人的成长与斗争的历程。全书故事波澜壮阔，情节跌宕起伏，人物形象个性鲜明。"情节是人物性格的发展史"，阅读本书，学生可从具有时空延展感的史诗中梳理人物的命运起伏，将不同章节对这一人物形象的描写提炼出来并加以整合，从而获得对这一人物形象的完整认知。比如，读主人公保尔的故事，我们就要纵观全书，梳理他四次"死里逃生"的经历：第一次是为救朱赫来被捕，机缘巧合，被释放；第二次是在战场上，头部被弹片击中，左眼失明；第三次是因为在博雅尔卡修铁路时，患重病；第四次保尔逐渐全身瘫痪，双目失明。纵观保尔的命运，我们看到鲜活完整的人物形象，保尔用强大的精神力量与命运抗衡，用顽强的毅力书写了"钢铁"一般纯粹坚毅的生命奇迹。

（二）鉴赏生动形象的文学语言

阅读《钢铁是怎样炼成的》一书，不应忽略的是本书的文学品质，许多语段，堪称是环境描写与人物描写的范本。保尔斗争的主要地点是乌克兰，书中多次出现描写风雪肆虐的精彩语段。"暴风雪突然袭来。灰色的阴云布满天空，低低地压着地面缓缓移动。大雪纷纷飘落下来。晚上刮起了狂风，烟囱里发出呜呜的怒吼。狂风追逐着在树林中飞速盘旋、飘忽不定的雪花，凄厉的呼啸声搅得整个森林惶恐不安。"这一段描写生动形象，运用了拟人等修辞手法，写出了乌云密布、狂风怒吼、雪花盘旋的景象，让人感受到环境带来的压迫感。本书对人物的描写也格外生动，寥寥数笔便可勾画出人物独有的神韵。

三、策略建构

（一）捕捉闪回策略

"闪回"是整本书创作的常用手法，一个画面、场景、人物在整部作品中重复出现，利用重复形成勾连，强化印象。捕捉闪回策略关注重复出现的语言、动作和场景，可以更好地帮读者理解创作意图，实现与作品的深度交流和与作者的深度对话。保尔拉手风琴的情形在文中多次"闪回"，保尔是战士，是党员，是作家，还是优秀的手风琴演奏者。书中多次出现保尔弹奏手风琴的场景，手风琴伴随了保尔的成长。琴音的变化，弹琴情境的变化，都暗示了保尔心境的变化。第一次弹奏是小镇仲夏夜的小聚会，琴声传递着少年人独有的纯净。第二次是在布琼尼骑兵团的演奏，奔放的旋律充满热血与激情。之后几次琴声和谐有力，雄浑低沉，底色渐趋深厚、安稳。"手风琴演奏"这一场景的渐次闪回，勾勒出保尔日渐成熟的成长轨迹。

（二）内容重构策略

所谓内容重构，就是在通读整本书的基础上，根据一定的阅读目的或阅读任务，筛选某个人物或事件的关键信息，并把这些信息有机地组合在一起，较为完整地呈现出这些人物的形象，梳理出事件发展的脉络。这样的"重构"，可以使我们对重点探究的内容有一个客观、完整的认识，以便于深入研读。我们可以为本文的主人公书写人物传记，将保尔的成长历程梳理为"勇于反抗的倔强少年""英勇无畏的前线战士""忘我投入的后方党员""身残志坚的伟大作家"四个部分，撰写保尔故事。我们也可以关注冬妮娅或谢廖沙的人生历程，选取关键情节，为他们撰写小传。

（三）对照阅读策略

对照阅读，即在阅读中自觉地将具有一定关联的人物、事件或场景对比参照，区分细微差别，探究差别产生的本质原因。"对照阅读"有助于在阅读过程中前后勾连，在人物和事物的不同侧面、不同发展阶段之间建立起联系，生成更为丰富、完整、深刻的认识。《钢铁是怎样炼成的》一书中，保尔的爱情常常会获得较高的关注度。冬妮娅温柔多情，是保尔的最初恋人，两人懵懂的情感纯洁美好，但最终因阶级立场分开；丽达干练爽朗，与保尔志同道合，心心相印，可惜造化弄人，终究错过；达雅隐忍坚韧，与保尔在生活上彼此扶助，相依相伴。将这三位女性对照阅读，可以从保尔对待爱情的态度看出保尔精神的成长，可以看到爱情之中的理性。

（四）跨界阅读策略

跨界阅读是跨越不同艺术门类边界的阅读，是突破学科边界、纸质媒介进行的综合阅读。跨界阅读可以帮助读者体会不同的艺术形式在表现人物、设置情节方面的特点，立体化地品评人物，加深对原著的理解，有助于客观地、多角度地评价分析原著。《钢铁是怎样炼成的》问世以来，被改编成多种形式的文艺作品，有电视剧、电影、连环画、有声书、话剧、连环画等。本书也具有浓郁的异域风情，如果能在适宜的时候观看电影、电视剧，可以对本书描写的场景获得更为直观的认知，也更容易在阅读中沉浸入情境。在阅读时，还可以听相关的有声书，借讲者从声音角度的演绎，感受人物的喜怒哀乐。我们还可以观看话剧或者演出话剧，从而更好地理解人物的内心世界。

四、精神成长

（一）无比坚定的信仰

在保尔成长的历程中，"信仰"是最为可贵的灯塔。朱赫来给他带来了思想启蒙——为全人类解放的事业是无比崇高而美好的，这是保尔一生的信仰。无论是在战场上英勇拼杀，还是在博雅尔卡进行艰苦卓绝的筑路工作，亦或是在病情日益严重之时，保尔始终在信仰之光的照耀下，对理想执着追求，对自身不断超越。在面对党内的派别纷争之时，保尔为了维护党的纯洁，打击托洛斯基少数派，他不能允许少数派抹黑"布尔什维克"。保尔的同志与好友也拥有坚定的信仰，谢廖沙牺牲于同反革命斗争的战场上，年仅17岁。谢廖沙的姐姐瓦莉娅积极开展建设共青团的工作，被捕入狱后饱经凌辱，走向刑场时高唱《国际歌》，英勇就义。对于崇高信仰的守护，也将成为阅读本书故事的青少年心中的力量。

（二）生命价值的追寻

《钢铁是怎样炼成的》有这样一段名言——"人最宝贵的是生命。生命每个人只有一次。人的一生应当这样度过：当回首往事的时候，他不会因为虚度年华而悔恨，也不会因为碌碌无为而羞愧。在临终的时候，他能够说：'我把整个生命和全部精力，都献给了世界上最壮丽的事业——为人类的解放而斗争。'"保尔的一生在抗争与追求中度过，"执着拼搏"是他生命的底色。为共产主义而战，使他永葆战斗的热忱，面对生活的种种考验，他也顽强抗争，挣脱命运的铁环，不虚度年华，不碌碌无为，实现了自己的生命价值。保尔的这段名言也成为几代人的座右铭，不断激励人们追求远大理想，超越平凡生活。

【案例二】 读红色经典，育人格之美

——《红星照耀中国》教学价值分析

一、知识积累

（一）红色经典

"红色经典"以文学艺术特有的形式，铭记了一段不容忘却的历史，是血与火的记忆，这份记忆关乎信仰追求，关乎责任担当，关乎家国情怀，这份记忆里有刀光剑影、血雨腥风，也有慷慨激昂、舍生取义。

（二）纪实文学

纪实文学，是指借助个人体验方式（亲历、采访等）或使用历史文献（日记、书信、档案、新闻报道等），以非虚构方式反映现实生活或历史中的真实人物与真实事件的文学作品，其中包括报告文学、历史纪实、回忆录、传记等多种文体。《红星照耀中国》是美国记者埃德加·斯诺记录其西北革命根据地见闻的纪实文学作品，属于历史纪实。

斯诺前往西北之前，这里的新闻封锁长达 9 年。斯诺是"第一个到达红色区域的西方记者"。他真实记录了自 1936 年 6 月至 10 月在我国西北革命根据地（以延安为中心的陕甘宁边区）进行实地采访的所见所闻。

斯诺以一个外国人的视角，真正深入了当时被国民党新闻封锁、被国际世界看作传说和谜团的红色中国，将真实的共产党和红军带向了世界。在这短短十一篇文字中，斯诺以精准的笔触刻画了多组中国共产党领袖以及中国红军的形象，粉碎了国民党散布的不实谣言以及国际世界对红色军队的偏见。

从纪实作品的视角阅读本书，我们要注意以下两点：

第一，把握作品所写的事实，读明白作者想用事实说什么"话"，要善于体会和辨别作者对事实的立场、观点和态度。作品写了什么人？他们在什么时间、什么地域做了什么？重点突出什么内容？《红星照耀中国》实际写了两个层面的事实：一是作者1936年6月至10月采访"红色中国"的过程；二是"红色中国"的历史、现状和未来。与此相关的内容重点有两个：一是共产党人及红军是如何绝处求生的，其生存、发展依靠什么；二是共产党领袖人物的成长历程，他们的信仰和他们对于中国命运的思考。斯诺出发前"注射了凡是能够弄到的一切预防针"，他是带着疑虑出发去采访的，但采访结束后，他形成了自己的观点，预言"红色中国"最后一定会获得胜利。第二，从中获得人生启迪，获取语文经验，用来指导自己的生活学习。我们要感受红色经典所寄寓的价值观念，同时感受本书的文学品质及作者独特的语言风格。

作为一篇纪实文学作品，《红星照耀中国》不仅具有文学价值，还具有独特的历史价值与新闻价值：一方面，由于对中国革命领袖以及中国革命发展概况的细致记载，它成为中国革命的实录，记载了中国延安地区中国共产党领导的抗日战争和人民民主革命的历史进程；另一方面，它作为新闻经典，也成为世界了解红色中国的重要纪实性报告。

（三）叙述视角

叙述视角也称叙述聚焦，是指叙述语言中对故事内容进行观察和讲述的特定角度。同样的事件从不同的角度去看就可能呈现出不同的面貌，在不同的人看来也会有不同的意义。本书的叙述视角是以一个外国记者的身份，采取第一人称视角叙述的，其中还掺杂访谈人物自述的整理。正如斯诺在1938年中译本作者序中写到的："从字面上讲起来，这一本书是我写的，这是真的。可是从最实际主义的意义来讲，这些故事却是中国革命青年们所创造的，所写下的。"所以，正是这种独特的第一人称视角以及纪实的风格使得整部书的描述更加真实，成为我们了解那个时代苏区的一扇窗子。斯诺还在他的其他作品中谈及他创作《红星照耀中国》的动机，我们可以关注这些作品，了解叙述者的真实心声。

二、能力提升

阅读《红星照耀中国》，我们可以提升"批注点评""抽取要点""内容重构"的能力，深入把握整本书的主要内容。

（一）批注点评——品析精彩语段，感受文学品质

《红星照耀中国》是纪实文学的典范之作，具有极高的文学品质。全书采用采访、转述、日记等形式，记录相关史实，叙述了"红色中国"的历史、现状、未来。叙述长征等历史事件时，节奏急缓有致，善于截取历史事件的重要片段，情境生动，画面鲜活。

长江在尽是荒山野岭的云南境内，流经深谷高峰，水深流急，有的地方高峰突起，形成峡谷，长达一二英里，两岸悬崖峭壁。少数的几个渡口早已为政府军所占领。

这是"举国大迁移"一节中的描写，简洁精到的文字勾勒出天堑险阻，突出了红军渡江之艰难。

作者讲述人物故事，善用特写镜头，描述言行举止的同时凸显人物的精神侧影。

我到后不久，就见到了毛泽东，他是个面容瘦削、看上去很像林肯的人物，个子高出一般的中国人，背有些驼，一头浓密的黑发留得很长，双眼炯炯有神，鼻梁很高，颧骨凸出。我在一刹那间所得的印象，是一个非

常精明的知识分子的面孔，可是在好几天里面，我总没有证实这一点的机会。

这是描写作者初见 44 岁的毛泽东时的片段，生动的肖像描写之后是作者的主观感受——"非常精明的知识分子的面孔"，接下来，作者表现出记者所有的怀疑精神——不轻信自己的主观判断。直到作者对毛泽东做了充分的访谈与观察后，他才下结论："我想我第一次的印象——主要是天生精明这一点——大概是不错的。"这也提示我们，在阅读时要理解这位外国记者的独特视角以及他客观公正的态度。正是因为他客观的立场，才能使得这部纪实性文学作品在新闻传播领域获得广泛认同。

（二）内容重构——提取显性信息，梳理事件要素

本书是非虚构文学作品，无论是采访经历还是历史事件，作者都呈现了具体全面的事实，呈现形式丰富多样。我们可以从"串联"与"对比"的角度入手，借助"内容重构"整合重要信息，提升思维品质。

①整合串联见概貌

斯诺访问苏区大致的路线是：北京—西安—洛川—延安—安塞—百家坪—保安—吴起镇—预旺堡—红城子—保安—咸阳—西安。进入红色大门，一路上，他遇到了很多人，心中有疑惑、忐忑、期待、感动、思索……我们可以借助"采访手账"的形式把斯诺四个月的采访之旅梳理清晰。

我们还可以绘制"斯诺笔下的长征路线图"，梳理"长征大事记""西安事变思维导图"等，从作者的叙述中找到历史事件的发展脉络，从时间和空间的视角解释历史，发现与整理史事的延续与变迁。我们也可以据此设计"重走长征路"等游学活动，打卡红色地标，读懂东方奇迹的密码。山河为碑，历史作证。一个个历史地标，是中国共产党人以牺牲和奉献竖

起的精神丰碑。

②对照互现明事实

调查和访问是获得史料的基本途径，获得史料之后，作者常常用两相对照的方式将史料组织为可读性较强的篇章。比如，第五篇"长征"中，红军遇到的困难与红军的应对办法形成了对照；第七篇"去前线的路上"，当地百姓的眼中，红军和白军对待百姓的态度是截然不同的，白军"要多少多少粮食，从来不说一句付钱的话。如果我们不给，就把我们当共产党逮起来"，红军都会给百姓付钱。两相对照，可以看出，红军关爱农民，农民们更信任红军，真正把共产党红军当成了自己的亲人。本篇还写到了斯诺去西北苏区吴起镇奇特的"工业中心"的见闻感受。吴起镇的工人和上海的工人在工资、工作时间、住宿和伙食、医疗、假期、孩子的照顾和文化生活等方面也形成了对比。两相对照的事实，让人感受到这里的工作即使缺乏社会主义工业的物质，却有社会主义工业的精神。吴起镇工人的生活是健康、自由、有尊严、有希望的，他们在为自己做工，为中国做工，也是革命者。

三、策略建构

阅读《红星照耀中国》，我们可以运用"信息建档""跨界阅读""沉潜涵泳""推理思辨""融入情境"等阅读策略，深入把握整本书的主要内容。尝试重回历史时空，了解红色人物，辨析讲述立场，获得情感认同，理解一个百年大党历尽艰辛、缔造东方奇迹的"密码"。

（一）信息建档——建立人物档案，还原人物形象

①个体形象

本书作者进入苏区，采访了毛泽东、周恩来、彭德怀、贺龙、徐海东

等红军领袖，这些领袖人物在作者笔下，都是"活生生的这一个"，他们有伟大崇高的品格，也有各自的性情与喜好。作者描写他们时，常从外貌描写入手，接着用人物自身的语言等呈现他们的所思所想，访谈中，作者还会捕捉到一些细微的动作变化。比如，在这一段中，彭德怀把棉衣披在小号手身上这一幕让人倍觉温暖。

有一次我同彭德怀一起去看一军团抗日剧团的演出，我们同其他战士一起在临时搭成的舞台前面的草地上坐下来。他似乎很欣赏那些演出，带头要求唱一个喜欢听的歌。天黑后天气开始凉起来，虽然还只是八月底。我把棉袄裹紧。在演出中途，我突然奇怪地发现彭德怀却已脱了棉衣。这时我才看到他已把棉衣披在坐在他身旁的一个小号手身上。

——选自《红星照耀中国》第八篇"彭德怀印象"

阅读文本，我们要尝试给人物做信息档案，提取重要信息，组合内容要点，还原人物形象时，还可加入作者观察到的能凸显人物形象特点的难忘细节。例如，读完第二篇，我们可以填写"周恩来人物档案"。

表2-2 "周恩来人物档案"

外貌形象	
性格气质	
谈吐	
主要家庭成员情况	
兴趣特长	
学习经历及表现	
海外经历	
革命业绩	
难忘细节	

我们还可以借助列表格或思维导图梳理人物的成长轨迹，如下图是对贺龙主要事件和性格特征的梳理。我们还可以据此为人物撰写小传，或尝试将其改写为纪录片脚本。

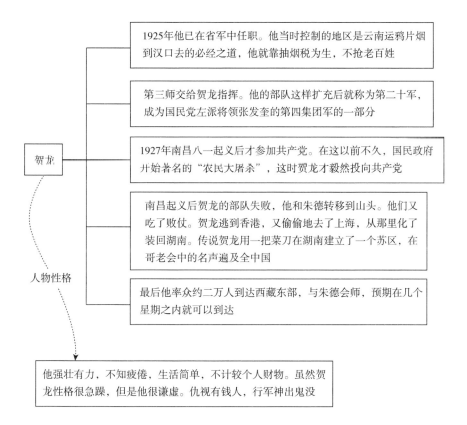

图 2-1

②人物群像

我们可以把对领袖人物的描写当成个体形象研读，也可以将有共性的部分建立联系，勾勒领袖人物群像。作者观察毛泽东、周恩来、彭德怀三位领袖人物时，关注了他们面对首级被"悬赏"的态度："南京虽然悬赏二十五万元要他（毛泽东）的首级，可是他却毫不介意地和旁的行人一起在走。""蒋介石悬赏八万元要周恩来的首级，可是在周恩来的司令部门前，只有一个哨兵。""附带说一句，虽然政府军飞机常常在红军前线扔传单，悬赏五万到十万元要缉拿彭德怀，不论死擒活捉，但是他的司令部门外只有一个哨兵站岗，他在街上走时也不带警卫。"面对首级被"悬赏"的危险，三位领导人都表现出洒脱与胆气，投身革命，他们将生死置之度外，这也是中国共产党人共有的高贵品格。

除了描写大人物，作者也描写了诸多他采访历程中遇见的"小人物"，比如红军战士、农民和"红小鬼"。我们可以将这些人物进行归类对比，发现同一类型的人物所处环境和性格特点之间的必然联系，更鲜明地感受人物群像的共性特征。

（二）跨界阅读——突破纸质媒介，拓展阅读视域

《红星照耀中国》是第一部向全世界客观地介绍中国红军和中国共产党的纪实性文学作品，这一定位决定了本书在历史学、新闻学、文学方面都有独特的价值。想要将本书读通透，势必要"跨界阅读"。跨界阅读是跨越学科边界，突破纸质媒介进行的综合阅读。跨界阅读可以帮助读者体会不同的艺术形式在表现人物、设置情节方面的特点，更为客观地看待原著塑造人物形象以及陈述事件方面的独特性。多学科，多媒介互涉的阅读也可以促使我们对人物形象、历史事件的理解更为立体化。

《红星照耀中国》被改编为电视剧、话剧，还有画家创作了同名油画。阅读原作，可以了解更多史事，并关注作者对历史事件的评价。观看电视剧《红星照耀中国》，可更充分地了解斯诺的创作过程，并通过生动鲜活的细节直观感受人物精神的高尚与纯洁。我们也可观看电视剧《长征》，与《红星照耀中国》中描写长征的篇章做比较阅读。在研读涉及军事部署方面的内容时，还可以关注战争3D沙盘推演的视频，从军事角度感受毛泽东、徐海东等红军领袖"用兵如神"。我们还可以关注《中国共产党历

史画典》《伟大征程》等展览，关注与本书情节相关的大事件场景图，关注不同媒介对同一事件的不同聚焦之处。阅读媒介不断丰富的同时，我们也自然打通了学科的界限，综合利用政治、历史、地理、美术等学科的知识对本书获得更深刻的理解，全方位感受人物信仰的力量、坚定的意志、无畏的精神、实践的伟力、深沉的情怀……

四、精神成长

红色经典关乎信仰追求，家国情怀，理想信念，责任担当，追求真理，百折不挠，集体主义，革命乐观等等精神元素。学生阅读红色经典之后的情感认同，是继承和发扬优秀的革命传统的前提，也是阅读红色经典的价值观目标。合宜阅读策略的使用，让红色经典的思想精华经由学生自己的笔、自己的口表达出来。这样的情感认同和思想成长，并非外部灌输，而是由阅读主体自然而然生发的，因此也更加真实可贵。能让学生在阅读红色经典时，通读全书，快速了解主要人物和主要事件，走进特定的历史时期，生成自己独特的阅读体验和评价，由此实现把握内容、"亲历"事件、亲近人物、主题认同等阅读目标，让红色经典真正走进学生的精神世界，让爱国、正义、真理、理想、信仰等红色基因，点亮他们的生命底色。

【案例三】 观草际幽虫，品自然史诗
——《昆虫记》教学价值

一、知识积累

19世纪末，作为最有文学造诣的昆虫学家，法布尔写出了"一部世界昆虫的史诗""一个由人类杰出的代表法布尔与自然界众多的平凡子民——昆虫共同谱写的一部生命的乐章"。《昆虫记》原著共十卷，《昆虫

记》（人民教育出版社版本）从原著中选取了部分富有趣味性、生动精彩的章节，共二十九章。作者在这些科学小品文中用简单易懂的语言普及科学知识，文章结构严谨、逻辑严密，但又不失语言的生动活泼、俏皮幽默，深入浅出，富有艺术趣味。全书不仅书写了昆虫的外形与习性，还写到了作者探索昆虫秘密的方法以及作者的反思，整个观察过程是艰辛的，然而作者的研究热情始终高涨。

阅读《昆虫记》可以积累以下知识：

（一）科学小品文

科学小品文，又被称作"知识小品文"或"文艺性说明文"。它具备说明文的一般特征，又借助小品文的笔调，将精准严谨的科学内容表达得生动形象。科学小品文以准确性说明为前提，以形象化表达为特征，表述精准不失生动，语言严谨不失趣味。阅读这类文章，能够活跃思维、丰富见识、开阔视野。

《昆虫记》的选文具备科学小品文的特征，堪称科学与文学完美结合的典范。《昆虫记》是以动物界的昆虫为主角的自然科学类著作，文章的科学表述非常严谨。书中的词句并非转述自其他科学家的研究成果，文章本身就是法布尔的学术研究成果。《昆虫记》与其他生涩深奥的学术著作不同，还有极高的文学造诣，为了使语言表达效果不枯燥，法布尔在作品中综合运用了多种表达方式。阅读《昆虫记》，可以深入了解科学小品文科学与人文交融的特点。

（二）词汇与修辞手法

阅读《昆虫记》可以积累词汇，还可以学习设问、比喻等修辞手法。此外，《昆虫记》本身是科普作品，我们还可以学到一些生物学知识。我们重点谈一谈词汇的积累。

《昆虫记》一书中的词汇有许多是生物学中的专有名词，比如"喙""颚""鞘翅""叉耙"等，学习这些字词时，我们可以探究造字原理，加深理解，帮助记忆。

本书行文流畅，译者陈筱卿也具备相当深厚的言语功底，成语、四字词语使用量较多，这些都可以成为我们阅读过程中积累的言语养料。比如，在《圣甲虫》一章中，有这样一段话：

它俩的配合并非总是很协调的，尤其是因为帮手背对路径，而物主的视线又被粪球遮挡住了。因此，事故频仍，摔个大马趴是常有的事，好在它们也泰然处之，摔倒了立即爬起来，仍旧是各就各位，各司其职。即使是在平地上，这种运输方式也是事倍功半的，因为二人的配合无法天衣无缝。

我们可以看到，短短一段表述中，出现了很多四字短语或成语："事故频仍""泰然处之""各就各位""各司其职""事倍功半""天衣无缝"，阅读中，我们可以积累这些词语，有不知其意的查阅工具书。

对于书中一些富有表现力的生词，我们可以边鉴赏边积累，在作者创设的鲜活语境中掌握词汇。比如在《螳螂捕食》这一章中，作者用了很多生动的词汇写螳螂凶猛，我们可以在积累时感受词语的生动并发现词语之间的微妙关联。

当要捕食的活物可能会进行顽强抵抗时，螳螂则不敢怠慢，要利用一种震慑、恫吓猎物的姿态，让自己的利钩有办法稳稳地钩住对方。……几天没吃食的螳螂，因饥饿难忍，能一下子把与它相同大小或比它个头儿大的灰蝗虫全部吃掉，只撇下其翅膀，因为翅膀太硬而无法消受。

在这段文字中，"怠慢""震慑""恫吓"等词汇都是用拟人的手法从心理活动的角度写螳螂捕食时采用的策略，都与"心"有关。"撇"字用得极为生动，从动作角度写出螳螂的霸气，与"手"有关，这也能帮助我们强化偏旁部首的记忆。正是因为这种种表现，作者在后文称其为"饕餮者"。"饕餮"是中国古代传说中的凶兽，它最大特点就是能吃。它是贪欲的象征，所以常用来形容贪食或贪婪的人。了解了螳螂捕食的凶残，就能更好地理解作者为什么称之为"饕餮者"。在词汇之间建立联系，能提高词语学习的效率。

（三）与昆虫相关的科学知识

昆虫是地球上最庞大的动物群体。昆虫在动物界种类最多。目前被人类描述过的昆虫种类已超过 100 万种，占了已知动物种类（150 万种）的 2/3 以上，而且至今每年仍有数千个新种类被发现。

昆虫不仅种类众多，而且数量惊人：一个蚂蚁群体可以有五十多万只，一棵大树上的蚜虫可以有十几万只，甚至有人估计地球上所有昆虫的重量是人类总重量的十几倍。

昆虫是比人类资格更老的一类生物，目前人们所找到的最古老的昆虫化石发现于泥盆纪的岩石内，也就是说，昆虫在地球上至少已经生活了三亿五千万年了。

它们在漫长的进化过程中与它们所栖息的环境以及动植物建立了悠久的依存关系，并且形成了极强的适应能力，这使得昆虫生活范围极广。在地球上，除了海洋之外（海面上亦有某些昆虫种类活动），从赤道到两极，从河流湖泊到戈壁沙漠，从海拔数千米的冰峰雪岭到深深的地层之中，甚至于动植物的体内都有昆虫分布。

昆虫和人类存在着十分密切又复杂的关系，昆虫作为一种文化现象进入人类生活已经有了悠久的历史。我们无论是从了解身边周围生活环境的角度出发，还是要探索自然奥秘，或是想要从昆虫身上获取物质资源和保障、精神灵感和享受，都应尝试去了解一些昆虫的外形特征、生活习性等，从而丰富自己的科学常识，实现人与自然的和谐共处。

法布尔的《昆虫记》用通俗易懂的语言为我们讲解了他所观察到的昆虫常识。蝉、蚂蚁、螳螂、蝗虫、蝈蝈、蝴蝶、蟋蟀、萤火虫、隧蜂、圣甲虫等昆虫离我们的生活并不遥远，了解它们，我们才能更好地与之相伴相生。经由阅读，我们也可以了解更多昆虫的习性与生活，"能够用生命观念认识生物的多样性、统一性、独特性和复杂性，形成科学的自然观和世界观，并以此指导探究生命活动规律，解决实际问题"[①]。

二、能力提升

阅读《昆虫记》时，我们可从说明文文体特征入手，提升阅读说明文的能力。

（一）抓住主要特征

在阅读说明文时，我们要关注被说明的对象及对象特征。阅读《昆虫记》，要关注不同昆虫的外形特点、生活习性、神异本领等。阅读描写外形的笔墨，可以关注色彩、大小、各个器官的造型等，边阅读边在头脑中勾勒昆虫的形象，生动的文字能够帮助我们在真实的世界中准确识别出不同昆虫。阅读描写昆虫习性的文字，可以关注动词，来把握其行为举止的特点。昆虫的神异本领不同，可以关注作者使用的修饰限定性语言来把握其本领的奇绝之处。

作者在《隧蜂》一章这样描摹隧蜂的外形：

你看看隧蜂肚腹背面腹尖上那最后一道腹环。如果你抓住的是一只隧蜂，那么其腹环则有一道光滑明亮的细沟。当隧蜂处于防卫状态时，细沟

[①]　中华人民共和国教育部制订.普通高中生物学课程标准（2017 年版 2020 年修订）[S].北京：人民教育出版社，2020：4.

则忽上忽下地滑动。这条似出鞘兵器的滑动槽沟证明它就是隧蜂家族之一员，无须再去辨别它的体形、体色。在针管昆虫属中，其他任何蜂类都没有这种新颖独特的滑动槽沟。这是隧蜂的明显标记，是隧蜂家族的族徽。

作者在说明过程中抓住隧蜂外形中最典型的特征——滑动槽沟，即有细沟的腹环。这是隧蜂的"族徽"，是它们区别于其他蜂类的重要标志。在阅读中，我们要不断寻找最能体现这一种昆虫独有特征的语句，将其作为重点信息圈画出来。我们再来看一段对昆虫动作的描写：

螳螂以这种奇特姿态一动不动地待着，目光死死地盯住大蝗虫，对方移动，它的脑袋也跟着稍稍转动。这种架势的目的是显而易见的：螳螂是想震慑、吓瘫强壮的猎物，如果后者没被吓破了胆的话，后果将不堪设想。

这一段通过特写镜头的方式让我们看到螳螂看到猎物移动时细微的举动——"它的脑袋也跟着稍稍转动"，采用这样的架势也体现出螳螂善斗、主动出击等特征。

（二）学习说明方法

科普作品的写作目的是普及知识，要求语言简练明确，科学严谨，准确真实，表达周密。如能恰当运用说明方法，能提高说明语言的科学性与准确性，将被说明对象的特征诠释得准确、生动。常用的说明方法有：举例子、引资料、作比较、列数字、分类别、打比方、摹状貌、下定义、作诠释、画图表……

列数字是较容易掌握的一种说明方法，凡是作者直接列出数字以介绍事物的都可以归入此类，比如"地洞口是圆的，直径约2.5厘米"，这一说明方法也提示我们做观察研究时要常采用直接测量的方式记录准确的信息。《昆虫记》一书中，用得最为精妙的说明方法有"作比较"与"打比方"。

"作比较"是指在说明人们比较陌生的事物时，用人们熟悉的与之相比——在新事物与人们头脑中已知的事物之间相比较，以便使人们更容易理解新事物的特点，增强说明效果。比如作者在介绍《隧蜂》时，有这样的语段：

怎么识别它们呢？它们是一些酿蜜工匠，体形一般较为纤细，比我们蜂箱中养的蜜蜂更加修长。它们成群地生活在一起，身材和体色又多种多样。有的比一般的胡蜂个头儿要大，有的与家养的蜜蜂大小相同，甚至还要小一些。

隧蜂的尺寸大小到底是怎样的呢？作者通过隧蜂与"蜂箱中的蜜蜂""胡蜂""家养的蜜蜂"相比较，仿佛把隧蜂定位于一个清晰的坐标系之中，让我们看到它的体型大小。

"打比方"这一说明方法指的是借助比喻修辞来说明事物特征的方法，具有形象生动的特点。这一说明手法在书中出现率极高。在《蝉出地洞》一文中，作者多次将地洞比喻为"货真价实的地下小城堡"，"隐蔽式""等候室"等形容地洞的隐秘与坚固。作者还将其比作"气象观测站"，凸显地洞的功能性，即外面天气如何在洞内可以探知，这一"观测"功能为昆虫幼虫提供一定的气象资料，帮助幼虫做好充足的准备迎接"蜕变"这一最重要的时刻。

（三）品味鉴赏语言

《昆虫记》一书不仅具有极高的科学价值，还具有极高的文学价值。"这部书的语言十分诙谐、自然，用通俗易懂的方式向我们展示了精彩的昆虫世界，他擅长使用拟人的手法描写昆虫，也常常以人性观察昆虫。"作者常常用人的动作来形容虫的举动，使得全书画面感极强。我们来看《蝉出地洞》这一章中的描写：

> 幼虫爬出洞来后，在附近徘徊一阵，寻找一个空中支点，诸如细荆条、百里香丛、禾莨秆儿、灌木枝杈什么的。一旦找到之后，它便爬上去，用前爪牢牢地抓住，脑袋昂着。

这是描写蝉蜕变的一段内容，我们不妨关注其中的动词。"徘徊"指在一个地方来回走动，往返回旋，"徘徊"还比喻犹疑不决。在这里，作者用"徘徊"来形容虫出洞后爬来爬去的样子，与下文中的"寻找"是相呼应的。"一旦找到"意味着"徘徊"良久，这个过程是漫长的，也是满含思索、判断与期待的。幼虫在寻找合宜的"空中支点"，以完成破壳而出的蜕变。"牢牢地抓住"与"脑袋昂着"都是这一奇迹的开端，"昂"也表明了幼虫发力的姿态。当然，我们看到的是译文版，汉语用词的准确离不开译者高超的翻译水平，但我们依然可以推测出原作用词之生动鲜活。

《昆虫记》还借助富有表现力的动词勾勒虫与虫、虫与人的争斗，这些动作连缀起来，构成一段段精彩的场面描写，也使虫的世界更富有戏剧色彩。

> 昆虫中没有谁比它更难对付的了。这家伙用修枝剪挠你，用尖钩划你，用钳子夹你，让你几乎无还手之力，除非你用拇指捏碎它，结束战斗，那样的话，你也就抓不着活的了。

这一段描写写出了螳螂的勇猛，它最厉害的武器是小腿末端的硬钩，"挠""划""夹"等动词突出硬钩之坚利，我们与前文内容关联，可以确信这的确是高精度的穿刺切割工具。写其特征，作者不仅有直接描写，更将其置于一个"虫"与"人"争斗的情境中，借写人想要捉活物也要败下阵来突出其硬钩的厉害。

《昆虫记》还借助设问等修辞手法提升读者的阅读兴趣。作者常用设问的方式直接提出作者在研究过程中发现的问题，比如在《蝉出地洞》一篇中，作者这样提出自己的疑惑：

> 根据洞的长度和直径来看，挖出的土有将近两百立方厘米。挖出的土都跑哪儿去了呢？在干燥易碎的土中挖洞，洞坑和洞底小屋的四壁应该是粉末状的，容易塌方，如果只是钻孔而未做任何其他加工的话。可我却惊奇地发现洞壁表面被粉刷过，涂了一层泥浆。

这一连串的疑惑也引发了读者的好奇心，到底蝉采用了怎样的策略将浮土隐藏起来呢？这种设问与通常意义上紧密衔接的"自问自答"不同，问题后面的若干段落都是对这些问题的回答。文章读至最后，谜底揭晓，我们也了解到蝉筑地洞所依赖的植物根系与地洞的建造原理。随着谜底的步步揭晓，我们也由衷赞叹这小小的生灵其实是最有韧性也最有智慧的建筑大师。

（四）发展科学思维

《昆虫记》从文章学角度来说，是说明文作品集；从生物学角度来说，是科学性读物，记录了作者做科学实验的过程及科研结论。我们在阅读过程中，还应注意领会作品中所体现的科学精神和科学思想方法，发展科学思维。

"'科学思维'是指尊重事实和证据，崇尚严谨和务实的求知态度，运用科学的思维方法认识事物、解决问题的思维习惯和能力。我们应该在学习过程中逐步发展科学思维，如能够基于生物学事实和证据运用归纳和概括、演绎与推理、模型与建模、批判性思维、创造性思维等方法，探讨、阐释生命现象及规律，审视或论证生物学社会议题。"[1]阅读《昆虫记》时，我们不仅要了解与昆虫有关的科学知识，还要探索法布尔在研究过程中所

---

① 中华人民共和国教育部制订.普通高中生物学课程标准（2017年版2020年修订）[S]. 北京：人民教育出版社，2020：4.

持有的观点以及解决问题的思路和方法。

例如在《大孔雀蝶》这一篇文章中，作者研究的科学问题是"发情期的大孔雀蝶夜间朝圣时究竟是靠什么样的信息器官呢？"作者提出了他的猜想，又不断实验、观察、判断、分析。我们可以深读文本，融入法布尔的研究情境，梳理法布尔提出问题、获取信息、寻找证据、检验假设和发现规律的过程，尤其学习他基于科学事实，经过归纳与概括、演绎与推理等方法形成结论的思维过程。我们还可以开发相应的"观虫""养虫"等探究活动，增加实践经历，积极参与动手和动脑的活动，在探究性学习活动中，发展科学思维，获得未来解决现实生活中问题的能力——观察能力、发现问题能力、设计和实施探究方案以及探究结果的分析、交流等能力。

三、策略建构

当我们找到了适合每本书的阅读策略，就找到了推进阅读的新支点。在阅读《昆虫记》的过程中，可关注以下几种阅读策略：

（一）查阅资料

查阅资料是指借助网络搜索引擎或辞典工具书等了解生僻词汇的意义。《昆虫记》作为一部科普作品，有丰富严谨的科学知识。作者在行文中使用了大量专有名词，比如"鞘翅""喙"等词，遇到这些有些生僻的词汇，我们可以借助网络搜索引擎或辞典工具书等了解这些词汇的意义，还可以制作《昆虫记》知识卡片。

（二）预测猜想

"预测"策略指的是读者在阅读过程中根据有关信息对文本的情节发展、故事结局、人物命运、作者观点等方面进行自主的假设，并在阅读过程中寻找文本信息来验证自己已有的假设，如此反复假设、验证，不断推进阅读。本文充满悬念，而悬念本身就为我们提供了建构"预测猜想"这一阅读策略的可能性，我们可对后续情节或故事实情进行预判与猜测。比如《螳螂捕食》一章写到作者观察到的神奇的景象："在两个星期里，我惊讶地看到一只雌螳螂竟然接受了七次求婚，吃掉了七个丈夫！"

这句话直接就激发了读者的阅读兴趣，雌螳螂为何先后吃掉七个同类，它们之间有怎样的爱恨情仇？我们带着对结局探寻的渴望走进文本，可以在阅读过程中不断判断自己的猜想是否正确。

（二）图文转换

"图文转换"策略是指利用插图资源，创设图文预设情景，注重图文内容融合，拓宽图文转换途径，能使插图"动"起来，使文本"活"起来，在这一过程中，我们会感受到阅读乐趣，提升阅读能力。我们在阅读过程中，可以根据文字描写在头脑中勾勒画面，或者看到文中插图，能找到相对应的说明文字，在"图""文"之间能自如转换。具有一定绘画功底的同学，在阅读之后，还能用画笔将头脑中的形象描绘出来。"图文转换"策略旨在借助图与文的不同，引导我们将所学知识迁移到新情境中，通过二者转化培养我们学习中的适应性和灵活性。"图文互解"是指用合宜的插图帮助我们理解文字勾勒的形象，或者借助文字描写的细节更好地观察图片。在选择版本的时候，可关注书中有彩色插图版本，这对我们阅读能够起到很好的支撑作用。比如我们可以找出一些外形片段描写，依据文字给昆虫绘图，再与画家的插图比对，从而促进理解。我们还可以"跟着法布尔学写作"，找到一种本书中没有的昆虫，学习借助精准的语言描述它的外形特征。

（四）信息建档

《昆虫记》是法布尔的观察笔记，他将研究的过程写成了生动有趣的故事。如果从科普意义出发，我们不妨将其重构为一份份"昆虫档案"。我们可以制作表头，填写昆虫名称、别名、外形特点、生活地点、生活习性、特殊本领等。在阅读时学会自觉关注或有意识地提取重要信息，从而增加知识，拓宽视野。我们还可以借助思维导图、昆虫知识卡片等方式制作有创意的档案。"昆虫档案"的表现方式，还可融入法布尔独特的行文构思与个人阅读感悟。如阅读《蝉和蚂蚁的寓言》，可以从"寓言中的蝉和蚂蚁"与"现实中的蝉和蚂蚁"梳理档案信息，就会发现法布尔得出的结论是有趣的"事实大翻转"：事实彻底地把寓言臆想的角色给调换过来了，毫不客气的，抢劫时决不退缩的求食者是蚂蚁，而甘愿与受苦者分享甘露的能工巧匠是蝉。

（五）跨界阅读

跨界阅读是跨越不同艺术门类边界的阅读，是突破学科边界、纸质媒介进行的综合阅读。《昆虫记》本身就是一部跨学科巨著，主要涉及的领域是文学与生物学。想要了解生物科学对昆虫的研究视角，我们可去"国家动物博物馆"或"自然博物馆"参观，或者关注一些特别推出的昆虫展。在阅读文字，看插图的基础上，我们可以观察标本，对昆虫样态有更直观的感知。我们还可以关注《微观世界》等影视资源，以及《牛津大学终极昆虫图鉴》等图书资源，来丰富我们对昆虫的认知。昆虫文化源远流长，昆虫邮票以及"斗虫"文化研究资源也可以帮助我们了解人与昆虫的联系。

四、精神成长

《昆虫记》让我们了解昆虫，更让我们了解生命；作者在字里行间流露着对研究的无比痴迷，对生命的无比尊重以及对大自然的无限向往。

（一）求真务实的精神

作为科学家，作者在他的荒石园一生活就是几十年，他以求真务实的精神完成科学探究。在《蝉出地洞》一章中，作者发现了浮土消失的秘密，除了逻辑推理外，他用实验论证的方式来寻找答案。在《大孔雀蝶》这一章中，他为了检测发情期的大孔雀蝶在朝圣时所使用的器官，他这样实验："我用小剪刀从根部剪掉大孔雀蝶的触角，但并未触及它们身体的其他部位。"这样细腻的准备工作，让我们感受着他的专注与理性。作者还常常在书中流露这样的心思："有人说，耐心是一种天赋，我却谦虚地称之为观察者的优秀品质。""勤奋研究，六月末到九月份的整个大热天里……"他热爱自然，反复观察，反复实践，并在行文中体现自我批判与反思的精神。遇到困难时，他会感慨："好运总是要先捉弄人一番，然后才向着坚韧不拔者微笑。"当作者研究取得进展时，他会觉得硬化的血管里有二十岁的年轻人的热流在涌动。他以研究成功为乐，在这一过程中，他也告诉我们：旧问题解决，新问题产生——探索，永不止步。他还常常在讲解中联系生活，完成是真是假的细节判断。

（二）对于生命的尊重

作家法布尔用流畅优美的语言写出了不同昆虫生命过程中最独特的经历。有的是昆虫这一生中最骄傲的时刻，比如"田野地头的蛐蛐"在后花园纵情欢歌；再比如，大孔雀蝶那场盛大的舞会；还有，蝉这位工程师的杰作以及圣甲虫为后代制作的梨形神秘小窝。对这些弱小的昆虫，法布尔总是爱意浓浓，他把昆虫看作自己的朋友，把自己对人生的领悟融入昆虫的一举一动中，洋溢着对生命的尊重与热爱。

【案例四】 神魔小说之典范，想象文学之标杆
——《西游记》教学价值

一、知识积累

（一）好词佳句

《义务教育语文新课程标准（2022年版）》中对第四学段的学生在"识字与写字"方面提出如下要求："有较强的独立识字能力。累计认识常用汉字3000个左右，其中2500个左右会写。"在阅读名著的过程中，教师可以有意识地引导学生完成常用字词的积累工作。在阅读过程中积累好词佳句，学生不仅能够学习到字词本身的写法，还能在具体语境中加深理解，为日后迁移运用打下良好基础。

（二）神魔小说及叙事动力

神魔小说是指"明清两代在三教同源背景下产生的，以神魔出身修行、斗法飞升为主要内容，艺术上以驰骋想象，神奇变幻见长的章回小说"①。所谓"神奇变幻"，也就是本文所谓"神异化"，是神魔小说的一大标准。《西游记》是典型的神魔小说，是想象文学的标杆。

马克思曾说："任何神话都是用想象和借助想象以征服自然力，支配自然力，把自然力加以形象化。"这番话主要针对上古神话，而当我国古典神魔小说在继承上古神话时，不但延续了上古神话的生命，同时也拓宽

---

① 胡胜.明清神魔小说研究［M］.北京：中国社会科学出版社，2004：8.

了上古神话的内涵与外延，将社会现象加以神异化，使自然神演绎为英雄神。

《西游记》的"神异化"叙事具有一定模式，大约可分为斗法、考验、谪世、三界四大类型，尤以斗法、考验两类出现的频率为高，在整个叙事模式中起到伏笔、推动以及刻画人物、表达思想的基本作用。

斗法，指的就是神魔之间法术、兵器、法宝相斗的一些情节。"车迟国斗法"的故事中，孙悟空先后与虎鹿羊三妖斗法，请龙王降雨，云梯显圣，最后下油锅，情节神异。"三调芭蕉扇"的故事中，孙悟空、猪八戒二人合斗牛魔王，满天神佛助阵，孙悟空变化海东青、乌凤、饿虎，最后现出真身，极尽变化之能事，极富趣味性和曲折性，令人叹为观止。再比如兵器斗法，《西游记》中十八般兵刃各自都有，奇特的还有如猪八戒的钉耙，最典型的莫过于孙悟空的如意金箍棒，其为大禹治水遗留，定海神针，"挽着些儿就死，磕着些儿就亡；挨挨儿皮破，擦擦儿筋伤"，不但极富传奇色彩，而且在"八十一难"中常常都起到推动作用。最后还有法宝斗法，这与兵器斗法颇有交叉之处，比如青牛精的金刚玉琢，让满天神将吃尽苦头，观音的玉净瓶，能收天下之水，其他如弥勒佛人种袋，金角、银角阴阳二气瓶等等。

这些斗法情节，是《西游记》等神魔小说的基本要素，既是神魔小说的特点，同时也有利于塑造人物，丰富情节，推动故事发展。

宗教考验是《西游记》叙事结构的一大推动力，也就是说"八十一难"中每一个故事实际上都是一次宗教考验，以此让师徒四人摒除欲望，笃定心性，得成正果，只不过有些考验是隐形考验，比如妖魔鬼怪作祟，而有些则是显性考验，表现为神佛试探以及色欲考验。《西游记》中，我们应当透过神异化的表象特征，看到其背后的"人欲"与"修佛"的对立，唯有通过这等考验，才能保住心性，沟通"修佛"与"人欲"，使之了无障碍。

所谓"谪世"，就是指神仙、妖魔转世或者下界，"即经过一段尘世生活，又重新回归上界"。这种情节相较于考验来说，更具有"神异化"特征，而且往往成为故事情节的线索，构成故事的前因后果，并且暗含宗教转世轮回思想。在《西游记》中，这种谪世普遍存在，几位主人公皆是如此，唐僧是金蝉子转世，猪八戒为天蓬元帅投胎，沙僧和小白龙一为卷帘大将，一为西海太子。而"八十一难"中诸多妖魔也有许多为上天神佛相关人物谪世变化而来，金角、银角大王本为太上老君童子，黄眉大王本为东来佛祖面前童子，九灵元圣、白象、青狮、比丘国丈分别是太乙救苦天尊、文殊、普贤两菩萨以及南极仙王坐骑，此外还有奎木狼下界，大鹏金翅鸟临凡，等等。

所谓三界，在《西游记》中有所特指，比如灵山、天庭为一界，人间为一界，而地府又为一界，其中的"神异化"特征就表现为诸多人物可以畅游三界，打破人神阻隔，不受拘束。比如孙悟空出世便闹了地府、天宫。至于取经路上，各路人物大显神通，畅游三界，更是常见。

（三）圆形叙事

圆形叙事模式是一种叙事结构模式，指文本叙事从起点出发，经过一个叙事过程，达到叙事终点，由起点到终点并不是按时间顺序自然发展的一种直线性叙事，而是终点又回归到起点，并对起点有所超越而形成一个螺旋式上升的近似的"圆"。《西游记》的叙事模式正是圆形叙事的经典。

《西游记》主体情节可分为三部分，前七回是第一部分，写孙悟空的出身和大闹天宫等故事，为他的神通广大和后来追随唐僧去西天取经提供背景资料。第八回至第十二回是介绍小说的另一主人公唐僧，交代取经的缘由。第十三回到第一百回，是全书的主要部分，演述唐僧、孙悟空师徒四人降妖伏魔、西天取经的故事。

《西游记》的主体叙事框架正如一串螺旋上升的佛珠串，主链如一个圆形上升的大循环。五圣修成正果正是《西游记》故事的主链。我们一起来看看五圣的变化：

唐僧：金蝉子→人→僧→旃檀功德佛

悟空：齐天大圣→猴→僧→斗战胜佛

沙僧：卷帘大将→河怪→僧→金身罗汉

八戒：天蓬元帅→猪→僧→净坛使者

龙马：玉龙→孽龙→马→八部天龙马

梳理五圣故事的起点、过程、终点，我们会发现：他们起先都是神仙，但他们都有一些佛门道德缺失。唐僧"不听说法，轻慢大教"，孙悟空欺天罔上，无法无天，八戒色胆包天，沙僧不尽职守，白龙马忤逆。他们前身都有罪，为了拯救他们的罪孽，他们都皈依佛门，诚心修道，经受住了各种各样的考验，终于他们都修得正果，成了佛。

对比一下叙事的起点和终点，可以发现，唐僧由轻慢大法变成了虔诚至极的信徒，悟空由欺天罔上变成了诚心皈依，贪吃的八戒也变得"脾胃一时不好了""吃不得了"，沙僧由卷帘大将变成了金身罗汉，白龙马由"忤逆之龙"变成了八部天龙马，因此这种"圆形结构"，实际上反映了佛教的轮回观念。神的堕落即为妖，妖的升格便是神，诚心修行就能上升到更高境界超脱轮回，否则就会永坠轮回苦海。八戒因为在取经途中不像其他人一样诚心修行，"又有顽心，色情未泯"，所以不像其他人一样，"升大职正果"成了佛，只落得个"升职正果"封为"净坛使者"，不过总算成了正果，脱了轮回。

可以说，终点是对起点的回归，它又是对起点的超越，它剔除洗脱了"神"身上的"罪"而成了"圣"，这一个转化的过程，恰似于一个"圆"，它不是一个完全封闭的圆，而是一个呈螺旋式上升的近似的"圆"。宗教考验与救赎，恰恰是整个故事的"叙事动力"。

在《西游记》里，叙事的主体过程是取经过程。在小说的第十三回至第一百回里，小说详细地讲述了取经路上的八十一难，我们可以把它分成这样一些故事：双叉岭刘伯钦救命，五行山下收悟空，鹰愁涧中收玉龙，黑风山熊怪盗袈裟，高老庄上收八戒，黄风岭上遇风魔，流沙河里收沙僧，四圣试禅心，五庄观偷吃人参果，三打白骨精，宝象国里遇奎星，平顶山降金角银角大王，乌鸡国青毛狮侵夺帝位……大约三十来个故事。

这些故事虽然形态各异，但是都有一个深层结构，我们可以用下面的这个图呈现故事的结构：

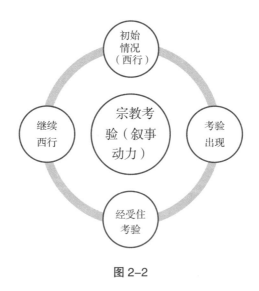

图 2-2

这个结构模式是圆形的，它由初始情况（师徒西行）开始叙事又以回到初始情况（继续西行）叙事告终，以"考验的出现"和"经受住了考验"作为这个圆的发展过程。前一险与后一险之间，往往有一段相似的关于季节变化更替的语句，如第六十四回开首："却说师徒四众，走上大路，却才收回毫毛，一直西去。正是时序易迁，又早冬残春至，不暖不寒，正好逍遥行路。忽见一条长岭，岭顶上是路。"这段话为我们提供了每一章回之间衔接的模本，即先是对上回遇险的总结，然后插入季节性叙事，随后再遇到新的磨难，而磨难的征兆是突然横亘在取经人面前的一座高山或一条大河。这样的结构安排其好处是显而易见的：其一使叙事节奏加快，增强小说内在的吸引力；其二添加悬念，再一次勾起读者的阅读期待。

综合起来考虑，我们可以发现：故事由初始情境回到初始情境，由平衡的被打破到平衡的再次恢复，由唐僧遭遇磨难到唐僧的得救，由妖精的私下凡间作乱到终被菩萨收复重归天界，一切都显示出一个"圆"的运行轨迹，每个故事都是一个圆，有三十多个故事就有三十多个圆，而这么多的圆又有一条主线贯穿，这条主线就是唐僧师徒的取经经历。

二、能力提升：梳理故事情节，分析人物形象

阅读《西游记》，学生可以提升以下阅读能力：

（一）梳理故事情节（提取显性信息，组合内容要点）

《西游记》讲述了取经路程的多个故事，这些故事情节生动有趣，学生在阅读中，可以尝试复述"无底洞里的老鼠精"等故事，理清这些故事的叙述脉络，这不仅能帮助学生学会梳理故事情节，还能在情节的推进中理解人物形象。此外，学生还可以借助"西游大事年表"来改写《西游简史》以梳理原作整体叙述脉络，提升阅读长篇小说的能力。

我们首先来看"无底洞里的老鼠精"，这个故事，教师可帮助学生确定故事的节点为"两进""两出"，请学生据此完成概括。

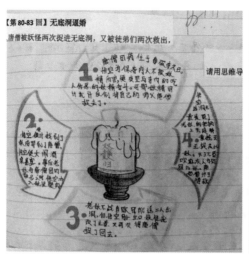

图 2-3

　　看到学生们的作品，我们不难回忆起"无底洞逼婚"的故事情节：金鼻白毛老鼠精变化为遇险女子，把自己绑在树上呼救。唐僧不听悟空劝告，救了金鼻白毛老鼠精，并带她到寺院。晚上，金鼻白毛老鼠精制造声响，骗出悟空，趁沙僧出去给唐僧找吃的，猪八戒关门关窗之机，捉住唐僧。打算先成亲，后吃肉。一探无底洞，孙悟空进入无底洞，变成小虫子落进茶碗，但被金鼻白毛老鼠精发现。悟空刮了一阵风离去。二探无底洞，孙悟空变成一个桃子，唐僧取下给金鼻白毛老鼠精吃掉，孙悟空逼妖精将唐僧背出洞口，妖精用绣鞋调开悟空，又把唐僧捉走。三探无底洞，孙悟空和猪八戒在无底洞内找到线索，发现妖精是托塔天王的女儿。四探无底洞，孙悟空上天找来托塔天王和哪吒，捉住金鼻白毛老鼠精，救出唐僧。

　　图 2-3 左边这幅图在梳理的过程中呈现了叙事特点中的"圆形结构"，右边的图用形象的方式绘出孙悟空"四探无底洞"采用的斗争策略。两幅图的绘者都较有创意地完成了故事情节的大致梳理。

西游记年表

元年：贞观十二年九月十二日，唐僧自长安出发，深秋，遇到熊虎牛三怪，刘伯钦，在五行山收服悟空，在蛇盘山鹰愁涧收服白龙马。

二年：春天，遇到黑熊精。

三年：春天，收服八戒；夏天，遇到黄风怪；秋天，流沙河收服沙僧，四圣试师徒四人禅心。

四年：师徒四人路过万寿山五庄观，三徒弟偷吃人参果，终与镇元大仙结下深厚友谊。

五年：夏天，在白虎岭遇到白骨精，又在宝象国遇到黄袍怪。

六年：春天，遇到原为太上老君童子的金角、银角大王；秋天，救活乌鸡国国王；秋末冬初，于号山遇到红孩儿；冬天，在衡水河遇到鼍怪。

七年：师徒四人遇到虎力、羊力、鹿力大仙；秋天，遇到灵感大王；冬天，遇到独角兕王。

八年：春天，遇到如意真仙，被女儿国国王逼婚，不料又被蝎子精摄走；夏天，遇到六耳猕猴；秋天，路阻火焰山，不得已向罗刹女三借芭蕉扇；秋末冬初，遇到万圣老龙和九头虫。

九年：春天，荆棘岭遇到植物精。

十年：平安无事。

十一年：春天，遇到黄眉童子，在稀柿衕遇到蟒蛇精；夏天，遇到金毛犼。

十二年：春天，遇到蜘蛛精和蜈蚣精；秋天，遇到狮子精、大象精和大鹏精；冬天，遇到白鹿怪。

十三年：春末夏初，遇到老鼠精；夏天，途经灭法国，遇到南山大王。

十四年：春天，为凤仙郡祈至甘霖；深秋，遇到黄狮精及九头狮子怪。

十五年：正月，遇到犀牛怪，这年春天遇到玉兔精；夏天，遇到寇员外；秋天，最终抵达目的地灵山大雷音寺，功德圆满。

教师还可为学生提供《想不到的西游记》一书中"西游记年表"，引导学生对照故事提示，设计《西游记》（青少版）的"西游年表"，或更有创意地完成"西游简史"。整部"简史"做完，学生对长篇小说情节梳理的能力将大大增强。

（二）分析人物形象（多角度分析人物，全方位评价人物）

《西游记》中的师徒四人性格鲜明，是古典文学史上经典的人物形象。这些人物形象每一位都呈现出丰富的多面性，学生在阅读时，可以从细节描写、情节推进方面对这些人物形成个性化的理解与认知，从而学会多角度分析人物，全方位评价人物。

我们可以引导学生列表格，为人物建立"细节档案库"，根据细节分析人物形象特点，再将这些特点进行分类整理，完成一份"形象特点梳理单"，再借助思维导图将梳理成果"可视化"，在这一过程中找好合适的意象或构图，来表达自己的阅读感悟，最后，学生可以以思维导图为依据，撰写人物形象评论文章。图2-4是学生绘制的"悟唐僧之人生拼图"。拼图的上半部分以拼图的形式展现了唐僧的主要性格特征：胆小、善良、意志坚定、不辨善恶、一心向佛、固执，并且列举出支持这些观点的文中细节。图中的折线交代了唐僧的命运起落：金蝉子遭贬，投胎到凡间，之后奉菩萨之命西天取经，历经九九八十一难功德圆满，被封为旃檀功德佛。从左下角向右上角上升的折线中，主要呈现了"三贬悟空"的经历，这体现出《西游记》叙事过程中唐僧与悟空这对师徒关系中"并立"与"磨合"的过程。

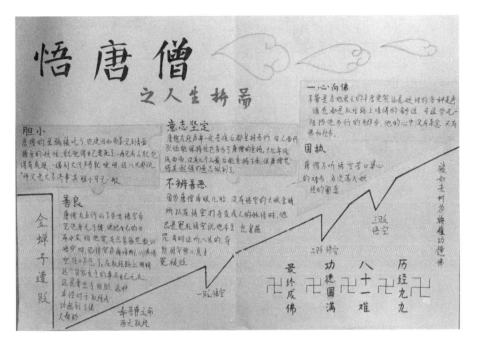

图 2-4

这是学生的阅读视域与个性化体验，教师可从更广阔的视野中带学生关注更丰富的唐僧形象，领会唐僧身上的神性和人性的交锋。

唐僧作为西天取经四人团队的发起人和领导者，管理三个性格迥异的徒儿，有着自己的行为方式和管理理念，在他的言行之中可以看出他深受佛儒两家影响，不仅有得道高僧的神圣庄严，而且有着懦弱的世人百态，带有深深的神性和人性色彩。

唐僧的人性之中，有着迂腐、胆小怕事、自私、是非不分的一面。他们在取经途中，遇到强盗，悟空杀死两个。投宿之处的人家是强盗的亲人，强盗追来后，悟空惩之而后快，保护了师徒几人及财物，还当地一片安宁，可唐僧好歹不分，不但不领情反而生怕连累自己犯下杀戒，怕强盗死后状告阎王而惩罚自己，只想撇清关系。同时，顾念老人的情分，想为老人留后尽孝道；在被妖怪捉拿后，经不起他们的逼迫自报家门，用孙悟空的名头吓妖怪，有次不听悟空劝告把悟空赶走而被抓不由得后悔痛哭，可见唐僧并不是一个无喜怒忧惧的圣人。

作为团队的引导人，唐僧有让成员齐心向目标努力的责任，对于不同的人要发挥各自的长处，让优势最大化。队伍中，白龙马、孙悟空、猪八戒、沙和尚各司其职，井井有条。而在成员太优秀或者骄傲时，出于对自身领导权威的维护不得不打压有本事的人，有封建大家长制度的影子。作品中，唐僧多次驱逐孙悟空，不管他是非对错或苦苦哀求，不讲一分情面，残忍而冷漠。他对外讲"仁"，慈悲为怀，对内等级分明不得僭越，对孙悟空靠紧箍咒来实现自己的意志。

他克己复礼，禁欲修行，不近女色，不受诱惑，注重对心性的修养。在第二十四回中，唐僧对悟空所说的"见性志诚，念念回首处，即是灵山"表示了高度赞赏。西天取经的目的地在他的心中，是一场自我修行。同样，他不为金钱诱惑，不为功名所困，不为女儿国国王美貌而动心，他真诚地、脚踏实地地践行着佛家弟子的信仰教义，由人界的普通人一步步地向神界靠拢。

唐僧的神性不同于作品中妖魔鬼怪的妖术法力，也不同于神仙、孙悟空等拥有权力、神通广大。他只是一个手无缚鸡之力的僧侣，一个没有悟空保护随时能被吃掉的普通人，他的神性与佛教思想是遥相呼应的，他的奇异和过人之处就在于他对佛祖的忠诚对佛法的虔诚，对心中信念的坚定和精神的强大。

唐僧神性中所体现的善良，到了一种极端的地步。他曾说"扫地恐伤蝼蚁命，爱惜飞蛾纱罩灯"，"出家人行善，如春园之草，不见其长，日有所增"，"救人一命，胜造七级浮屠"。同时面对穷凶极恶、一心想吃他的肉以求长生的妖怪，他也试图感化他们，不忍杀戮。在最为著名的"三打白骨精"中，唐僧不明真相，仅仅因为孙悟空一棒打死了他眼中的"人"

而把他赶回花果山。在狠心的后面，也表明了唐僧一种行善的思想。对于一些已经被降服的妖怪，唐僧不但不去报复屠杀他们，更以一种博大的宽容之心劝解孙悟空不要杀生。这样正是佛家所提倡的慈悲为怀。唐僧的这种慈悲与善良，是因为他心怀的阔大，他念的是天下苍生，世界万物。这便带上了一种超脱自然的神性。

三、策略建构

阅读策略是指读者为达到阅读目标，在阅读过程中所采用的阅读技巧及方法。就整本书阅读教学而言，阅读策略既是教学内容，也是教学手段；既是教学过程，也是教学结果。分析、提炼科学、有效的阅读策略，能够为阅读教学提供更有力的支撑。合理运用阅读策略，引导学生最大限度地掌握有效的阅读策略，能够有效推进深度阅读。

阅读《西游记》（青少版），学生可以建构"融入""故事图式""变式阅读""外化输出""文本结构""自我提问""精读与略读相结合"等阅读策略。

（一）融入

"融入"是指运用多种策略让学生穿越时空，身临其境，进入文本的具体场景中，品读人物的内心世界，增强阅读过程中的代入感。

《西游记》阅读过程中，我引导学生用"画面定格"的方式实现"融入"。"画面定格"是戏剧教学的一种方式，可以让学生选择印象深刻的瞬间，分角色扮演，排演好各自的动作。准备好后，角色扮演者向大家汇报所饰演的角色，教师喊倒计时，在定格的一瞬间，拍下画面。表演完毕后，学生解说选取片段及场景安排的原因，也通过亲身体验融入故事情境，理解人物形象。

我们来看一组学生完成的"画面定格"安排：

1. 画面：五行山下定心猿

2. 人员分配：讲解：连；如来：王；如来旁边的佛：邱；

　　　　　　孙悟空：赵；五行山：谷、刘

3. 表演流程：

（连、谷、刘下，王在中，邱在旁，赵持棒）（30秒）

【赵】皇帝轮流做，明年到我家！（拿棒子指着演如来的同学）如来，

　　我要当玉帝！

【王】我们打个赌，你要是一个筋斗翻出我手掌，你就当玉帝！

【赵】好！（向右跑）

【赵】这里就是天柱了，我留些记号！（用棒子装作写字，然后装作

　　撒尿的动作，然后跑回场中）

【赵】如来！让我当玉帝吧！

【王】胡说！（伸手）你看那大红柱子，不是我的手指吗？

【赵】不好，快跑！

（赵往场前跑，谷、刘上，王将手张开，向下压去）

（谷、刘压在赵身上，赵顺势趴下）

【邱】（同时）（双手合十并前后摇晃）善哉，善哉！

　　　（同时）定格

4. 表演后

（连上，其他五人在后面排一横排）

【连】我们选择这个场景，是因为此时孙悟空的人生陷入了一个低谷

　　时期，这也是悟空命运的转折点，所以我们选择了这个场景。

5. 注意事项

（1）演讲不要超时，面朝观众，注意手势和动作的使用，不要语无伦

次、忘词、重复某一件事。

（2）定格往赵身上压时，注意安全，不要真压，摆个样子即可。

这个小组同学在完成"猪八戒人物"分析时，将"画面定格"与微信朋友圈相关联，用微信互动的形式呈现出猪八戒的典型性格特点。

 猪八戒
今天，俺跟了俺师傅，要上西天取经啦！

北京·高老庄

31分钟前　删除

♡ 孙猴子，猪八戒，唐僧师傅

孙猴子：八戒啊，好好干！！！我相信你，你可以的！从今天起，你和我就是师兄弟了，要一起护着师傅去西天啊！！😄😊

猪八戒回复孙猴子：明白！

 猪八戒
哈，新成员沙僧加入啦！

北京·流沙河

22分钟前　删除

♡ 猪八戒，沙和尚，孙猴子，唐僧师傅

沙和尚：我去取经啦！😄

孙猴子：哇塞！！！我们的取经小队又新来了一名成员！！！沙僧，你加油啊，你的本领不次于八戒，我相信你的能力！😊😄

唐僧师傅：徒弟们fighting!!!

猪八戒回复唐僧师傅：诶！

 猪八戒
今天，我和大师兄到七绝山，我们打死了他们的妖怪，我还去拱开了柿子！好臭！

北京·稀柿衕

11分钟前　删除

♡ 孙猴子，唐僧师傅，猪八戒，沙和尚

孙猴子：好样的！！八戒！！你帮助我们开了道，别人都不敢做的事情他去做了，这才像个男子汉😄😄

猪八戒：哈哈，我的功劳大吧！

孙猴子回复猪八戒：是哒！😄😄

沙和尚：八戒好样的！👍👍

唐僧师傅回复猪八戒：下次去得戴口罩😷

猪八戒回复唐僧师傅：哈哈

 猪八戒
这个妞儿，好漂亮啊！

北京·盘丝洞

19分钟前　删除

♡ 猪八戒

孙猴子：噫......八戒，你这什么玩意呀？！！我们可都是出家人，绝对不能贪图美色啊😒😒

沙和尚：八戒，你又好色了

唐僧师傅：八戒啊～身为出家人，休得无礼😠

猪八戒：(⊙o⊙)...额，好吧，一会不犯了

孙猴子回复猪八戒：这才像样

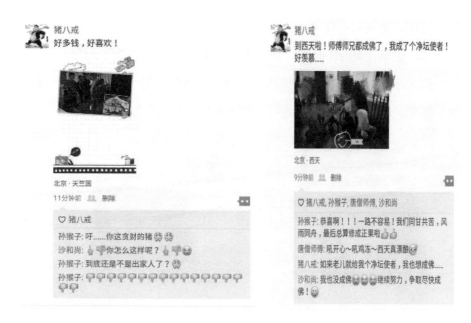

图 2-5

第一幅画面是猪八戒拜唐僧为师，走上了西天取经的漫漫征程。第二幅图是在流沙河收服沙僧的场景。第三幅图是猪八戒在七绝山为团队做出重要贡献的事件，第四幅图表现猪八戒好色，第五幅图表现猪八戒贪财，图片右下角的大捆人民币很有喜剧效果。最后一幅图是猪八戒被封为净坛使者的场景。学生们用富有创意的方式融入经典，理解人物。

（二）故事图式

不同的故事有不同主角、背景、情节、冲突及结果。"故事图式"将故事分解成若干部分，试图描绘故事的层级结构，给读者提供一个框架结构。我们以"四圣试禅心"为例，用"故事图式"的方式呈现故事内容。

这一回故事的大致情节是，为试探师徒的禅心是否坚定，四位菩萨（黎山老母、观音、普贤、文殊）化身母女，假意要招他们为夫婿。唐僧不为所动，悟空识破真相，沙僧一心跟随师傅，八戒却动了凡心。四圣用

"撞天婚"戏弄八戒，最后八戒被四圣设计用珍珠箧汗衫捆住，吊在树上。

我们看看不同同学绘制出的"故事图式"。绘制"故事图式"时，教师可提示学生抓住菩萨的关键意图"试"展开故事，表现出"试"的内容、对象、结果。

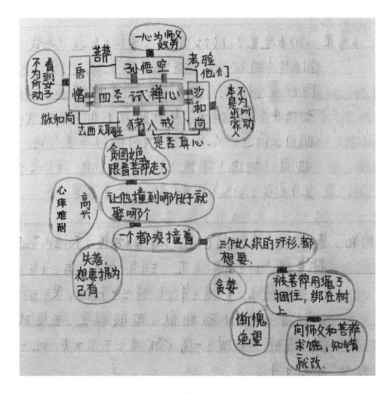

图 2-6

我们来看这一张图，唐僧等人的"稳如磐石""心清志洁"与八戒的"按捺不住""愚笨贪色"形成了鲜明的对比。聚焦八戒，他"娶媳妇"的整个过程也写得波澜迭起，妙趣横生。八戒先是抱怨师傅，其次遛马说媒、毛遂自荐，接着口非心是、同意婚事，在故事的高潮撞天婚后，八戒被珍珠汗衫绑在树上方知悔过。这幅图体现出八戒在不同情节节点中的不同表现，还融入了小读者的阅读感受。

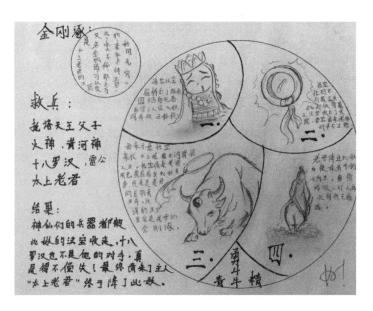

图 2-7

再如图 2-7，这是用两个圆圈的形式为"法力无边的金刚圈"做出"故事图式"。《西游记》构思精巧，孙悟空化斋前，展露了以前未展露的本事。金箍棒的这个功能在之前的回目中并未提及，到这里才使用，目的很明显，为了烘托牛精那个寒光逼人、能收万物的金刚圈的法力高强。用两个圈做工具支持学生完成"故事图式"的提炼，更有利于学生了解到作者的构思之妙。

（三）变式阅读

"变式阅读"是指改变表述体裁、重组文章内容、改变学生角色的阅读方式。这一策略能够激发阅读积极性，挖掘思维潜力，丰富生命体验。如将故事改编为小小人书，戏剧演出脚本等，改编过程中，学生会格外关注作品中"可视化的语言"。又如将劫难中的故事改写为"营救转盘"，可以更直观地呈现出师徒四人脱离险境的过程。变式阅读策略的使用，可以引领学生换个视角深入文本。

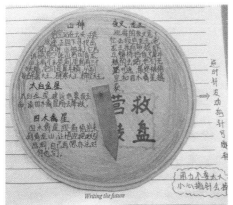

图 2-8

图 2-8 这四幅营救转盘是"悟空恶战犀牛精"的故事。这个故事的主要情节是：师徒四人进城看灯，空中突现三妖，抓走唐僧，悟空斗不过妖怪，之后八戒沙僧先后被抓，原来三妖为青龙山玄英洞犀牛精，悟空请来木禽四星降妖，三犀逃到西海，众神在龙王帮助下除了妖怪。四位同学呈现的角度各个不同，仔细比对，上面两个转盘梳理信息更为全面，思路更为清晰。右上角的转盘以金箍棒为指针旋转，很是巧妙，整个营救过程中，的确是孙悟空搬救兵，起到"指挥棒"的作用。

我们还可以引导学生把故事改编成"小小人书"，在改编的过程中，学生会甄选可配以图画的语段，将之转成图画。选择的过程也是学生细读文本、反复梳理的过程。我们来看一位学生绘制的作品。（图2-9）

图2-9

　　这位同学将"真假美猴王"的故事呈现得很清晰，真假美猴王在哪些环节难分真假，又在哪些环节终得真相，这位同学用图文相配的形式直观讲述出来，富有意趣。

四、精神成长：获取成长力量，传承文化精华

　　作为文化宝藏，作为可以不断解读的文本，古代经典往往提出了一系列耐人深思的文化命题和人生命题，吸引着一代又一代读者去探索、思

考、解答。《西游记》也不例外，我们在探索、思考、解答这些命题的同时，会提升自己的精神境界，充实自身的文化涵养，丰富自身的生命体验。

西天取经的故事表现了神魔小说的两大主题：寻找与追求，斩妖与降魔。《西游记》把二者巧妙地联系和结合起来，它告诉人们：为了寻找、追求、实现一个美好的理想和目标，为了完成一项伟大的事业，必然会遇上或多或少的、或大或小的、各种各样的困难和挫折，必须去顽强地战胜这些困难，克服这些挫折。后一部分主要描写了西天取经克服八十一难的艰巨性，曲折地反映了现实社会的矛盾，路上的妖魔既是害人的自然力量的化身，更是给百姓造成苦难的封建邪恶势力的化身。作品通过取经人和妖魔的斗争及神佛与妖魔之间的关系，表现了广大人民群众战胜困难的乐观精神和封建时代的统治阶级统治的腐朽，秩序的混乱。

师徒四人取经路上克服九九八十一难的执着告诉我们凡事要不忘初心，有坚定执着的理想信念。唐僧的坚韧、谦卑、仁爱、善良也启迪我们要厚德包容，有善良仁爱的悲悯情怀。

悟空一路斩妖除魔，护送师傅西行，无论遇到什么困难，都乐观地相信光明就在不远的前方，他教会我们做事要有始有终，有排除万难的坚韧品质。

悟空的成长之路启迪我们要明心见性，有超越自我的心性修养。

我们在成长的道路上永远面临着自己内心的挑战，一方面希望保持自己鲜活的个性，另一方面又渴求自己的行为与既定的社会秩序建立良好的和谐关系，在现实规则的制约下如何寻求和发展自己是我们一生的追求。佛家崇尚"青青翠竹皆是法身，郁郁黄花无非般若"的自然境界，这种自然是内心平衡后的自然，是人格统一后的宁静。也只有在经历一番痛苦的"山不是山，水不是水"的求索之后，才能最终达到征服内心的"求和"之峰。孙悟空的成长集中体现了这一"求和"之路的艰辛与不易。我们从中会看到自己成长的影子，并为之深深感动。大道相通，人类成长的道路从来就是一个跨民族、跨时空的统一过程，追求自我之路是整个人类的成长史诗。那些在自我的漩涡里挣扎的灵魂们定能在孙悟空的成长中看到自己的希望，也定能在自我完善的漫漫长路上看见黎明前的曙光！

与经典对话，在对话中我们会重新发现经典，重新发现自我，塑造自我，这也正是我们阅读的意义。

第二节　如何设计导读课程

整本书阅读的要旨是培养学生的独立阅读能力，这就要求教师在导读课上设置活动，使得学生能够发挥其作为学习主体的主动性，开始主动、自觉、饶有兴致地阅读整本书。

设计导读课程，不妨从下面几个维度入手：

第一，激发阅读兴趣。

我们可以展示经典名著的影响力，也可以结合多种资源或学生已有的阅读储备帮助学生激发阅读此书的兴趣。

比如，阅读《西游记》时，我们可以设置悬念——《西游记》是如何成书的？让学生为成书轨迹中的重要作品排序：

《大唐西域记》《大唐大慈恩寺三藏法师传》→《大唐三藏取经诗话》→《西游记》杂剧→《西游记》平话→《西游记》百回本小说。

我们还可以结合西安大雁塔，取经路上的国度，玄奘其人等学习资源设计有意思的教学活动，引导学生了解成书背景，从而走进文本。

[学习资源]

　　唐僧，法名"玄奘"（602—664），"奘"的意思本身是庄严、庄重、巨大的样子，他的俗家姓名"陈祎"。玄奘被尊称为"三藏法师"，后世俗称"唐僧"，他是法相宗创始人，是唐代著名佛学家、翻译家、旅行家。

　　玄奘少年时代就出家了，他在太宗年间有感于译经谬讹太甚，真伪难辨，于是不顾当时朝廷禁令，孤身一人，跋涉千山万水，到佛教发源地天竺（即今天的印度）去取经。贞观十九年（645），他以 20 匹马驮负 150 粒佛舍利、7 尊佛像、657 部梵文佛经回国，受到唐太宗隆重的礼遇。唐太宗让他主持弘福寺、慈恩寺，并为他建立译场，让他翻译佛经。他翻译的佛经成为后世中国流传的佛教经典。

　　唐僧西游取经前后十七年，回来以后，由他口述，他的弟子辩机就把他西游取经的这段经历辑录成一部游记，叫作《大唐西域记》，他的另外一位弟子慧立著有《大唐大慈恩寺三藏法师传》，这是传记类作品，这些都是《西游记》成书的重要资源。《大唐西域记》十二卷，记述他西游亲身经历的 110 个国家及听闻的 28 个国家的山川、地邑、物产、习俗等。我国东方学大师季羡林先生曾经说过："玄奘是一个运用语言的大师，描绘历史与地理的能手……《大唐西域记》是一部稀世奇书。"[1]

　　《大唐西域记》是一部中外交流史上的经典著作，记载了唐僧取经的整个过程，这部书既有真实的东西，也有虚构的东西。有的记载真实到什么程度呢？ 2001 年，阿富汗的塔利班摧毁了巴米扬大佛，石窟里面雕的佛像，在《大唐西域记》里就有记载。这部书不仅记载了雕刻在石壁上的佛像，还记载了一座巨大的卧佛，这是迄今为止世界上所知的最大的一尊卧佛，但是历经 1000 多年，早就被沙漠覆盖了，现在还在不在呢？日本

　　① 季羡林.谈佛论道（3）［M］// 季羡林生命沉思录（学问卷）.北京：国际文化出版公司，2008.

的考古学家配合阿富汗的考古学家进行了仔细的考察，首先研究《大唐西域记》，看它记载这尊大佛在什么地点，什么方位，书中有准确的记载，根据书中记载的地点和方位进行勘测。经过仔细的勘测，扫描现实，按照《大唐西域记》记载的方位果然探测到了那尊佛像，记载佛像的方位非常准确，佛像的大小长短等也非常准确。从这个角度看，《大唐西域记》有些记载可以当作史料使用，另一方面，它也记载了很多神怪的故事，这些故事大概是为了表现取经过程中的千辛万苦。

第二，规划阅读进程。

兴趣的维持需要合理的计划支持。我用制订阅读计划的方式帮助学生养成良好的阅读习惯，通常先引导学生浏览目录，"透视一本书"，感知全书概貌，分解长难作品的阅读任务。《课标》要求初中学生阅读一般的现代文每分钟不少于 500 字，这是拟定阅读任务清单的重要依据。

我们以《红星照耀中国》为例，阅读该书，可从浏览目录开始。概览目录，可知该书再现了埃德加·斯诺于陕甘宁边区的采访经历，内容涵盖了对红军长征的介绍，对中国共产党和红军主要领导人的采访，中国共产党的抗日政策、红军的军事策略等。"去红都的道路""在保安""红星在西北""去前线的路上""回到保安"这几个标题，基本勾勒出作者的整个采访历程。借助目录大致了解全书内容后，还可以阅读《中文重译本序·胡愈之》《一九三八年中译本作者序·埃德加·斯诺》及该书附录，了解作者的创作背景。

初读阶段，我们可在以下阅读任务引领下关注每一篇的阅读要点，边阅读边思考，做好读书笔记。例如，阅读第一篇，可以梳理作者想要采访的问题，拟写采访提纲；还可以用采访手账的形式记录作者进入苏区所经历的过程，如所去之地，所遇之人，心情和感受等。不少篇章的主体内容是对红军领袖人物的采访，可以关注他们的外貌形象、性格气质、谈吐、主要家庭成员情况、兴趣特长、成长经历、革命业绩、领导思想等。该书还记录了作者对红军战士、普通百姓的采访，对于长征、红军剧社、红军日常生活的介绍，阅读时，可尝试在头脑中还原出"苏区图景"，记录最打动你的一些细节。

《红星照耀中国》（青少版）共十一篇，如果按每分钟阅读 450 字的速度计算，我们可以根据每篇字数估算出大致用时，如果每天平均阅读 30—40 分钟，大致用时 16 天可以完成本书通读。我们可在初读记录单上记录每一篇阅读日期及阅读时长。

表 2-3　《红星照耀中国》阅读计划单

目录	字数	大致用时	要点提示	阅读日期及阅读时长
第一篇：探寻红色中国	19753 字	45 分钟	拟采访的问题	
第二篇：去红都的道路	15565 字	35 分钟	周恩来、贺龙	
第三篇：在保安	26639 字	60 分钟	毛泽东	
第四篇：一个共产党员的由来	34874 字	80 分钟	毛泽东成长经历	
第五篇：长征	14966 字	35 分钟	长征概貌、重点片段及意义	
第六篇：红星在西北	19906 字	45 分钟	刘志丹	
第七篇：去前线的路上	8912 字	20 分钟	陕西苏区的开创和发展	
第八篇：同红军在一起	31117 字	70 分钟	彭德怀、徐海东	
第九篇：战争与和平	19682 字	45 分钟	朱德	
第十篇：回到保安	19217 字	45 分钟	俄国的影响	
第十一篇：又是白色世界	33342 字	75 分钟	西安事变	

第三，切入重点章节。

导读课上，我们可以带学生直接走入这篇文章最精彩的部分，或者最具典型意义的部分，给学生以阅读方法的指导，同样可以激发学生的阅读兴趣。比如，我们指导学生阅读《水浒传》时，可以就"武松打虎"等精彩语段与学生分享，引领他们体悟文学语言的妙处。

阅读《儒林外史》，我们可以从这一片段入手：

《儒林外史》中这个经典的动作描写：

> 严监生喉咙里痰响得一进一出，一声不倒一声的（一声接着一声地，一声一声不断地），总不得断气，还把手从被单里拿出来，伸着两个指头。大侄子走上前来问道："二叔，你莫不是还有两个亲人不曾见面？"他就把头摇了两三摇。二侄子走上前来问道："二叔，莫不是还有两笔银子在那里，不曾吩咐明白？"他把两眼睁地溜圆，把头又狠狠摇了几摇，越发指得紧了。奶妈抱着哥子插口道："老爷想是因两位舅爷不在眼前，故此记念。"他听了这话，把眼闭着摇头，那手只是指着不动。赵氏慌忙揩揩眼泪，走近上前道："爷，别人说的都不相干，只有我晓得你的意思！你是为那灯盏里点的是两茎灯草，不放心，恐费了油。我如今挑掉一茎就是了。"说罢，忙走去挑掉一茎。众人看严监生时，点一点头，把手垂下，登时就没了气。

严监生极其吝啬，即使就要咽气死了，他还舍不得多费家里的一点点灯油。伸着两根手指几乎成了一个"固定"的动作，一个濒死的人能够长时间维持一个固定的动作，足见他确实心疼至极……这笔"伸着两个指头"无疑是动作描写中的经典之作。

无论从哪个章节入手，导读课的目的都是为了激发学生阅读兴趣，给予阅读方法引领，帮助学生做好规划。下面我们呈现《钢铁是怎样炼成的》《昆虫记》导读课设计，将以上意图整理为流程相对明晰的导读课。

【案例一】 革命青年的"钢铁"精神

——《钢铁是怎样炼成的》导读课

一、学习目标

1. 了解《钢铁是怎样炼成的》的作者及成书过程。

2. 了解《钢铁是怎样炼成的》的基本内容。

二、学习过程

（一）任务一：奥斯特洛夫斯基和《钢铁是怎样炼成的》

在《钢铁是怎样炼成的》一书中，苏联作家尼古拉·奥斯特洛夫斯基借主人公保尔·柯察金之口道出自己的人生感悟："人的一生应当这样度过，当他回首往事的时候，不因虚度年华而悔恨，也不因碌碌无为而羞愧……"这句话成为几代人的精神路标。这部伟大的作品就是在索契写就的，他在这里前后生活了8年，奥斯特洛夫斯基故居现在是奥斯特洛夫斯基文学馆。如果我们将开启一场索契研学之旅，我们应该做好哪些准备呢？

1. 学习内容

奥斯特洛夫斯基1904年9月29日出生于乌克兰一个贫困的工人家庭，他11岁开始当童工，15岁上战场参加苏联国内战争，1919年加入共青团。16岁战斗中受重伤右眼失明，23岁全身瘫痪，24岁时双目失明、脊椎硬化。在生命后期，奥斯特洛夫斯基全身只有右手能活动。他通常整个晚上写作，躺在床上，双膝屈起，把纸夹在有镂空格子的硬纸板中，靠在膝上写字。字迹潦草、歪斜甚至重叠，不得不由照顾他的二姐与母亲将他写的文字抄写成文稿。后来有人帮忙，由他口述，别人记录。在这种艰苦条件下，他每天工作 10 小时甚至更长时间，用了三年多时间，写成了长达 30 多万字的《钢铁是怎样炼成的》。经过几番修改，1932 年开始，小说在《青年近卫军》杂志上连载发表。小说一经问世，奥斯特洛夫斯基迅速成名，他的名字传遍苏联大地，他也获得各种荣誉。1934 年成为苏联作家协会会员。1935 年，他在索契的寓所，接受了政府授予他的国家级最高荣誉列宁勋章。但他的身体也在继续恶化。1936 年 4 月，奥斯特洛夫斯基的父亲去世，两个月后，他敬仰的伟大的无产阶级革命作家高尔基逝世，接连的打击致使病情急剧恶化。12 月 22 日，这位为无产阶级革命奋斗了一生的革命青年因病去世，他留下的最后作品是《柯察金的幸福》。1936 年冬天，他走完了生命的最后一程，年仅 32 岁。人活着，不应该追求生命的长度，而应该追求生命的质量；人的一生可能燃烧也可能腐朽，我不能腐朽，我愿意燃烧起来。——他生前说过的这句话，诠释了他伟大的一生。

（1）了解奥斯特洛夫斯基生命，为其一生绘制鱼骨图，梳理出重要的人生事件。

（2）请你查阅奥斯特洛夫斯基文学馆的情况，撰写一则参观攻略。

（3）在索契选择一处合宜的场地，策划一次小型纪念活动。

选址地点推荐 1：从索契火车站向东，沿着城中心最宽敞的 Gorky 大街一路向东，距离著名的冬季大剧院不远处，有一条狭小到不起眼的街道，叫保尔·柯察金街。奥斯特洛夫斯基在索契最后居住的地方，就在这条街的四号。

选址地点推荐 2：从这幢普通的两层楼俄式小洋房步行到黑海海边，大概有 15 分钟的路程。在索契的最初时刻，他还能在傍晚的时分，去海边走走，但 1929 年，当他的双目失明，之后脊椎又出问题的时候，他只能卧病在床。这幢小屋，以及小屋里陪伴着他的妈妈、姐姐叶卡捷琳娜和妻子拉娅，和他的三个秘书，成了他最后的牵挂。

选址地点推荐3：客厅的正中央，那张并不大的餐桌上，当年用过的茶具排列得整整齐齐，那里是奥斯特洛夫斯基妈妈、姐姐和妻子在某一个下午偶尔小坐的地方。餐桌的一旁，是一整排的木质书橱，这里近2000本的藏书，都是奥斯特洛夫斯基的珍藏。即便是双目失明之后，他也会叫自己的秘书，挑出几本他的最爱，坐在床头，读给他听。客厅靠近窗户的一边，是他失明后最大的依靠，收音机和留声机，音乐和新闻，给了他第二双眼睛。

选址地点推荐4：客厅的另外一侧，就是奥斯特洛夫斯基的卧室。奥斯特洛夫斯基的卧室不算太大，这里最显眼的，是他那张赖以生存的病床，以及床的另一头，那一架依然如新的钢琴。在奥斯特洛夫斯基最后的日子里，写作和听音乐，是他每天的功课。累了的时候，妻子拉娅就会坐在钢琴前，为他弹奏一首乐曲，陪着他忘却暂时的疼痛。奥斯特洛夫斯基的床头，有一张凳子，那是属于他的秘书的。双目失明加上脊椎硬化，奥斯特洛夫斯基的每一天，只能在病榻上度过，但是他的著作，还没有完成。所以，他的秘书们，成了他的眼睛，他将他脑海中的保尔·柯察金口述出来，他的三个秘书，就这么轮流为他笔录、整理、打字。他卧室正对着的打字间，总亮着盏灯。1933年，《钢铁是怎样炼成的》，这样一本传世著作，就是在这间屋子里写就的。

选址地点	纪念活动方案	设计意图

2. 拓展资源

人中俊杰奥斯特洛夫斯基

——我写《尼·奥斯特洛夫斯基传》

王志冲

还原一个真实的奥斯特洛夫斯基

尼古拉·奥斯特洛夫斯基既是长篇名著《钢铁是怎样炼成的》一书的作者，又是小说主人公保尔·柯察金的原型。苏联解体，对该小说和作者的评价出现分歧。俄罗斯国内这方面的重大分歧，犹如浪潮汹涌，其余波迅速影响到中国。专家学者们以明显对立的观点，相互碰撞、交锋，激起广大读者的惊讶、思索。思维空前活跃，真理越辩越明。

这种再阅读与再思考，需要可靠的资料作基础、作依据，否则难以接近正确或较正确的判断。为此，我付出千日的劳作，翻译了《尼古拉·奥斯特洛夫斯基书信集》(东方出版社 2010 年版)，旨在为我国对其人其书感兴趣的读者提供一种翔实的、重要的资料。

由于译过《钢铁是怎样炼成的》和奥氏书信集，为此研读了大量相关的资料，进行了较深切的思考，面对不少或褒或贬的论点，我的头脑中也渐渐形成了异于以往但并不全盘否定的、更换了视角而似乎有所突破的一些想法。

于是，继 2007 年出版《还你一个真实的保尔》之后，又写成这部《尼·奥斯特洛夫斯基传》，想以确凿的事实，塑造传主活生生的形象，并希望与厚重的《尼古拉·奥斯特洛夫斯基书信集》相比较，引起阅历不同的读者的关注。

既是传记，本书叙述传主自诞生至去世的全过程，与已有汉译本的几种奥氏传记基本一致。但就其细节的描绘，就其内涵的开掘而言，则不无差异。

略举数例：

奥斯特洛夫斯基的一生，仅为短促的三十二年。他的幼年与童年生活，亦是传记所十分关注的。奥斯特洛夫斯基从小就具有"军人情结"。和小伙伴们一起玩时，他喜欢做打仗游戏，而且要当指挥员，带领"士卒"作战，常常打胜，兴奋不已。然后，根本没到从军年龄，已一再离家，要去投奔红军，最后居然如愿以偿，成了正规军里的编外"红小鬼"，而且立功获得表扬。他珍视这份军人的荣誉，见到老师，还得意地"显摆"。

我反复搜求资料，较自然地从生理、心理乃至遗传的角度出发，进行剖析，给予适度的肯定与称赞。其中有一个因素，正是过去的传记作家所忽视或规避的：传主的父亲乃至祖父都曾是作战勇猛的军人。为什么绕开这一点呢？因为那时候当的是沙皇的兵。因此，多种资料内对于其祖父和父亲的描摹尤其稀缺。奥斯特洛夫斯基创作成功，名扬遐迩后，至亲好友纷纷口述、撰文，甚至编写成书，记述各自心目中的奥斯特洛夫斯基具备怎样的人品，如何待人接物，何等善于讲故事……唯独其父亲未留下回忆与谈论儿子的只字片言。而且根据资料来看，父亲似乎长期未与妻儿在一起过日子。父子不和吗？否。现能看到的奥斯特洛夫斯基所写的家信，表明他非常关心父亲的健康。半饥半饱之时，恼恨自己心有余而力不足；收入不菲之后，便尽赡养的义务。有一次汇去大笔钱款，并叮嘱老迈羸弱的父亲保重身体。字里行间，流露着骨肉深情。

奥斯特洛夫斯基与不治之症顽强斗争，重残失明后在艰苦的条件下坚持进行文学创作，是传记必须着力刻画与由衷赞美的。本书也不例外。然而，此书特意用较多篇幅凸显亲朋好友，乃至原本并不熟稔的人们，如一些老战士、老干部、图书馆员、医生护士、邻居，甚至路人，如何给予奥斯特洛夫斯基多方面的真诚帮助。

比如他本人既瘫痪，又逐渐失明，有时设想好了一段情节，人物怎样对话、场景如何设置，可谓胸有成竹，但只有一只手臂稍能动弹，写下来速度奇慢，而且酸痛得厉害。邻家一位已在上班的女孩子，每天利用休息时间前来，听其口授，由她记录，不仅写作速度大大增快，而且使奥斯特洛夫斯基的情绪由忧急烦躁转为舒缓愉悦。尤为难得的是这个邻家女孩并非呆板地记录，而是作为第一读者，理解他的努力，能就作品的一字一句，提出看法，和他讨论，得到采纳，十分快乐，即使被否定，也不生气。这是奥斯特洛夫斯基住在莫斯科时的事情。之后住在索契，也有好几位热心人，包括职工、学生乃至家庭主妇，同样热诚地帮他记录。

如此，我想让读者看到的奥斯特洛夫斯基，既是一位以言行和著作感动人、激励人的优秀青年作家，也是一位活动极端不便、随时需要人们关照与扶助的重残者。两者的统一，使人物更具厚度、温度、可信度。

众所周知，奥斯特洛夫斯基意志如钢，本书还特地凸显另一面，即他的善心柔肠。

当自己病体支离，要求工作而一再遭到婉拒、生活日益窘困之时，奥斯特洛夫斯基结识了一个流浪儿，他拄着拐杖奔走呼吁多时，终于使流浪儿获得妥善的安顿；邻家一个小男孩，活泼乖巧，成了僵卧床榻的奥斯特洛夫斯基的亲密"玩伴"。不久，孩子患病住院，接受手术，不幸意外夭折。奥斯特洛夫斯基闻讯，难受得数日神思恍惚，无法进行创作；邻居中有位女工，丈夫是党员干部，但品质恶劣，施行"家暴"，殴打妻子。一天，女工惊慌地逃进奥斯特洛夫斯基的屋子，求他救助。凶恶的丈夫随后追来，要拖妻子回去。奥斯特洛夫斯基虽然独自卧床，又无家人在旁，但他以一只伸屈艰难的手，从枕下抽出手枪，喝令耍流氓的丈夫退出去，否则一定接连射击。正气凛然，果然逼退了恶徒。好一副铁骨柔肠，令人肃然起敬。

《钢铁是怎样炼成的》一书中的冬妮娅，清纯靓丽。在现实生活中，她的原型不止一个。该书特意作了较多介绍。我在网上发现，当代读者对这一人物格外关注，褒贬不一的点评数，甚至超过保尔。相信本书这方面的内容也可能引起读者兴味。

作为苏联时期的主流作品，《钢铁是怎样炼成的》在当时起的主要作用是正面的、励志的；在我国，其影响也是积极的、长远的。若从政治上判定它是某个领袖人物的传声筒而予以彻底否定，意在颠覆，则未免简单粗暴，难以服人。

这是值得继续深入研讨的文艺理论问题，若健康状况允许，我也可能撰文，坦陈一家之言，求同存异。而本书作为传记，则企望以精选的真实故事拨动读者的心弦。在奥斯特洛夫斯基身上，确实存有属于那个时代的一些历史局限，如对领袖人物的盲目崇拜，把他们与国家、人民与苏维埃政权绝对地等同起来。瘫痪加失明，毕竟难以洞察现实生活中的许多情状，过激的话讲过、鲁莽的事做过……凡此种种，瑕不掩瑜，倒是越发呈露了真实感。

二战中的"柯察金战士"和"保尔的后代"

这里还必须提及"二战"——1936 年 4 月 6 日，离谢世只有八个月时，尼·奥斯特洛夫斯基在广播中，慷慨激昂地说："黑云正笼罩着世界。法西斯主义……企图侵犯我们的边疆。因此，我们这些将全部热情和力量贡献给和平劳动的社会主义建设者也准备着去战斗……"

准备着去战斗，可以说，在当时是一种全民意识。

1941 年 6 月 22 日，正是奥斯特洛夫斯基逝世后整整四年半的日子，索契的奥斯特洛夫斯基纪念馆里人头攒动，都是前来参观的男女老少。蓦地，扩音机里传出最新消息：法西斯匪徒穷凶极恶地发动侵略战争，进攻苏联了。

参观者们仿佛接到命令，神态凝重，迅速散去。一位大学生临行，在留言簿上奋笔疾书："我们将和你一样，只要一息尚存，就和敌人战斗到底！"

随后的日子里，莫斯科和索契的纪念馆便不断地接到许多官兵从前线的来函。

四十位战士，全是共青团员，联名写信说："每当冲锋在即，我们总觉得，保尔·柯察金就在我军的右翼。他端着机枪向前，跟国内战争期间一样，打击着法西斯强盗。"上尉谢林写信给奥斯特洛夫斯基的妻子拉依萨，提出要求："恳请您再寄几册《钢铁是怎样炼成的》来，不然的话，战士们会老缠着我要书。他们一遍遍地朗读，这大大有助于提高战斗力。"

活跃在敌人后方的女游击队员林娜写信来说，他们这支队伍无论到哪里去，都带着《钢铁是怎样炼成的》；有时候，战士在雪地里久久地趴着，书润湿了，不得不在篝火旁烤干后再看；如果谁胆怯了，只要对他提醒一声："你要记住保尔！"他就会感到羞惭，就会争着参加最危险的战斗。

当年的8月下旬，德军气势汹汹地围攻列宁格勒。

列宁格勒军民团结紧密，坚持生产，进行保卫战。那些特别勇武、异常机智的军人，往往被称作"柯察金战士"；斯大林格勒保卫战同样悲壮。战士们在壕沟里，趁着战斗间隙，取出《钢铁是怎样炼成的》，一人朗读大家听，于是士气大振，投入又一轮的鏖战。领兵的将官喜欢管优秀的战士叫"保尔的后代"。

首都莫斯科经受了更为酷烈的考验。1941年9月，德国法西斯大举进犯，直逼莫斯科城下。

德军指挥部设在离莫斯科仅四十一公里的一个小镇上，用望远镜就可依稀看到克里姆林宫金色的尖顶。他们扬言数周后，到了十月革命节那天，要在红场上检阅得胜的德军。可战争狂人做梦也没想到，11月7日，苏联红军按照传统惯例，在红场上举行了战时大阅兵。全副武装的炮兵方阵、步兵方阵、民兵方阵、骑兵方阵、坦克方阵，依次通过广场。其中的莫斯科民兵团，着装斑驳陆离，个头参差不齐，一个个面容瘦削，胡子拉碴，身背行囊，荷枪实弹，步伐有点凌乱，和其他威武雄壮的方阵比，队伍显得不那么整齐。所有的方阵在观礼台前行进过后，便直接奔赴前线。这次红场阅兵，是苏联历史上，乃至世界历史上，最不像样子的阅兵，但也是一次最了不起的、惊天动地的、真正的阅兵。

红军实现反攻了，一百十万官兵出击，勇往直前，势如破竹。大部队经过奥斯特洛夫斯基生前居住或工作过的城镇，便斗志越发昂扬。炮兵指挥员这样发令："为了尼古拉·奥斯特洛夫斯基，开炮！"于是，"喀秋莎"火箭炮射出愤怒的炮弹，呼啸着迅飞，去摧毁入侵者的阵地……

苏联卫国战争期间涌现出许多年轻的英雄烈士，他们中有不少人是《钢铁是怎样炼成的》的忠实读者。有些作家在依据真实的事迹进行创作时也注意到这一点并反映在作品中。法捷耶夫的《青年近卫军》如此，波列沃依的《真正的人》也是如此。

这场大战酷烈异常。苏联军民死了两千七百多万。这是对苏联经济与军事实力的严峻考验，也是对苏联人民精神力量的严峻考验。正是在这方面，奥斯特洛夫斯基和他的《钢铁是怎样炼成的》发挥了独特的重要作用。

时至今日，在莫斯科大学语文系20世纪俄罗斯文学研究室的墙上，重又出现了曾被卸下的奥斯特洛夫斯基的画像。

奥斯特洛夫斯基生活在一个光明为主而失误也极其严重的时代。他是一代热血青年的杰出代表。共产主义事业地域性阶段性的迂曲和挫折，并不能摧毁真正共产主义者的理想和意志。他具有大无畏的自我牺牲精神，尤其是在病残日益严重的岁月中的经历与表现，更多地显示出他个人的特质和魅力。他曾被拔高乃至神化，也被贬低乃至淡忘。但他仍是他，那么纯朴、真实。

别林斯基说："我们的时代只崇敬这样的艺术家：他的一生是他的作品的最好注释，而他的作品则是他一生的最好佐证。"《尼·奥斯特洛夫斯基传》的传主的一生，正是《钢铁是怎样炼成的》一书的最好注释。

谨将这部传记奉献给我国的男女老少读者。书中自有晦明、聚散、爱恨、苦乐，书中自有朝气、定力、青春、阳光。但愿这样的书，能激活中老年的回顾，点燃青少年的热情，无论是重读或初读《钢铁是怎样炼成的》，都能帮助我们在人生的旅途中，目光不迷乱、心志更坚实、步履更稳健。

（二）任务二：梳理《钢铁是怎样炼成的》目录

目录是一本书重要内容的提示，能够显示出全书的框架结构。全书共十八章，上部九章，下部九章，没有章节题目，请你略读文章内容，辨析下面两组目录哪组撰写更佳。

1. 学习内容

两组同学在阅读完《钢铁是怎样炼成的》之后撰写了目录，请你说说哪组撰写得更好？你可以从任何一章略读入手，浏览主要信息，完成辨析判断。

第一组：上部第一章：饱受欺凌被开除，惨遭压迫挨痛打

上部第二章：刻苦耐心勤学拳，忐忑不安险偷枪

上部第三章：哥哥迫杀德国兵，保尔结识冬妮娅

上部第四章：冬妮娅写信诉心事，戈卢勃虐犹施暴行

上部第五章：与冬妮娅生口角　救朱赫来遭逮捕

上部第六章：侥幸出狱获自由　告别上车启征程

上部第七章：谢廖沙参军奋战去　保尔受伤书信归

上部第八章：听闻悲壮流血事　怒砍敌军被弹击

上部第九章：出院无奈失友谊　回岗生疑出分歧

下部第一章：与丽达断绝联系　清土匪平息风暴

下部第二章：寒冬将至微机现　苦修铁路意志坚

下部第三章：战胜伤寒归人间　回到城区访故友

下部第四章：迫离工厂至小镇　建立支部成党员

下部第五章：昔日战友拒认罪　领袖逝世志更坚

下部第六章：与丽达久别重逢　伤神经停工疗养

下部第七章：识达雅助逃牢笼　病榻上渴望工作

下部第八章：陷入困顿欲自尽　如饥似渴苦读书

下部第九章：以笔为枪续战斗　挣脱铁环启新篇

第二组：上部第一章：初入黑暗社会

上部第二章：参与红色革命

上部第三章：不幸接踵而至

上部第四章：希望重新点亮

上部第五章：投入残酷战斗

上部第六章：黎明即将到来

上部第七章：重新参与革命

上部第八章：诀别革命同伴

上部第九章：转变错误思想

下部第一章：小镇混乱不堪

下部第二章：巧对木柴危机

下部第三章：重回革命战场

下部第四章：偶遇工作调动

下部第五章：党内意见纷争

下部第六章：边境革命工作

下部第七章：病房结识新友

下部第八章：开启新婚生活

下部第九章：拾笔撰写传奇

（1）这两组目录，你认为哪一组概括得更好？你的理由是什么？

_____

_____

_____

_____

_____

（2）请你用跳读法收集信息，概括第一、第二两章的内容，在此基础上提炼拟写这两章的小标题，小标题要简洁，凝练，言语清通，表意明确，力求体现本章主要内容。你可以尝试用一套整齐的语言，如四言、五言、六言等格式，或用章回体小说回目形式拟定小标题。希望你按照自己选定的格式在后续的阅读中拟出一份个性化的目录。

_____

_____

_____

_____

_____

2.拓展资源

《水浒传》《西游记》《红楼梦》等名作的目录

三、学习评价

1. 阅读一则 2015 年 10 月 19 日的新闻《奥斯特洛夫斯基青铜雕像捐赠仪式在清华举行》节选，说说当代青年阅读《钢铁是怎样炼成的》的意义何在。

9 月 22 日上午，苏联著名作家奥斯特洛夫斯基青铜雕像捐赠仪式在清华大学文科图书馆举行。清华大学党委副书记邓卫，俄罗斯驻华大使安德烈·伊万诺维奇·杰尼索夫，国立莫斯科大学国家行政学院院长弗拉基米尔·利沃维奇·叶廖明，俄罗斯著名雕塑家和艺术家、奥斯特洛夫斯基青铜雕像作者格利高里·波多茨基出席捐赠仪式并共同为雕像揭幕。

邓卫在致辞中代表清华大学对来宾一行表示欢迎，对此次捐赠表示感谢。他说，奥斯特洛夫斯基是苏联时期著名作家，其著作《钢铁是怎样炼成的》激励着一代又一代年轻人在苦难中磨炼自己，被视为青年人的人生教科书。今天的时代迫切需要创新与改革，需要肯干实干能干并具有钢铁般坚毅品格的年轻人，为社会发展注入更多的生机与活力。奥斯特洛夫斯基青铜雕像能够珍藏于清华文科图书馆，对于激励新一代清华学子努力学习，培养刚毅、严谨、勤奋的崇高品格具有重要意义。邓卫回顾了近年来清华大学与俄罗斯顶尖大学、机构的合作情况。他表示，不久前莫斯科和北京相继举行世界反法西斯战争胜利 70 周年盛典，在这样一个胜利时刻迎来俄罗斯尊贵的朋友十分高兴，此次捐赠将为清华大学和俄罗斯顶尖大学的合作交流注入新的活力。今后双方将在更多领域拓展合作，为两国人民之间的友好交流作出更大贡献。

_____

_____

_____

2. 如果我们为奥斯特洛夫斯基颁发个性化奖项，你会选择怎样的奖项？请为他撰写一则颁奖感言。

_____

_____

_____

3. 奥斯特洛夫斯基与保尔的经历有哪些共同之处？

_____

_____

【案例二】 荒石园中凝深情

——《昆虫记》导读课设计

一、学习目标

1. 初步了解作者法布尔，结合法布尔着力探究的若干个具体案例，学习科学研究者应具有的精神品质。

2. 初步把握《昆虫记》阅读要点。

二、学习过程

（一）任务一：走进荒石园，走近法布尔

同学们，你都知道哪些昆虫呢？你喜欢这样的场景吗？夏天，鸣蝉在枝头拉长了嗓子吟唱，威武的螳螂在草丛中挥舞着两把大刀，还有那墙角窸窸窣窣低吟着的蟋蟀……如果你打开《昆虫记》，它们的形态，它们的习性，它们的故事——随着生动有趣的文字走进你的视野——你会忽然觉得，原来我们常见的、以为很平常的小小虫了，竟是这般陌生而又亲切！

在法布尔的笔下，那些我们平常根本不以为意的昆虫，再也不是一个个简单的、不起眼儿的"小虫子"，而是一个个天使般的生灵。它们都有自己的生命、情感，有自己的生活方式，有自己的家园，也有自己独特的个性。

法布尔笔下的昆虫生活在荒石园——与法布尔的房子毗邻的一块荒地，他称之为"荒石园"。在荒石园的 36 年间，他终日与昆虫为伴，了解这些生灵的生活习性与独特个性，并将他的观察、实验、思考写入一卷又一卷的《昆虫记》。阅读一部作品，我们首先要了解作者，正所谓"知人论世"。请借助以下资源了解法布尔的生平经历，说说在法布尔心中，昆虫地位如何？请大家阅读《昆虫记》选段，猜猜这些描写段落的主人公是谁？

请同学们在课下通读《荒石园》，课上朗读精彩选段，填表，交流。

1. 学习内容

19 世纪末，法国杰出的昆虫学家、文学家法布尔《昆虫记》推出他用 30 年写就的著作《昆虫记》，引得世界一片赞叹。作为最有文学造诣的昆虫学家，法布尔写出了"一部世界昆虫的史诗""一个由人类杰出的代表法布尔与自然界众多的平凡子民——昆虫共同谱写的一部生命的乐章"。

法布尔出生于法国南部普罗旺斯圣莱昂的一户农家，童年时代的他被形态各异的昆虫所吸引，他开始为昆虫着迷，在他的眼里，昆虫不再是客观的研究对象，而是他眼里活生生的生灵，是他的朋友，这些可爱的小生命有它们自己独特的生命样态、生活方式与情感、个性……于是，在法布尔撰写自己的研究成果时，自然而然采用了陈述故事的方式，仿佛是在向读者悠悠地讲述他的老朋友们的生活故事，在这些昆虫身上，我们也看到了人性的投影。

　　法布尔的《昆虫记》记录了昆虫的外形特点、生活习性，字里行间不仅有作者的观察与记录，更有他对世间哲理的思索与对大千世界的热爱。实验与研究的过程也是作者用饱含深情的目光打量周遭世界的过程，"是以人性观照虫性，昆虫的本能、习性、劳动、婚恋、繁衍和死亡无不渗透着人文关怀，并以虫性反观社会人生，睿智的哲思跃然纸上……整部作品充满了对生命的关爱之情，充满了对自然万物的赞美之情。正是这种对生命的尊重与热爱的敬畏之情，给这部经典科学普及著作注入了灵魂，使这部描写微小的昆虫的书成为人类获得知识、趣味、美感和思想的鸿篇巨制"①。

　　《昆虫记》一版再版，曾先后翻译成五十多种文字。鲁迅先生称《昆虫的故事》（这里指的是《昆虫记》）为"讲昆虫的故事""讲昆虫的生活"的楷模。而中国最早介绍这部书的，又恰恰是鲁迅先生的弟弟周作人先生。早在1923年，他就撰写文章，向国人推介这本书。两位五四新文化运动的先驱，不约而同地介绍同一部著作，由此也可想见这本书的价值。

　　如今，一个世纪过去了，已经搭上现代化快车的我们，重温这本书，能让我们从更高的角度，审视我们目前的处境。在人与人之间的情感被林立的高楼、冰冷的钢筋水泥挤压得日益冷漠的时代，怎样才能够保有一颗

---

① 邹崝华.我们需要"法布尔精神"——《昆虫记》感言［J］.鲁迅研究月刊2001（5）.

悲悯、慈爱之心，怎样才能让我们的心不再僵硬，怎样才能找回我们曾经拥有的纯真，让每个人的脸上还能流露出发自心底的微笑？这本书，无疑会给我们很多有益的启示。它是心灵的软化剂，是情感的保温桶，是医治冷漠的良药，必将引导我们重新回到自然的怀抱，亲近大自然母亲，让我们疲惫的心灵感到宁静与美好。

法布尔的眼里，昆虫不再是一个个客观的研究对象，而是可爱的生命！他满怀一颗充满趣味的童心来对待它们，目光里洋溢的，是满满的、深深的爱意！否则，它们怎么会如此盎然生动、形象鲜明？

法布尔的文笔，清新雅丽，朴实自然。他介绍知识，昆虫的形态、习性、居住环境甚至掠食方式，都一一展现在他的笔下。但法布尔的语言，绝没有学院派的那种实验报告的学术气、论文气。读起来，简直就是一篇篇优美的散文，把你带入他眼里的昆虫的世界。

请大家阅读《昆虫记》选段，猜猜这些描写段落的主人公是谁？结合法布尔的经历，说说在法布尔心中，昆虫地位如何？

表 2-4

《昆虫记》选段	谜底	在法布尔心中，昆虫地位如何？
这种昆虫非常漂亮，浑身嫩绿，侧面有两条淡白色的丝带，身材优美，苗条匀称，两片大翼轻盈如纱。蝈蝈有着有力的大颚、锐利的钳子，在一大早蝉还在休息的时候。蝈蝈在树上，非常勇敢地纵身追捕蝉，而蝉则惊慌失措地飞起逃窜，就像鹰在天空中追捕云雀一样。		法布尔心中，昆虫就像是他的（　　）
当那个可怜的蝗虫移动到螳螂刚好可以碰到它的时候，螳螂就毫不客气，一点儿也不留情地立刻动用它的武器，用它那有力的"掌"重重的地击打那个可怜虫，再用那两条锯子用力地把它压紧。于是，那个小俘房无论怎样顽强抵抗，也无济于事了。接下来，这个残暴的魔鬼胜利者便开始咀嚼它的战利品了。它肯定是会感到十分得意的。就这样，像秋风扫落叶一样地对待敌人，是它永不改变的信条。		

2.拓展资源

《用一生诠释对昆虫的热爱》

（二）任务二：法布尔的成功密码

法布尔曾说："当疑问解开时，觉得没有比这再简单不过的了，然而在寻求解答的时候，简直就像捕捉天上的云彩。"法布尔经历了无数次寻求解答的过程，最终取得了一定的研究成果。阅读学习材料，请你尝试破解法布尔的成功密码。

请同学们课上阅读材料，设计"成功密码"，与同学交流。

1.学习内容

在《蝉出地洞》一章中，作者发现了浮土消失的秘密，除了逻辑推理外，他用实验论证的方式来寻找答案。在《大孔雀蝶》这一章中，他为了检测发情期的大孔雀蝶在朝圣时所使用的器官，他这样实验："我用小剪刀从根部剪掉大孔雀蝶的触角，但并未触及它们身体的其他部位。"这样细腻的准备工作，让我们感受着他的专注与理性。作者还常常在书中流露这样的心思："有人说，耐心是一种天赋，我却谦虚地称之为观察者的优秀品质。""勤奋研究，六月末到九月份的整个大热天里……"他热爱自然，反复观察，反复实践，并在行文中体现自我批判与反思的精神。遇到困难时，他会感慨："好运总是要先捉弄人一番，然后才向着坚韧不拔者微笑。"当作者研究取得进展时，他会觉得硬化的血管里有二十岁的年轻人的热流在涌动。他以研究成功为乐，在这一过程中，他也告诉我们：旧问题解决，新问题产生——探索，永不止步。他还常常在讲解中联系生活，完成是真是假的细节判断。

作家法布尔用流畅优美的语言写出了不同昆虫生命过程中最独特的经历。有的是昆虫这一生中最骄傲的时刻，比如"田野地头的蟋蟀"在后花园的纵情欢歌；再比如，大孔雀蝶那场盛大的舞会；还有，蝉这位工程师的杰作以及圣甲虫为后代制作的梨形神秘小窝。对这些弱小的昆虫，法布尔总是爱意浓浓，他把昆虫看作自己的朋友，把自己对人生的领悟融入昆虫的一举一动中，洋溢着对生命的尊重与热爱。

请依据以上内容，依照以下步骤，提炼法布尔的"成功密码"，并简单解说。

A. 你可以在 9 个圆圈内写上数字，并在数字后写上一个或几个汉字。

B. 在"请输入密码"的横线下，填写一组数字。

C. 将这一组数字所代表的汉字连接为一个词语或一段话，来表达你对法布尔成功原因的理解。

D. 你还可以尝试设计另一个密码，用新的组合来解释法布尔的成功原因。

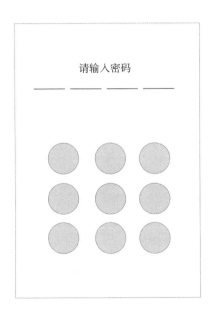

2. 拓展资源

《一生和虫子相伴的法布尔》作者：张琪

（三）任务三：探索《昆虫记》的阅读方法

尝试阅读《昆虫记》的一篇文章，说说你将采用哪种阅读方法开展阅读。你认为哪种阅读策略对自己最有启发？

请在课下浏览本书中你喜欢的篇目，推荐一种适合的阅读方法与同学课上交流。

1. 学习内容

《昆虫记》能够让我们学到很多知识，让我们了解到昆虫的地点、外形、习性、觅食方式、武器、生长规律、天敌、逃躲方式、癖好、特长、虫性等。作者把文章写得生动有趣，很多细节耐人寻味，很多描写富有文学色彩。作者虽然写虫，但是带给我们许多关于人性的深刻思考。

我们可以通过以下阅读策略读《昆虫记》："查阅资料""文字批注""观察日记""昆虫名片""昆虫小传""图说昆虫""昆虫之歌""昆虫独白""昆虫之诗""昆虫主页"……还可以做"昆虫字典"，或以"食物链"的形式整合全书内容。

读《昆虫记》，我们会发现，原来科学探索并不枯燥，科学世界是那样多彩迷人。那么，我们应该如何阅读呢？请同学们认真阅读选段，总结出不同的阅读方法，完成下面的表格。

表 2-5

书中内容节选	阅读方法
作者在《隧蜂》一章这样描摹隧蜂的外形： 你看看隧蜂肚腹背面腹尖上那最后一道腹环。如果你抓住的是一只隧蜂，那么其腹环则有一道光滑明亮的细沟。当隧蜂处于防卫状态时，细沟则忽上忽下地滑动。这条似出鞘兵器的滑动槽沟证明它就是隧蜂家族之一员，无须再去辨别它的体形、色彩。	（1）抓住说明对象特征：本段说明对象的特征有哪些？

续表

书中内容节选	阅读方法
作者在介绍《隧蜂》时，有这样的语段： 怎么识别它们呢？它们是一些酿蜜工匠，体形一般较为纤细，比我们蜂箱中养的蜜蜂更加修长。它们成群地生活在一起，身材和体色又多种多样。有的比一般的胡蜂个头儿要大，有的与家养的蜜蜂大小相同，甚至还要小一些。	（2）辨析说明方法：本段用了哪些说明方法？ ＿＿＿＿＿＿＿＿＿＿
在《蝉出地洞》这一篇文章中，我们看到第一段中这样表述"地洞"最可能出现的位置： 在人来人往、被太阳暴晒、被踩踏瓷实的一条条小路上，张开着一些能伸进大拇指、与地面持平的圆孔洞。这就是蝉的幼虫从地下深处爬回地面来变成蝉的出洞口。除了耕耘过的田地而外，几乎到处可见一些这样的洞。这些洞通常都在最热最干的地方，特别是在道旁路边。出洞的幼虫有锐利的工具，必要时可以穿透泥沙和干黏土，所以喜欢最硬的地方。 在《螳螂》一章中有对螳螂形象的描写： 它们看见在烈日烤炙的草地上有一只仪态万方的昆虫半昂着身子庄严地立着。只见它那宽阔薄透的绿翼像亚麻长裙似的掩在身后，两只前腿，可以说是两只胳膊，伸向天空，一副祈祷的架势。只这些足矣，剩下的由百姓们的想象去完成。于是乎，自远古以来，荆棘丛中就住满了这些传达神谕、女预言者、向上苍祷告的"苦修女"了。	（3）品析语言特点：本段语言表达有何特点？ ＿＿＿＿＿＿＿＿＿＿

2. 拓展资源

《昆虫记》阅读要素例说

第一，把握说明对象及基本特征。

阅读《昆虫记》的时候，我们不难在每一篇中找到说明对象——作者观察的昆虫主体。我们还要关注它们的独有特点，对于特点的描述，有的时候，我们可以直接从文中提取与说明对象特点相关的信息，形成对昆虫外形、生活习性、神异本领的认知。

阅读描写外形的笔墨，我们可以边读边在头脑中勾勒昆虫的形象，昆虫的体格大小如何，各个器官组合的样态如何，外形有哪些特殊的色彩及图案组合……作者用精准的笔墨还原昆虫的样貌，帮助我们更好地依据昆虫独有的特点辨认它们。作者描写昆虫的生活习性及特殊本领时，常使用精准的动词以及拟人的修辞手法，鲜活生动，画面感极强。

意大利蟋蟀没有黑色外套，而且体形也无一般蟋蟀那种粗笨的特点。恰恰相反，它细长，瘦弱，苍白，几乎全白，正适合夜间活动的习惯要求。你捏在手里都生怕把它捏碎。它在各种小灌木上，在高高的草丛中，跳来蹦去，很少待在地上生活。从七月一直到十月，它们日落时分开始歌唱，一直唱到大半夜，是一场悦耳动听的音乐会。

这一段文字中，作者介绍了意大利蟋蟀的外形特征。首先，作者将"一般蟋蟀"作为参照物，指出意大利蟋蟀"细长，瘦弱，苍白，几乎全白"。这几个词语从体型、体态、色彩方面展示出意大利蟋蟀独有的特征。"你捏在手里都生怕把它捏碎"，也呼应了意大利蟋蟀"瘦弱"的特征。"它们日落时分开始歌唱，一直唱到大半夜"，用拟人的手法写出了意大利蟋蟀的鸣叫习性。

它仪表堂堂，可与葡萄根蛀犀金龟媲美。它的服装如果说没有金步甲、吉丁、金匠花金龟的金属外衣那么豪华的话，那至少也是罕见的高雅。在一种黑色或栗色的底色上散布着一层厚厚的散花白绒点，既朴素又大方。

作为头饰，雄性松树鳃角金龟在短须尖上有七片重叠的大叶片，根据其情绪的变化或呈扇形张开，或闭合起来。人们一开始可能会把这漂亮的簇叶当作一个高灵敏度的感官，可以嗅到极微弱的气味，可以感知几乎听不见的声波，可以获知我们的感官都感觉不到的其他一些信息。雌性松树鳃角金龟却不如雄性的感官灵敏，它作为母亲的职责要求它也必须像做父亲的一样要感觉灵敏，然而它的触须头饰很小，由六片小叶片组成。

雄性松树鳃角金龟那呈扇形张开的大头饰有什么用处？对于松树鳃角金龟来说，那个七叶器官犹如大孔雀蝶的颤动的长触角，犹如牛蜣螂额上的全副甲胄，犹如鹿角锹甲大颚上的枝杈。到了寻偶求欢之时，它们全会以各自的方式挑逗异性，以求一逞。

我们再来看这一段文字，松树鳃角金龟的外形在色彩上的特点是"在一种黑色或栗色的底色上散布着一层厚厚的散花白绒点"，这样的色彩搭配确实是素雅大方。在描写外形特点时，最有代表性的无疑是短须尖上重叠的大叶片，这一"呈扇形张开的大头饰"是这一种昆虫典型的特征。作者着墨于此，介绍了簇叶的特殊功能。

第二，品析说明方法的表达效果。

阅读说明性文字，我们还要关注作者是借助哪些说明方法将被说明对象的特征说得清晰精准的。常用的说明方法有：举例子、引资料、作比较、列数字、分类别、打比方、摹状貌、下定义、作诠释、画图表……《昆虫记》中，作者将昆虫视为自己的朋友，描述的过程中自然而然多次使用"打比方"的说明方法，让读者身临其境。作者还常用"作比较"的说明方法，借助参照物，使读者更清晰地了解事物特征。

如同在野外的洞中一样，那是个屋顶不平的宽敞大厅，屋顶低矮，但地面几乎是平坦的。在大厅一角，有一个圆洞张开着，像是一个瓶口。那是太平门，通向一条地道，往上直达地面。在这个新土上挖成的住宅四壁都被精心压紧，压实，我挖掘时虽有震动，但却没有坍塌。看得出来，蜣螂为了未来，施展了全身本领，费尽了全部挖掘工的力气，建造了坚固耐用的住宅。如果说那个只是为了在其中填饱肚子的陋室是匆匆挖成的，既无样式又不坚固的话，那么现在的这座房屋则是面积又大建筑又精美的地宫。

这一段选自《西班牙蜣螂》，作者把蜣螂的洞穴比作"地宫""坚固耐用的住宅"，把蜣螂比作"挖掘工"，这样的描述让我们对蜣螂"为了未来"而建造的居所有了初步了解，也充满无限好奇。

这玩意儿形状比玛瑙弹子更漂亮，比象牙球和杨木陀螺更让人喜爱。实际上，这玩意儿的材质并不显得上乘，但摸上去很硬实，且带有十分艺术性的曲线。这没有关系，反正在深入了解它之前，我是不会把这个从地下找到的小梨给孩子们当玩具的。

这段描写圣甲虫的梨形粪球，用孩子们喜欢的玩具与之作比较，写出了梨形粪球的样子有趣与好玩。

第三，品味本书语言的准确与生动。

法布尔做研究的方法超越了同时代的科学家，他不像同时代的科学家那样将昆虫置于实验室中，通过解剖来了解昆虫的身体结构。他让昆虫回归自然，在昆虫本身生存的生态环境中观察它们的生活习性。长久观察与共处中，这些昆虫如同他的伙伴，昆虫的生活情态在他看来也是一幕幕鲜活生动的故事桥段。他记录昆虫的生活情态，严谨又生动至极。

二人一推一拉，相互配合。物主占着主导位置，担当主角：它从粪球后面往前推，后腿朝上脑袋冲下。那个帮手则在前面，姿势与前者相反，脑袋朝上，带齿的双臂按在粪球上，长长的后腿撑着地。它俩一前一后把粪球夹在当中，粪球就这么滚动着。

在《圣甲虫》这一章中，作者用生动的笔触写了两只圣甲虫合伙运粪球的过程。"往前推，后腿朝上脑袋冲下"这个细节实在生动，不仅让我们想象出画面，我们还能感受拼尽全力的样子。那个帮手动作相反，"长长的后腿撑着地"，仿佛找到了发力点。作者直接就写"二人"，可见，在他眼里，圣甲虫俨然就是两个配合默契的大力士啦！

三、学习评价

这节导读课我们阅读了与作家作品相关的材料，了解了《昆虫记》的写作过程。下面请同学们结合自己的学习体验，完成以下任务，作为本节课的自我评价。

1.《昆虫记》是一部引人入胜的科普作品，它的作者是（　　）国作家（　　）。

2. 如果我们将组织一期"野趣童年——少年法布尔自然探索夏令营"，在开营仪式上，请你向营员们简介法布尔，请用以下几个关键词：荒石园，三十年，昆虫，精神底色。

3. 法布尔 92 岁与世长辞，与诺贝尔奖失之交臂，如果他能获得诺贝尔奖，他的颁奖词可能是怎样的？

第三节　如何开发学程任务单

开发学程任务单，意在引导学生制订读书计划后，帮助学生"读到""读深""读好"，通过设计情境化的言语实践任务驱动学生反复阅读文本，扎实推进阅读。学生的阅读态度与阅读质量，也可以完全呈现在学程任务单中，教师也可通过这一任务反馈，充分了解学生的阅读动态，以便及时调整教学策略。

开发学程之前，要对本书的文学价值与教学价值精准定位，之后依据教学价值，设计阅读任务。在划分任务区间时，要整体关照全书的结构脉络。我设计的学程任务一般有以下几种类型。

（一）细节筛选题

这一类问题主要是培养学生提取信息的能力，在阅读部分内容后对重要信息有印象。这一类题目旨在培养学生在阅读中学习自觉运用"选择性注意策略"。"选择性注意策略"是指学习者在学习情境中激活和维持学习心理状态，将注意力集中于有关学习信息或重要信息上，对学习资料保持高度的觉醒或者警觉状态的学习策略。在阅读方面就是"对读物内容的筛选能力"。这类题目不是很难，主要是为了驱动学生认真读书，也使学生在作答之后能收获成就感。比如，在阅读《海底两万里》第一章《飞逝的巨礁》之后，学生可完成这一任务：

阅读本部分内容，关注书中描述的几次海难。请根据书中事件的顺序，填写这"庞然大物"与人类船只几次相遇的信息。

表 2-6

时间	船只名称	地点	事件
1866.7.20	希金森总督"号	（1）	"怪物"喷出夹杂着空气和蒸气的水柱
1867.3.5	（2）	北纬 27 度 30 分和西经 72 度 15 分海域	与"怪兽"相撞，龙骨部分被撞碎
（3）	"斯科蒂亚"号	西经 15 度 12 分，北纬 45 度 37 分的海域	（4）

这是表格形态的任务，还可以设计为填空、问答等，比如：

第三章中，"我"的仆人孔塞伊出场。他对"我"无比忠诚，毫不犹豫地跟"我"一同上了法拉格特舰长的"亚伯拉罕·林肯"号驱逐舰。驱逐舰从布鲁克林码头扬帆起航，向大西洋全速前进。

"我"为何接受美国海军部长的邀请参加这次追捕海怪的远征？

这些题目都是考查细节筛选的能力，提取出这些信息能够更好地帮助学生融入故事的情境中去，为读好整个故事做好铺垫。

（二）整合梳理题

这一类题目引导学生在读书时将类似的细节整合到一起，在细节与细节之间建立联系，从而更好地理解书中重要内容。将若干细节关联，我们不仅能看到情节的起伏，还能看到人物形象的各个侧面。

我们以《海底两万里》第一部分 第 2 章为例，这部分主要讲的是"人们对怪物的看法主要有两派：一派认为是一种力大无穷的海洋生物，另一派则认为是一艘动力极其强大的'海底'船只。'我'（法国巴黎自然史博物馆教授阿罗纳克斯）倾向于承认，怪物是一种力量大得惊人的'独角鲸'。美国政府组织了一艘名为亚伯拉罕·林肯号的快速驱逐舰，准备进行一次追捕'怪物'的远征。我应邀随行"。

我们拟定的任务是：面对壁垒分明的两派观点，"我"倾向于承认怪物是一种力量大得惊人的"独角鲸"，请简单梳理"我"的推理过程。

这一题目就涉及对本章主体内容的信息提取与综合整合。

我们还可以以一个话题为核心元素，梳理跨越数个章节的内容。我们仍以《海底两万里》为例，在第一部分第 8—13 章，一行人"初识鹦鹉螺号"。这一部分所讲述的故事情节大致是：我们三人被关进艇上的一间黑屋子。两个人来到我们面前，我们用法语、英语、德语和拉丁文进行自我介绍，对方均无反应。他们离开后，侍者送来食物，我们饱餐后入眠。后潜水艇浮出海面更换新鲜的空气。我们三人仍被关在铁屋子里，内德·兰德怒气冲天，他想逃跑，又想夺取这条艇。一个侍者进来时被他出其不意地打倒在地掐得半死。这时候，一个说法语的人出现了。讲法语的就是这艘鹦鹉螺号潜水艇上的尼摩艇长，他的名字意为"不存在的人"。他说第一次见面保持沉默是为了先认识我们，其实那四种语言他都听得懂。他要我们服从他的命令，否则将我们杀死。他说，他们的衣食用都取自海洋，他热爱海洋，只有在海洋中，人才是自由和独立的。尼摩艇长带我们参观"鹦鹉螺号"图书室，观赏他收集的标本，给我们介绍房间里各种仪表的用途，如何开采海底矿藏，如何发电，如何提供空气以及潜水艇的概况、构造、动力、发光、建造过程等。

我们可以尝试让学生在散落在各个章节的内容整合起来，形成对鹦鹉螺号的完整认知。"'鹦鹉螺'号的艇长事先告诉过我，我会被所看见的东西惊得目瞪口呆，而我此刻的精神状态正是如此。"这句话出自小说第11章"鹦鹉螺"号，请结合文本，填写下面的表格。

表2-7 "鹦鹉螺"号上的意外之喜

地点	藏品	描述	"我"的感叹
图书室	书籍	一万二千册，包括人类在历史、诗歌、小说和科学方面创作出来的最优美的作品	图书馆布置得独具匠心，我带着发自内心的赞赏，打量着，简直不敢相信自己的眼睛
	雪茄		
长方形客厅	油画		
	音乐作品		
	海中珍宝		

"鹦鹉螺"号上的各种设施都体现了尼摩艇长的智慧。请阅读相关描写，完成表格。

表2-8

物品、设备	在潜艇上的替代品、解决方案	优点
（1）	从海草中提取尼古丁	质量好
船上消耗的能源	电力——用海底热能去提取钠，做成钠电池	（2）
空气	（3）	在陆地和海底来去自如
（4）	本生发电装置	装置简单，功率强大

整合梳理时，我们还可以借助图片等资源，提高学程题目的趣味性，也培养学生的综合审美素养。比如，在阅读《海底两万里》第一部分第14—24章"穿越太平洋"时，我们可以借助以下图片让学生完成整合梳理。

太平洋是旅程的第一站，一切都是新奇的。在这一海域中，我们遇到了许多海底奇观和危险事件，请你简单介绍下图的内容。

这是一只很好看的水獭。它可能是海中唯一的四足兽了，在俄国和中国市场上，是十分罕见的皮料

我们刚上小艇，划得不远，一百多土人大喊大叫，涉水向我们赶来

（绘画：黄云松）

在阅读第二部分第1—3章"惊险印度洋"时，我们还可以借助图片，引导学生概括情节，设计环节时还可加入视角转换的要求。

请介绍图中两个人物的身份。并以躺地人物的视角介绍这惊心动魄的一幕。

两位人物身份及场景介绍：

（三）语言鉴赏题

经典名著都有较高的文学品质，无论是对人物还是环境、情节的描

写，都有诸多值得鉴赏之处。比如，《海底两万里》中，有这样一段描写：

我又走上平台。天已经黑了，因为，在这样的低纬度地区，太阳落得很快，没有黄昏。格波罗阿尔岛已经变得隐隐约约，看不清了。不过，海岸上的无数火把说明，那些土著不想离开。

我就这样一个人独自待了几个钟头，一会儿想到那些土著居民——但不怎么怕他们，因为，尼摩艇长不可动摇的信心感染了我——一会儿又把他们忘记，欣赏起热带地区夜晚的美景来。看到黄道十二宫里的几颗数小时之后将照耀法国的星星，我的思绪也跟着飞向那里。月亮在天顶的星空中闪耀着光辉。我此刻想的是，这颗忠实而又讨人喜欢的卫星，后天还会来，会来到这同一个地方，使海水升起，把"鹦鹉螺"号从珊瑚礁上托起。快到半夜的时候，我看了看，黑黢黢的海面和岸边树下，一片寂静，万籁无声，于是我回到房间，安安静静地睡下。

这段文字是对热带地区夜晚美景的描写，与传统的景色描写不同，字里行间既有文学色彩，又充满了科学意味，还不乏一些俏皮和幽默。每位作家都有自己的语言风格，我们可以引导学生做定向摘抄，也可以就其中一些精彩的表述设题，引导学生鉴赏品评。

（四）人物评价题

这一类型的题目背后的阅读能力点是"形成解释"，开发此类题目可以使用的阅读策略是"内容重构"。我们可以引导学生就某些重要的细节去提炼人物的形象特点，不断积累，在这些特点之间建立联系。在通读整本书或一部分内容之后，将某个人物或事件的关键信息有机组合在一起，较为完整地呈现出这些人物的形象，梳理出人物形象发展的脉络。这样的"重构"，可以使我们对重点探究的内容有一个客观、完整的认识，以便于深入研读。比如，《海底两万里》中的尼摩艇长令人印象深刻，这部小说也可看作是尼摩艇长的个人英雄史。他重情重义，机警睿智，是一位优秀的管理者，也是一位才华横溢的艺术家；但他也有暴戾阴郁的一面，限制"我们"的自由，指挥潜艇对抹香鲸进行屠杀……凡尔纳向我们展示的尼摩艇长，是一个多面的英雄汉。我们可以将他的信息梳理整合，为他撰写人物小传。

在开发初读学程时，我们可以按照这样的思路拟定题目。第一部分第三章《仆人孔塞伊》中，"我"的仆人孔塞伊出场。他对"我"无比忠诚，毫不犹豫地跟"我"一同上了法拉格特舰长的"亚伯拉罕·林肯"号驱逐舰。驱逐舰从布鲁克林码头扬帆起航，向大西洋全速前进。这一章是孔塞伊形象特点体现得较为充分的章节。我们可以从他的语言入手设计问题：

"悉听尊便，先生。"在本章中出现了两次，你能说说孔塞伊每次说这话的背景吗？结合其他细节，说说孔塞伊出场，带给你什么样的印象？并请填写孔塞伊印象转盘，将孔塞伊的形象特点写在外围的圆圈内，还可用文中细节支撑你的观点。你可将此图填写好后，后文读到有关孔塞伊的细节时可再次丰富、充实本图。

图 10

（五）思辨探究题

诸多经典名著都是"磨脑子"的书，不同章节之间的逻辑联系，书籍本身蕴含的价值判断等，都给我们留出了大量的思考空间。想要把名著读透，离不开"演绎推理"。演绎推理是由一般性前提推出特殊性结论的思维过程，是前提与结论之间具有充分条件或充分必要条件联系的必然性推理。演绎推理的特点是从真前提出发，按照相应逻辑规则，可以推理出真结论。演绎推理对于思维保持严密性、一贯性有着不可替代的校正作用。我们可就名著中对逻辑思维要求要高的部分设题，启发学生思考探究。

比如，《海底两万里》"探寻阿拉伯海底隧道"这一章节里，尼摩艇长发现，在红海中和地中海中有某些完全相同的鱼类。他产生了疑问，红海和地中海之间有地缘隔离（当时并没有开通苏伊士运河），鱼是怎么游过来的呢？是不是存在一条海底隧道呢？尼摩艇长并没有止步于疑问，而是进一步探索：他在苏伊士附近打捞鱼，把铜圈套在鱼尾上，放入海中，几个月后，在叙利亚海岸捕获。他通过这种方式验证了海底隧道的存在。这种提出假设、实验验证的科学探究方法闪耀着理性的光芒。可实际上，这条"海底隧道"在现实生活中并不存在，可我们读来却容易信以为真，因为尼摩艇长的推理与实验有内在的逻辑自洽，加之作者生动的细节描写，更让我们以"幻"为"真"。我们在设计学程时可以开发"解密阿拉伯隧道"的探究题目。

在本书第二部分第四章至第七章中，作者描述了鹦鹉螺号在红海上劈波斩浪，尼摩艇长跟我介绍红海得名的原因和他发现从红海通往地中海的地下通道"阿拉伯隧道"的经过。尼摩艇长亲自指挥，潜水艇顺利穿过苏伊士地峡。

1.请简述尼摩艇长发现海底隧道的主要过程：

_____

_____

_____

_____

2.请你在第二部分第五章至第七章中摘抄鹦鹉螺号穿越海底隧道的描写语段，分析哪些描写让这条海底隧道看起来更真实？

3.查阅苏伊士运河开凿时的历史背景资料以及当今世界海底隧道的建设资料，说说科幻小说如何体现"现实与未来无止境地交替"。

我们还可以就有关价值判断的叙述与描写引发学生的深度思考，让他们对事件做出自己的评价。比如，在阅读第二部分第六章至第七章"速过地中海"时，作者写到"我们"看到许多海底沉船，景象惨不忍睹。我们可以就此引发学生对历史事件的深度思考：

人类从海洋获得了无数宝藏，也为此付出了惨重代价，作者花了大量笔墨详细介绍海底沉船，可怕的海难惨状令教授心生悲悯。如果你亲眼目睹此情此景，你会对人类征服海洋的历史有怎样的感想？

总之，我们可以以整本书为"教学的例子"，在可以提升学生阅读能力的地方设题，引导他们深读文本，深入思考，从而让阅读真正发生，读而有得。

【案例一】《西游记》学程任务单

【第1—2回】石猴出世、拜师

【阅读任务】

1.文化常识积累：

（1）一元分为十二会，这"十二支"指的是：

（2）"天开于子"，"四象"指的是：

（3）"地辟于丑"，"五行"指的是：

2. 观察下面两幅图，回答问题：

图 2-11

（1）左图上写的文字是 ＿＿＿＿＿，＿＿＿＿＿＿＿＿。在这里，石猿高登王位，将"石"字儿隐了，遂称"＿＿＿＿＿"。

（2）美猴王心生忧恼，欲＿＿＿＿＿＿＿＿＿＿，终至一座洞府。右图洞门上的文字是＿＿＿＿＿＿＿，＿＿＿＿＿＿＿＿。在这里，菩提祖师赐猴王名曰＿＿＿＿＿＿＿。

【第3—4回】官封弼马温

【阅读任务】

图 2-12

1. 图中这块天河定底的神针铁唤作_____，重_____。

2. 请你用自己的话解释第四回题目"官封弼马心何足，名注齐天意未宁"的含义，不少于 100 字。

【第 5—6 回】大闹天宫

【阅读任务】

1. 请你用简洁的语言罗列"大闹天宫"时孙悟空的几宗罪。

2. 在这几章里，我结识了一位_____的孙悟空。文中依据是：（不少于三处，以批注形式呈现摘抄细节 + 分析点评）

【第 7 回】囚困五行山

【阅读任务】

"八卦炉"中的"八卦"指的是什么？"五行山"的"五行"又指什么？

【第 8、9、12 回】唐僧身世

【阅读任务】

请为唐僧撰写一则 100 字左右的"人物简介"，尽可能使用文言文。

【第 13 回】双叉岭唐僧遇难

【阅读任务】

这是唐僧初出长安第一场苦难，他遇到的三个妖怪是（　　　）（　　　　）（　　　），搭救他的是（　　　）。

【第 14 回】紧箍咒来历

【阅读任务】

1. 摘抄一段孙悟空被压在五行山下的描写。

2. 简述紧箍咒的来历。

【第 15 回】收马鹰愁涧

【阅读任务】

1. 请简述唐僧鹰愁涧收白龙马这一情节，概括 100 字左右。

2. 鹰愁涧是小白龙的藏匿地，请摘抄对此地的描述（不少于 50 字）。

【第 16—17 回】大闹黑风山

【阅读任务】

1. 请在第 16 回"观音院僧谋宝贝，黑风山怪窃袈裟"中摘抄一段关于"宝贝"的描写。（100 字左右）

2. 本节故事祸起"卖弄"，当悟空变作一个蜜蜂打探消息后，决心"顺手牵羊，将计就计"，请用自己的话说说悟空如何"将计就计"，此"计"有无预料之外的情况发生？请在你的表述里用上以下几个关键词：广目天王、风、辟火罩、黑风山熊罴（pí）怪。

3. 第 17 回中，悟空拜见观音菩萨时说道："菩萨，我悟空有一句话儿，叫作将计就计，不知菩萨可肯依我？"请用一段简洁的话语解说"计"，用上以下几个关键词：仙丹、凌虚仙子、袈裟、黑熊。

【第 18—19 回】计收猪八戒

【阅读任务】

1. 请填写表格，梳理猪八戒的前世今生。

姓名 / 身份	得名缘由
天蓬水神	
猪刚鬣（liè）	
猪悟能	
八戒	

2. 请用一个词或短语填写下面的句子：我眼中的猪八戒是一个（　　　　）的形象。请在文中摘抄并鉴赏三处以上的依据支持你的观点。

【第 20—21 回】大战黄风怪

【阅读任务】

1. 黄风怪是_____脚下得道的_____，因为_____，怕被金刚捉拿，便跑到黄风岭占山为王。黄风怪手持一支_____，神通广大、法力无边，吹出的黄风更是所向无敌，偷走油灯，携走唐僧，后被用_____降服。

2.摘抄一些孙悟空大战黄风怪的描写，鉴赏其中用得精妙的动词（不少于五个）。

【第22回】大战流沙河

【阅读任务】

图2-13

1.读图2-13，在书中找出对本图环境描写的语句。

2.请简述悟净加入取经队伍的来龙去脉。

【第23回】四圣试禅心

【阅读任务】

1.请自绘表格或思维导图梳理"四圣试禅心"中"试"的对象、内容、结果。

【第24—26回】偷吃人参果

【阅读任务】

1.请摘抄关于"人参果"特点的描写语句。

2. 请将这三回缩写成一段相对独立的"偷吃人参果"的故事，字数在 200—500 字。在缩写前，请筛选出你认为本故事中最重要的五个关键词：（　　）（　　）（　　）（　　）（　　）。

【第 27 回】三打白骨精

【阅读任务】请填写表格，梳理"三打"的过程。

内容	妖精的手段	"打"的过程（概述）	"打"的结果（如唐僧态度）
一打			
二打			
三打			

【第 28—31 回】双战黄袍怪

1. 黄袍怪所谓的"自来的衣食""上门的买卖"指的是什么？

2. 在降服黄袍怪过程中，八戒的表现是怎样的？白龙马发挥了怎样的作用？

3. 请简述黄袍怪与宝象国公主的前世今生。

【第 32—35 回】夺宝莲花洞

1. 孙悟空是怎样得到金角大王和银角大王的宝贝的？

2. 妖怪的五件宝贝有何来历和功能，如何使用，请拟写一份说明书。

3. 孙悟空经历了哪几次变化才最终降服妖怪的？

【第 36—39 回】除妖乌鸡国

1. 请从诗歌意象、修辞或感情的维度赏析唐僧的这首诗。

> 皓魄当空宝镜悬，山河摇影十分全。
>
> 琼楼玉宇清光满，冰鉴银盘爽气旋。
>
> 处处轩窗吟白雪，家家院宇弄朱弦。
>
> 今宵静玩来山寺，何日相同返故园？

2. 请解释"晦""望""上弦""下弦"的含义。

3. 乌鸡国国王是如何还魂的？他本好善斋僧，为何会有此难？

【第40—42回】大战红孩儿

1. 菩萨是怎样降服红孩儿的？请写出主要的经过。

2. 红孩儿成为善财童子后，天庭要登记他的个人信息，请你为红孩儿设计个人档案（必填：姓名、籍贯、父母信息、兵器及本领、主要经历）。

【第43回】黑水河遇险

1. 请简述鼍龙身世。

【第44—46回】车迟国斗法

1. 车迟国三位国师分别是谁？他们的真身是什么？

2. 阅读车迟国斗法这三回，请概括孙悟空与三位国师斗法的比赛项目、参与比赛人员及结果。

【第47—49回】鱼篮收鱼精

1. 唐三藏沉水宅的原因是什么？你能结合第47、48回内容叙述一下缘由吗？

2. 孙悟空为了救唐僧去求助观音菩萨，观音怎么擒住妖怪的？请叙述擒妖过程。

【第50—52回】大闹金兜洞

1. 第53回第一段中，行者忆起金兜洞的故事，说道："不瞒师父说，只因你不信我的圈子，却教你受别人的圈子。多少苦楚，可叹！可叹！"阅读第50—52回，借助"圈子"的图像以及文字，用有创意的形式讲述"大闹金兜洞"的故事。

请你在小圈子里写出此圈的特点，在大圈子里写写悟空为救唐僧都用了哪些计策，请了哪些人帮忙，结果如何。

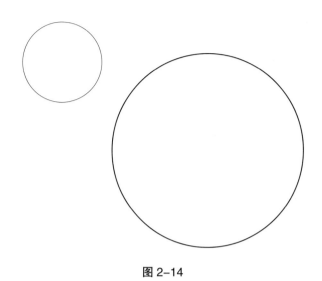

图 2-14

2. 读罢此情节，一波三折，结合这一取经故事，拟了一副对联，上联写着"悟空大闹金兜洞"，请你尝试写出下联。

上联：悟空大闹金兜洞　下联：＿＿＿＿＿＿＿＿＿＿＿

3. 摘抄第 51 回中对于"好火"的百字描写片段，感受语言之妙。

【第 53—55 回】取经女儿国

1. 取经女儿国的这三回情节中，唐三藏三次陷于苦难等待徒弟们救他于水火之中。你能梳理这三回情节，概括出三藏遇到了哪三种灾难吗？他们一行又是如何化解灾难的？

2. 第 54 回中，有很多"对偶句"，请从中选取一些词句，在《笠翁对韵》中任选一个韵部，创作一段"女儿国对韵"。

【第 56—58 回】真假美猴王

1. 在第 55 回中，悟空缘何被唐僧逐走？你认同唐僧的决定吗？请说明理由。

2. 第 57、58 两回情节，出现了真假美猴王。为了分辨真假，不同的人都用什么方法来分辨真假悟空？请你自己设计表格或思维导图梳理出来。

3. 在本故事中，你最喜欢哪个人物？请结合相关情节阐述一下理由。

【第 59—61 回】三调芭蕉扇

1. 请简述孙悟空第一次借芭蕉扇失败的原因。

2. 请简要概括第二次借芭蕉扇"得而复失"的经过。

3. 找一找第三次借芭蕉扇都有哪些天兵天将前来助阵。

【第 62—63 回】还宝金光寺

1. 师徒四人看到一座城池，悟空马上断定那是"帝王之所"，他有何根据？

2. 请用图文并茂的思维导图呈现金光寺和尚受难原因。

3. 悟空和八戒在_____的帮助下"得了宝贝，扫净妖贼"。国王将佛宝"_____"安在第____层塔顶宝瓶中。在悟空的建议下，将"敕建护国金光寺"换了字号，改称"_____"。

【第 64 回】木仙庵三藏谈诗

1. 木仙庵与唐僧谈诗的四位老者的名号分别是什么？他们的真实身份又是什么？请摘抄至少三处你觉得他们讲得好的诗句。

【第 65—66 回】误入小雷音

1. 孙悟空被困在金铙里是怎么得救的？

2. 救了唐僧后，孙悟空又去寻找行李，亢金龙道："你好重物轻人！既救了你师父就够了，又还寻甚行李？"包袱中都有何重要之物，悟空定要去寻找？

3. 孙悟空都请了哪些人来帮忙收服妖怪？最终谁用什么方式收服妖魔？请用小人书的方式呈现。

【第 67 回】拯救驼罗庄

1. 驼罗庄西去三十余里有一座七绝山。这"七绝"是哪七绝？

2. 请用有创意的方式呈现师徒四人是怎样脱离稀柿衕的。

【第 68—71 回】计盗紫金铃

1.孙悟空为朱紫国国王看病修药"乌金丹",都用了哪些"药材"和引子?

2.简述孙悟空"计盗紫金铃"中的"计"体现在哪些地方?请用思维导图呈现。

【第 72—73 回】盘丝洞斗妖

1.盘丝洞中七个女妖怪是_____精,她们的师兄本是百眼魔君,又唤作_____。在_____的指点下,孙悟空到_____山_____洞请_____来降服此妖。

2.最终降服百眼魔君的兵器是什么?它有何特点?

【第 74—77 回】狮驼岭斗三魔

1.请结合故事发生的地点为这五回故事拟一个名字(　　　　　)。

2.三怪原为(　　　　)(　　　　)(　　　　)。

3.下面的任务请选择其中一个完成(名片以简介为主,可辅以图像)。

A.你认为本故事中最神异的法器是什么?为这个法器制作一张"名片"。

B.你认为本故事中法力最高的妖魔是哪一位?为这个妖魔制作一张"名片"。

【第 78—79 回】救难小儿国

1.请在文中找出孙行者在小儿国"变身"的细节,并详细说出其每次变身的目的。

2.请以孙行者的视角复述小儿国救难故事的来龙去脉。

【第 80—83 回】无底洞逼婚

1.唐僧被妖怪两次捉进无底洞,又被徒弟们两次救出,请用思维导图呈现两进的经过及两出的办法。

2. 得知妖怪身份后，孙行者便去向玉帝告状，过程中遇到了什么情况？

【第84回】灭法国更名

1. 灭法国国王欲杀一万个和尚，师徒四人是如何免于送命的？

2. "灭法国"更名为"钦法国"的原因是什么？

【第85—86回】连环洞祭师

1. 请用有创意的思维导图呈现"分瓣梅花计"。

2. 孙行者如何识别真假师父头？又是如何除掉连环洞妖怪的？

【第87回】施雨凤仙郡

1. 玉帝为何不降旨给凤仙郡下雨？何时才能降旨下雨？

2. 孙行者在祈雨一事上都帮了什么忙？

【第88—90回】玉华城夺兵

1. 请用几个词来概括王子们的心态变化，并写出原因。三个王子分别是怎样的人？请说出你的看法并说明理由。

2. 请简要概括大圣和猪八戒还有沙和尚是怎样夺回自己的兵器的？

【第91—92回】大战犀牛怪

1. 此次捉妖行动里都有哪些神仙帮了孙悟空？请设计一个"营救转盘"呈现神仙帮助的过程。

2. 选择一段50字以上的环境描写，摘抄并赏析。

【第93—95回】天竺收玉兔

1. 文中的假公主的真实身份是什么？此人为什么要来到凡间假扮天竺国公主呢？请摘抄原句或用概括的语言描述。

2. 请摘抄有关孙悟空打斗的场景，并赏析之。

【第96—97回】被诬地灵县

1. 唐僧一行人被诬告之后是如何化险为夷，被释放的呢？请概括出重要情节。你能看出唐僧怎样的性格特点？请简要说出理由。

2. 寇员外为什么能重返阳间？你从这件事中学到了什么？

【第 98 回】波生极乐天

1. 唐僧一行人到了传授真经的地方遇到了什么困难？请简要说明。

2. 谁故意将无字的经书传给师徒四人？为什么将无字的经书传给师徒四人？这份无字经书是假的经书么？请说出你的看法。

【第 99—100 回】最后一难、功德圆满

1. 佛祖给唐僧四人和白龙马分别授了什么职？为什么佛祖给唐僧四人安排了这几个职位？

2. 读完本书，你脑海中浮现出来师徒四人的形象是怎样的？选择一个人物，用你的画笔画出来或用你自己的话把他描述出来。

【案例二】《昆虫记》学程任务单

第一篇 《荒石园》

阅读任务：

1. 早在 19 世纪初期，一位法国教师走出生物实验室，投身旷野，从此与渺小的昆虫相伴，唱出了生命的赞歌："你们撕裂动物而我研究活体；你们把它变成悲惨而可怜的物体，而我使它变得可爱；你们在拷问室和解剖室工作，而我在蓝天下观察，倾听知了歌唱；你们用细胞化学实验，而我在昆虫自在的行为中研究它们的本能；你们窥探死亡，我观察生命。"最终他成为举世闻名的 _____ 家、_____ 家和 _____ 家，他就是 _____（人名）。在他人生的最后 35 年，他是在 _____（地方）度过的，并且完成了《昆虫记》的后 9 卷。

2.阅读《荒石园》后，如果请你给法布尔贴印象标签，你会选哪些词语？不少于 5 个，并结合书中内容对其中三个加以解说。

印象标签：_____　_____　_____　_____　_____

具体解说：_____

_____

_____

_____

_____

_____

3. 荒石园档案整理：

名称：_____

由来：_____

地理位置：_____

环境特点：_____

_____

_____

园中"成员"：_____

_____

_____

_____

_____

_____

第二篇　《昆虫的装死》

阅读任务：

作者围绕着昆虫假死进行了一系列实验，请你概括实验过程，完成下列表格。

表 2-9

实验对象	昆虫特点	实验过程及昆虫表现	实验结论
大头黑步甲			
抛光金龟			
烟黑吉丁			
粪金龟			
闪光吉丁、九星吉丁、黑纹甲虫、双星蛇纹甲			

第三篇　《蝉和蚂蚁的寓言》

阅读任务：

1. 请梳理文章开篇部分关于蝉的"传说"。

表 2-10

诗歌中的"蝉"	严冬来临时，一无所有的蝉便跑到其邻居蚂蚁那儿去喊饿求食去了。蝉遭到讽刺挖苦，落魄沮丧
儿童的记忆中的"蝉"的特点	
寓言中对"蝉"的描写	
格兰维尔的画笔下的"蝉"	
作者对寓言作者的态度	

2. 探秘"蝉和蚂蚁"，破解"谁是剥削者"的悬案。

表2-11

时间	目击者眼中的"蝉"的行为	目击者眼中的"蚂蚁"的行为
七月，午后酷热难耐……		
五六个星期漫长的欢唱之后……		
依据事实，悬案结论为		
作者眼中的"蝉"		

第四篇 《蝉出地洞》

阅读任务：

1. 在《蝉出地洞》这一篇文章中，我们看到第一段中这样表述"地洞"最可能出现的位置。作者的表述非常严谨，请你说说看，哪些词语都能与加点词"最硬"相呼应。

在人来人往、被太阳暴晒、被踩踏瓷实的一条条小路上，张开着一些能伸进大拇指、与地面持平的圆孔洞。这就是蝉的幼虫从地下深处爬回地面来变成蝉的出洞口。除了耕耘过的田地而外，几乎到处可见一些这样的洞。这些洞通常都在最热最干的地方，特别是在道旁路边。出洞的幼虫有锐利的工具，必要时可以穿透泥沙和干黏土，所以喜欢最硬的地方。

_____

_____

_____

2.作者仔细观察了蝉的生活和它的地洞，请绘制一幅思维导图，破解蝉洞的秘密。请围绕三个核心问题展开绘制：（1）蝉如何固定地洞中的土，使地洞不塌方？（2）蝉把挖出的土放到了哪里？（3）从哪儿蓄水，如何蓄水？

第五篇 《螳螂捕食》

阅读任务：

1.请在《螳螂捕食》一文中找到对螳螂外貌的描写，对左边的图片加以解说，解说文字不少于100字，描述要点：色彩，体形特点，姿态。

螳螂图片	描摹语言

图 2-15

2.螳螂捕获猎物时并没有它的外形那般优雅，梳理"螳螂捕食"的策略以及骇人的情景。

螳螂 VS 大蝗虫	
螳螂 VS 毒蜘蛛	
雌螳螂 VS 雄螳螂	

3.螳螂幼虫的天敌有哪些昆虫？

_____

_____

4.摘抄文章最后两段中富有哲理的语言：

_____

_____

第六篇 《灰蝗虫》

阅读任务：

1.作者在开篇这样写："我刚刚看到一件激动人心的事：一只蝗虫在最后蜕皮，成虫从幼虫的壳套中钻了出来。情景壮观极了。"请阅读本文，将蝗虫蜕皮的过程用9—10句话或一幅思维导图呈现出来。

图 2-16

2.请你给"蜕皮过程"加一个定语，用"（　　　　　　　）的蜕皮过程"来形容这一过程的特点并结合原文语句予以解说。解说时，请摘抄 2 句能佐证你观点的语句。

观点解说：_____

_____

_____

佐证语句 1：_____

_____

佐证语句 2：_____

_____

_____

第七篇 《绿蝈蝈》

阅读任务：

1.法布尔的作品有"美文"笔法，请你找出 2 处（字、词、句皆可）值得品析的地方，结合原句说说你的赏析内容。

村童们正围着一堆旺火在欢蹦乱跳，我影影绰绰地看到火光映到教堂的钟楼上面，"嘭啪嘭啪"的鼓声伴随着"钻天猴"烟火的"唰唰"声响，这时候，我独自一人在晚上九点钟光景那习习凉风中，躲在暗处，侧耳细听田野间那欢快的音乐会。这是庆丰收的音乐会，比此时此刻在村中广场上那烟火、篝火、纸灯笼，尤其是劣质烧酒组成的节日晚会更加庄严壮丽，它虽简朴但美丽，虽恬静但具有威力。

2.作者说绿蝈蝈是蝗虫科昆虫中最优雅美丽的，绿蝈蝈究竟有多美？请摘抄作者对其外形的描写语句。

_____

_____

3.蝈蝈向猎物进攻的时候像它的外表那般优雅吗？摘抄蝈蝈向猎物勇猛进攻的场面描写语句。

_____

_____

4.哪些食物可以进入蝈蝈的食谱？

_____

_____

5.请给以下词注音，选2个词查出它们的意义。

凶猛凌厉 欢歌曼舞 匮乏 踱步 囊泡 咀嚼 赘物 盛筵 大相径庭

6.依据原文，补全下面这句富有哲理的话：

好运总是要先捉弄一番，然后_____。

第八篇 《大孔雀蝶》

阅读任务：

1.请根据文中描写绘制大孔雀蝶和小孔雀蝶的"照片"，并摘抄你绘制的依据。

表2-11

主角	手绘照片	摘抄绘制依据
大孔雀蝶		
小孔雀蝶		

2. 作者为什说这屋子是"巫师招魂的秘窟"？这是怎样的场景？

_____

_____

3. 请填写《大孔雀蝶》实验报告单。

表2-12

实验目的	
实验材料	
实验猜想	
第一次实验过程及结果	
第二次实验结论及结果	
第三次实验结论及结果	
请用一句话提炼作者的研究精神	

第九篇 《小阔条纹蝶》

阅读任务：

1. 围绕一个漂亮的茧，填写思维导图。

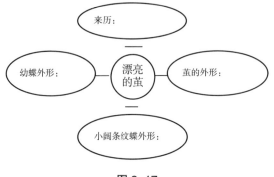

图2-17

2.填写表格，梳理作者的观察与实验过程。

表 2-13

观察过程	实验操作	所见情形
第一次观察	将雌蝶放在屋内第三天	
	错误的决定	
第二次观察	重获条纹蝶	
	气味实验	
	视觉实验	
	混合实验	视觉： 气味： 结果：
	得出结论	
作者结论		

第十篇 《象态橡栗象》

阅读任务：

1.结合两张图片，说说"象态橡栗象"得名的原因。

图 2-18

2. 为什么说象态橡栗象是"挑剔的慈母"？

_____

_____

3. 请依据原文，将下面的食物链解说补充完整：

（　　）喜食象太橡栗象，调节植物的无序生长。（　　）贮藏掉落的橡栗，松鸦啄橡树。（　　）用橡栗养猪……

第十一篇　《豌豆象》

阅读任务：

1. 请依据原文填空。

这是事物固有的规律。大自然以同样的热情向所有的婴儿提供乳汁，既喂养（　　　　）也喂养（　　　　　　）。大自然为我们这些辛勤耕耘、播种和收获，并因此而累得筋疲力尽的人在使小麦成熟的同时，同样也在为（　　　　）让麦子成熟。

2. 请摘抄介绍豌豆象外形特点的句子。

_____

_____

3. 本文多处运用了比喻的修辞手法，请在文中找出下面这些喻体所指的本体并解说得名原因。请你说说作者这样比喻有怎样的表达效果？

表 2-14

喻体	本体所指事物及得名原因
P104 这位"昆虫税务官"	
P108 豌豆地球	
P110 可怜的牺牲者	
P110 享有特权者，幸运的优胜者	
P111 最初几日的松软蛋糕	
表达效果	

第十二篇　《菜豆象》

阅读任务：

1. 文章第一段以第二人称的口吻赞美了菜豆，结合文中细节，说说为什么菜豆被称为"穷人的点心"。

_____

_____

2. 请填写下表，梳理作者的实验过程。

表 2-15　菜豆虫习性研究实验

实验目的		菜豆虫毁掉了马雅内大部分庄稼，作者想了解罪魁祸首的习性、活动情况
实验材料来源		
露天地里的实验	六月中旬	实验对象：
		实验过程：
		实验结果：
	换个季节再次尝试	实验对象：晚熟菜豆——红阿雅科特豆
		实验结果：
玻璃瓶子里的实验	实验条件	
	实验过程	
	实验结果	
	实验结论	鲜嫩的菜豆并非它们之所爱
玻璃瓶子里的再次实验	实验过程	
	实验结果	
	最终结论	

第十三篇 《金步甲的婚俗》

阅读任务：

1.金步甲为什么被称为"园丁"及"田野卫士"？

_____

2.金步甲之死是本文的"悬案"，请阅读文章，梳理信息，填写"案件调查报告单"。

表2-16

案发现场一	新寄宿者的命运：
	断案推论：
案发现场二	六月，一只金步甲的惨状：
	断案推论：
案发现场三	一只又一只金步甲被害：
破案线索	将近六月中旬的偶然发现：
谁是凶手？	
作案原因（残忍习性）	

第十四篇 《松树鳃角金龟》

阅读任务：

1.请依据原文补全下面这句富有哲理的话语。

在找到光明普照的真理之前必须在荒谬的（　　）之中久久地徘徊。

2.请你结合书中描写，向大家介绍松树鳃角金龟的外形特点。

昆虫"照片"	外形特点介绍（要点：仪表、气质、头饰）

3.请你以第一人称的口吻向大家介绍松树鳃角金龟的生活习性，关键词：时令、栖息地、爱情经历、囚禁生活、乐声……

_____

_____

_____

第十五篇 《意大利蟋蟀》

阅读任务：

1.请根据文章内容，完善意大利蟋蟀的介绍卡片。

外形特点	
声音特点	
发声原理	
振音器原理	

2.你怎样理解文章结尾的这句话"一小块注入了生命的，能感受苦与乐的蛋白质，远远超过庞大的无生命的原料"？

_____

_____

_____

_____

第十六篇 《田野地头的蟋蟀》

阅读任务：

1. 请以蟋蟀的"卵"为关键词，绘制一幅思维导图，梳理蟋蟀产卵、蟋蟀卵的特点以及蟋蟀出卵的信息。

2. 文章结尾处引用一首牧歌"它向柳树丛中逃去，却在偷窥着求欢者"，这句话反映了"虫性"与"人性"的哪些共通之处？

_____

_____

第十七篇 《萤火虫》

阅读任务：

1. 结合原文，说说萤火虫从外形上看，有哪些"人见人爱"的特点？

_____

_____

_____

_____

2. 萤火虫是最小的食肉动物，填写表格，梳理它的捕食过程。

捕食对象	
麻醉工具	
麻醉过程	
液化过程	
吮吸过程	

3. 填写表格，探秘萤火虫的神秘光亮。

表 2-17

发光部位		
发光原理		
萤火虫可否控制自己的发光器？	实验过程及结果	第一次实验：
		第二次实验：
		第三次实验：
		第四次实验：
		实验结论：
光亮特点		

第十八篇 《圣甲虫》

1. 文章开篇说："母爱是本能的崇高灵感。"你认同这句话吗？结合文章内容或生活经验，说说你的理解。

_____

_____

_____

2.作者把圣甲虫出场、制作粪球、运送粪球、享用粪球的过程写得妙趣横生，请你选择你认为最有趣的一个片段，改写成一个小剧本，可根据想象增补对话。

第十九篇 《圣甲虫的梨形粪球》

阅读任务：

1.填写表格，说说圣甲虫梨形粪球的秘密。

表2-18

梨形粪球的原料	
虫卵所在的位置	
梨形粪球的功用	

2.如果让你给圣甲虫妈妈颁奖，你会在以下奖项中选择哪一项或哪几项？结合文章内容阐释你的理由。

A.爱子情深特别奖　　B.最佳雕塑工　　C.几何学家　　D.一流揉制工

第二十篇 《圣甲虫的造型术》

阅读任务：

1.绘制一张思维导图，解释圣甲虫如何运用完美的造型术制作出梨形的孵化室的?

【案例三】《草房子》学程任务单

第一章 秃 鹤

1 本章共分六小节，请你用六句话概述每一节的内容，每句话中都要有本章题目"秃鹤"。在不同的故事背景中，秃鹤如何看待自己的"秃"？旁人又怎样看他？

表 2-19

小节	用一句话概述内容（句句不离"秃鹤"）	秃鹤如何看待自己的"秃"	别人眼中的秃鹤
1			
2			
3			
4			
5			
6			

第二章 纸 月

请你完成以下两个任务：

1.请你以第一人称的视角为纸月写一则自传，不少于400字。要写出纸月的身世、性格、主要经历的故事。

2.语言小工匠

你的工作是负责找出特别好的词和短语，这些词可以是生词，或仅仅是你觉得它们很吸引人，或者意味深长。摘抄句子，用横线画出这类词语，并进行简单的批注，说说用词的精妙处。

第三章 第七章 白 雀

任务：下面这幅图所配的文字是"这一页纸，像是一窝小鸟里头最调皮的一只，居然独自脱离了鸟群先飞远了"。请你叙述这一场景给白雀姐姐的命运带来哪些影响？简述白雀故事的来龙去脉。

图 2-19

第四章 艾 地

任务：语言小工匠

你的工作是负责找出特别好的词和短语，这些词可以是生词，或仅仅是你觉得它们很吸引人，或者意味深长。摘抄句子，用横线画出这类词语，并进行简单的批注，说说用词的精妙处。（建议选择能体现秦大奶奶转变的语句摘抄）

第五章 第八章 红 门

任务：联络官

你的工作是找出所读的内容之间的联系，请你从以下提示入手。

（1）请你用一个词或短语补全这句话：

杜小康是一个＿＿＿＿＿＿＿＿的男孩子。

（2）文中的依据是什么？（可直接摘抄原文或对事件加以概括）

（3）阅读全章，按照（1）（2）的要求写出"杜小康"的人物形象简析，总结的特点不少于四个。请关注人物命运的转变。

2 请你用一个词（可使用表示味道、颜色、感觉的词）形容你读完杜小康故事的感受，用选文中的细节支持你的观点。请你用思维导图的形式呈现。

第六章　细　马

任务：联络官

你的工作是找出所读的内容之间的联系，请你从以下提示入手。

（1）请你用一个词或短语补全这句话：

细马是一个＿＿＿＿＿＿＿＿的男孩子。

（2）文中的依据是什么？（可直接摘抄原文或对事件加以概括）

（3）阅读全章，按照（1）（2）的要求写出"细马"的人物形象简析，总结的特点不少于四个。请关注人物命运的转变。

第九章　药　寮

语言小工匠

你的工作是负责找出意味深长的语句。摘抄句子，说说你的体会。

（五）统整任务：内容重构之制作系列书签"诗画草房子"

你的工作是：

1.画卡通画、草图，可以画油麻地小学的平面图或油麻地的一处风景、那里人们的生活。它可以是你阅读时觉得特别有趣儿的场景，让你想起来的某件事，或者激发出来的情绪。

2.将图画绘制在精美的纸张或卡片上，做成书签。在书签上，标示出激发你艺术创作愿望的文字。这就要求你在阅读中关注景物描写、人物描写的语句以及让你久久不能忘怀的细节。可以将这些语句摘抄或改写成小诗。下面的横线供你简单记录自己的灵感源泉（可标注好页码以便使用）。

3.全书读完，书签制作不少于5张。期待你设计出有创意有美感的书签。

【案例四】《时间之书：余世存说二十四节气》通读学程

阅读章节:《自序：行夏之时——关于二十四节气》

1. 二十四节气是中国文明的独特贡献。农民借助于节气，将一年定格到耕种、施肥、灌溉、收割等农作物生长、收藏的循环体系之中，将时间和生产、生活定格到人与（　　　）相印相合乃至合一的状态。

2. 请解释：君子以向晦入宴兮。

_____

_____

_____

_____

3. 生产生活有（　　　），人生社会有（　　　），人身人性有（　　　），节气不仅自成（　　　），也演化成（　　　），提醒人生百年，需要有精神，有守有为。

4. 在小寒节气时要有（　　　），在大寒节气时需要（　　　），在立秋时需要有（　　　），在秋分时需要理解（　　　）。

5. 请摘抄一两句本章节中你最喜欢的话：

_____

_____

_____

_____

_____

6. 列表总结各章内容，如：

表 2-20

日期黄经	气温	物候现象	风俗美食	诗歌选摘	节气启示	阅读疑问

7. 请说说你读完本书后的收获：

你可以自由抒写自己的感受，或者仿写《读唐诗》的歌词来表达自己的感受。

《读唐诗》

床前的月光，窗外的雪。高飞的白鹭，浮水的鹅。唐诗里有画，唐诗里有歌。唐诗像清泉，流进我心窝。相思的红豆，吴山的雪。边塞的战士，回乡的客。唐诗里有乐，唐诗里有苦。唐诗是祖先在向我诉说。

【案例五】《骆驼祥子》学程任务单

任务一：阅读第一章

1. 给祥子设计微信头像，并简述这样设计的理由，再为其撰写一条个性签名。

设计理由：＿＿＿＿＿＿＿＿＿＿

＿＿＿＿＿＿＿＿＿＿＿＿＿＿＿

＿＿＿＿＿＿＿＿＿＿＿＿＿＿＿

个性签名：＿＿＿＿＿＿＿＿＿＿

＿＿＿＿＿＿＿＿＿＿＿＿＿＿＿

＿＿＿＿＿＿＿＿＿＿＿＿＿＿＿

2. 第一章一共介绍了哪几"派"洋车夫？祥子属于哪一"派"？请你用一个关键词或短语来呈现车夫们普遍的生活状态，并结合文中细节加以阐述。

＿＿＿＿＿＿＿＿＿＿＿＿＿＿＿＿＿＿＿＿＿＿＿＿＿＿＿＿＿＿＿

＿＿＿＿＿＿＿＿＿＿＿＿＿＿＿＿＿＿＿＿＿＿＿＿＿＿＿＿＿＿＿

＿＿＿＿＿＿＿＿＿＿＿＿＿＿＿＿＿＿＿＿＿＿＿＿＿＿＿＿＿＿＿

3. 老舍对年轻的祥子进行了细致入微的刻画，细节描写生动鲜活。请从文中摘抄关于祥子的细节描写（不少于三处），并进行简要赏析。

三处中必选的一处：整整的三年，他凑足了一百块钱。

＿＿＿＿＿＿＿＿＿＿＿＿＿＿＿＿＿＿＿＿＿＿＿＿＿＿＿＿＿＿＿

＿＿＿＿＿＿＿＿＿＿＿＿＿＿＿＿＿＿＿＿＿＿＿＿＿＿＿＿＿＿＿

4. 老舍先生的语言京味儿十足，请大家摘抄本章富有北京地域特色的语言。

任务二：阅读第二、三章

1.请用折线图的形式补全从"祥子"到"骆驼祥子"之间的主要情节，折线图每个节点上方为情节概括，下方为祥子的心理变化。

2.阅读第二、三章，用不超过 50 字的篇幅讲述"祥子"是怎么变成"骆驼祥子"的?

3.老舍先生的语言京味儿十足，请大家摘抄本章富有北京地域特色的语言。

任务三：阅读第四、五章

1.第四章描写的北平景色很有老舍的特色，请摘抄这一章中关于北平的景物描写，不少于三处，并进行赏析。

_____

_____

_____

_____

2.这两章中出现了重要的地点——人和车厂，还出现了影响祥子命运的人物——刘四爷和虎妞。请你说说这两个人物给你留下的印象。

原文句子摘抄	人物评价

原文句子摘抄	人物评价

3. 请你依据第五章文本，仿照示例的形式，用图文并茂的朋友圈形式重构祥子的故事，可设计富有创意的人物评论。

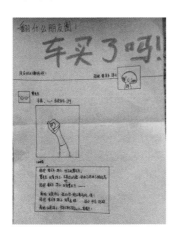

图 2-20

4. 老舍先生的语言京味儿十足，请大家摘抄本章富有北京地域特色的语言。

任务四：阅读第六、七、八章

1. 读曹先生：

（1）请你补全下面的句子：对祥子而言，曹先生就像_____

请简单解说你这样补充的原因。

_____

_____

（2）请摘抄不少于三处的关于曹先生的细节描写，并用几个词概括这一人物形象的特点。

_____

_____

2. 在第八章中，高妈和方太太给祥子提供了三种攒钱的方法，祥子的想法又是什么呢？请完成下列表格，标注相关页码，并结合表格和相关依据分析高妈和祥子的性格特点。

表 2-21

人物	攒钱的方法	祥子的想法
高妈	"放出去呢，钱就会下钱"——做个小型的高利贷	
		"上哪里找这么二十位人去呢？即使能凑上，这是个面子事"——好汉不求人。
方太太	"一块钱就可以立折子，你怎不立一个呢？——储蓄"	
性格特点	高妈：	祥子：

3. 老舍先生的语言京味儿十足，请大家摘抄本章富有北京地域特色的语言。

老舍语言明信片：

任务五：阅读第九、十章

1. 有人说"一下雪，北京就变成了北平"，请摘抄这两章中老舍笔下描写雪后北平景色的语句。

_____

_____

_____

2. "个别的解决，祥子没那么聪明。全盘地清算，他没那个魅力。"这里发生了什么事情，请你梳理出来。

_____

_____

_____

3. 第十章中，茶馆里饿晕的老车夫给大家留下了深刻的印象，你能否从老车夫的只言片语中还原他的遭遇？这位老车夫的出现，带给了祥子怎样的影响？

_____

_____

_____

4. 老舍先生的语言京味儿十足，请大家摘抄本章富有北京地域特色的
语言。

老舍语言明信片：

任务六：阅读第十一、十二章

1. 这两章中，曹先生和祥子经历了什么遭遇？试着分别概括二人的遭
遇。他们的遭遇反映了一个怎样的社会现实？

_____

_____

_____

_____

_____

2. 辛苦攒的钱被孙侦探抢走，这件事对祥子有何影响？（试从心理、
行为两个方面分析）

_____

_____

_____

_____

3. 老舍先生的语言京味儿十足，请大家摘抄本章富有北京地域特色的语言。

任务七：阅读第十三、十四章

1. 刘四爷的生日中，祥子被同伴嘲笑，祥子想"老实规矩就一定有好处吗？"于是他心中给自己另画出一条路。请细读这一部分，思考，祥子为什么没有走他给自己画出的另一条路？

_____

_____

_____

2. 刘四爷做寿有很多的习俗规矩，请你找一找，摘抄几处。

_____

_____

_____

3. 老舍先生的语言京味儿十足，请大家摘抄本章富有北京地域特色的语言。

_____

_____

任务八：阅读第十五、十六章

1. 第十五章一开始，老舍先生写"静默"写得非常精彩，每个静默的人都有各自的心理活动，试积累这一片段，并赏析。

_____

_____

_____

_____

2. 祥子和虎妞成亲后，婚后生活是否如他们所愿，分别写写二人的心理变化。

_____

_____

_____

3. 祥子在十七那天出车，和其他三个车夫一起拉"帮儿车"，在这情节描写中，老舍这样写："在一块儿走过一趟车便算朋友，他们四个人把车放在了一处。祥子们擦擦汗，就照旧说笑了。"这里老舍为什么要称"车夫们"为"祥子们"？

_____

_____

_____

4. 老舍先生的语言京味儿十足，请大家摘抄本章富有北京地域特色的语言。

任务九：阅读第十七、十八章

1. 在第十七章中，大杂院的春天"已有了消息"，"粥厂停了锅，把苦人们仿佛都交给了春风与春光"，试梳理这些"苦人们"都遇到了哪些苦？找出这些情节的连接点，看看作者是怎样巧妙地推进情节发展的。

表 2-22

情节概括	刘四爷不知所踪	虎妞 _____	二强子 _____	小福子 _____
原文依据	他到哪儿去了呢？祥子可是没有打听出来	虎妞看着院中将化的冰……心中凉了半截……现在她改了主意，只买一辆		

2. 第十八章，夏日日里大杂院的生活很难熬，有自己的"生活秩序"，但是为什么有些人"例外"呢？

_____

_____

3. 第十八章重点写"六月十五那天"，简要概括那天的天气情形，回想一下祥子在这一天的遭遇。

_____

_____

_____

4. 老舍先生的语言京味儿十足，请大家摘抄本章富有北京地域特色的语言。

任务十：阅读第十九、二十章

1. 疾病不仅给人带来痛苦，也能映照出人心以及人与人之间的关系，根据第十九章有关祥子、虎妞和小福子的内容，说说你从祥子的病中看出了什么？

_____

_____

2. "生命的延续"让祥子"不由得有点喜欢"，然而，虎妞却难产而死，阅读第十九章，请阐述虎妞之死的详细过程。

_____

_____

3. 阅读第二十章，说说既然祥子喜欢小福子，为什么他还是选择离开？

_____

_____

4.虎妞死后，祥子发生了很大的变化，根据第二十章的内容，为祥子绘制表情包，并写出原文依据。

_____

_____

5.老舍先生的语言京味儿十足，请大家摘抄本章富有北京地域特色的语言。

任务十一：阅读第二十一、二十二章

1.第二十一章快结束时说："祥子完全入了辙，他不比别的车夫好，也不比他们坏，就是那么个车夫样的车夫。""车夫样的车夫"是怎样的？

_____

_____

_____

2.第二十二章，祥子因为什么事又突然想振作起来，采取了什么行动？但什么打击又彻底击垮了他，使得"烟酒又成了他的朋友"？

_____

_____

3.老舍先生的语言京味儿十足，请大家摘抄本章富有北京地域特色的语言。

任务十二：阅读第二十三、二十四章

1.第二十三章，街上再遇小马儿祖父，小福子已经"埋在乱死岗子"，祥子真的"变成了走兽"，其具体表现是什么？

_____

_____

2. "夏初的一阵暴热像一道神符，使这老城处处带着魔力"，请你用画笔画下这时节的北平风情画；或者谈谈你对其中蕴含的"京味儿"的认识。

_____

_____

3. 第二十四章，祥子告发了阮明，但好像良心并未完全泯灭，可以从哪些细节看出来？

_____

_____

4. 反复读全书最后一段，品味其中蕴含的作者的情感。

_____

_____

_____

5. 这一部分几乎是完全堕落以后祥子的生活，是祥子的终局。请你结合本章的内容给祥子再次设计微信头像，简述这样设计的理由，再为其撰写一条个性签名。

设计理由：_____

_____

_____

个性签名：_____

_____

_____

【案例六】《四世同堂》通读学程

第一部 《惶惑》

【第 1—3 章阅读任务】

1. 请分别为第一、二章各拟定一个小标题。

2. 阅读第一章，画出祁家四世人物谱系图。

3. 根据第二章对"小羊圈"胡同各家的介绍，请画出胡同的平面图，并标明各号院的主人姓名、职业及其在胡同中的地位。

4. 第三章用话剧的方式展现了祁家及其邻居对日本侵华的不同态度，请任意选 3 个人物，概括出他们的态度，并找出文中相应的依据。

【第 4—6 章阅读任务】

1. 第四章主要描述了祁家老大瑞宣和老三瑞全对北平沦陷的一段对话，请分析其中表现的兄弟二人对北平沦陷态度的异同。

2. 北平陷落，大家的心也跟着陷落，作者面对如此的北平，用贴切的比拟手法，让读者感受到了那份悲凉。如作者说"北平是在悲泣"，请你认真阅读，摘抄一处以比喻或拟人手法描绘北平的语句，并赏析之。

3. 第六章写到"整个的北平变成了一只失去舵的孤舟，在野水上飘荡！"不是北平人的北平带给不同人怎样的"惶惑"？请概述。

【第 7—9 章阅读任务】

1. 第七章写到了冠家风波，结合具体细节说说高弟、招弟对待父母"马不停蹄"的"运动"一事态度的不同。

2. 在阅读中我们发现，老舍不仅是一位伟大的作家，更是一位超乎常人的思想家，他在第八章前半部分说"耻辱的外衣是静寂"，请你结合瑞宣的见闻感，谈谈对这句话的理解。

3. 在第九章中，作者以极简省的笔墨活画出人物的神态与心理，请补出下列语句的主语所指，并简单分析这个细节体现出的人物性格：

（1）他可是一点儿也不灰心，他既坚信要转好运，又绝不疏忽了人事。

（2）因为满意自己，所以她对别人不能不挑剔。

【第10—12章阅读任务】

1.阅读第十章，查阅历史资料，简单介绍"八一三事变"及其意义。

2.第十一章写道："北平，在世界人的心中已是死去，而北平人却还和中国一齐活着，他们的心还和中华一切地方的英勇抵抗而跳动。"这种"活着""跳动"与小羊圈胡同的具体关联是什么？

3.阅读第十一、十二章，请回答：

（1）钱先生如何得知仲石的消息？

（2）得知消息后，钱先生立即做的事情是什么？

（3）摘抄2处钱老先生在得知仲石的消息后的神态描写，揣摩老诗人心中复杂的情感。

【第13—15章阅读任务】

1.请你用一个词补全下面的话，并在第十三章寻找相关细节支持你的观点：

捕捉钱诗人是＿＿＿＿＿的一幕。

2.身为"亡国奴"，目之所触，心之所感，无不悲凉，可第十四章中，作者偏偏于此时"大肆"描绘太平时候中秋时节美丽的北平，并说"北平之秋就是人间的天堂，也许比天堂更繁荣一点呢"。作者这样写有什么用意？请你谈谈自己的看法。

3.阅读第十四、十五章，请你从中摘抄3处关于祁老太爷的描写，说说你看到的"北平人性格特征"。

【第16—18章阅读任务】

1.第十六章中，马老太太在劝说小崔两口子时说道"咱们北平人不应当说这样的话啊！凡事都得忍，忍住了气，老天爷才会保佑咱们，不是吗？"你是怎样看待北平人性格中"忍"这一特征的？

2. 钱孟石去世，小羊圈的人们都有哪些反应？请从文中找到描写不同人物（至少三位）的语句加以摘抄。这些人中，谁的反应给你留下最深刻的印象？请简要陈述理由。

3. 第十八章开篇中说"大家很不放心这点光"，这与后文中的哪个情节相照应？

【第 19—21 章阅读任务】

1. 阅读第十九章，摘抄或概述瑞丰的"劝架理论"，说说这次劝架带给他怎样的结果？

2. 第十九章结尾处，瑞宣为什么认为自己和瑞丰一样，"都是亡国奴"？你是否认同呢？

3. 阅读第二十章，请用词语补全下面的句子，并摘抄文中的细节支持自己的观点。

逃回小羊圈儿的钱先生是一个_____的形象

【第 22—24 章】

1. 第二十二章，瑞宣忽然坐起来，他问自己"这就是爱国吧？"然后他自己回答，"爱国是一股热情所激发出来的崇高的行动！光是想一想，说一说，有什么用处呢？"你同意瑞宣的说法吗？谈一谈你的理解。

2. 韩麦尔先生在最后一课里，"好像恨不得把自己知道的东西在他离开之前全教给我们……语法课完了，我们又上了习字课"。而祁瑞宣老师在北平沦陷后的第一次课上，只"挤"出两句话来："明天上课，今天，今天，不上了！"对于这两种截然不同的表现，你有什么理解？请谈谈你的理解。

3. 在阅读这三章的过程中，自己提出一两个你认为有价值的问题，并想好答案。问题可以关于对推动情节起到至关重要作用的事件，或者关于出色的写作技巧，或者人物形象的特点。（提问的同时，积极回答其他人的问题）

例如：为什么瑞宣认为"四世同堂"是"锁镣"？

【第25—27章阅读任务】

1.第二十五章开头写道，"什么事也显不出奇特的北平，又看见一桩奇事"。请你仔细阅读摘抄相关内容，并试着用简练的语言概括一下这桩"奇事"。

2.第二十六章中写道"容易满足的人有时候比贪得无厌的人更容易走到邪路上去"，请你结合读过的内容，通过具体的人物事件，谈谈你对这句话的理解。

3.第二十七章写道"国家不再是个死板的定义，而是个有血肉，有色彩，有声音的一个巨大的活东西"。这是哪个人物的感受？你的生活中，有没有哪一刻你也认同这样的理解？

【第28—30章阅读任务】

1.第二十八章中提及"亡国奴的烙印"是_____，这个烙印意味着"四世同堂"，四世都一齐____。

2.第二十八章中，祁瑞宣终于收到了老三的来信，但是信非常短，他知道，三弟要跟他说的话也许需写十张二十张纸，但是只写了一个"大哥"，请你以老三的身份，把这封信续写完整，把老三想对大哥说的话倾诉出来。

3.祁瑞宣想要回学校去上课，他又不敢去，为什么？清代著名学者龚自珍说："欲要亡其国，必先灭其史，欲灭其族，必先灭其文化。"请结合这六章内容和之前所读的文章内容谈谈你对此的理解。

【第31—34章阅读任务】

面对上海的失利，南京的沦陷，小羊圈中的各色人物也有不同的表现。他们中有人遵循的是中国普通百姓历来抱有的"好死不如赖活"的生死观，也有人继承了古代文人的"宁为玉碎，不为瓦全"的风骨与气节。请你阅读第31—34章，从中摘抄两段人物描写（心理描写、语言描写、动作描写皆可），分别对应这两种不同的处世态度。请注明人物姓名。

在全书的开篇部分，钱默吟曾说："一朵花长在树上，才有它的美丽！拿在人的手里，那就算是完了！"请你阅读第31—34章，结合钱默吟的遭遇，谈谈对这句话的深入理解。

第二部 《偷生》

【第35—37章阅读任务】

1. 第三十五章是《四世同堂》第二部《偷生》的第一章，在这一章中大篇幅描写了常二爷做了亡国奴的心理，请摘抄一处并做赏析。

2. 阅读第三十六章，回答问题：

（1）"台儿庄大捷"整个中国人都沸腾了，日本人"勒令每一个院子要买一架日本造的收音机"，面对这个要求，胡同里的人家反应各不相同。请概括胡同各家不同的反应。

（2）瑞宣"因为皮袍为钱先生的病送到当铺里去，而没能赎出来"，每逢太太催他去设法赎皮袍的时候，他就笑一笑："心里热，身上就不冷！"请问瑞宣因为哪些事"心里热"？

3. 第三十七章着重描写了冠晓荷和其妻大赤包在"抗战"期间钻营，试图发国难财的丑恶嘴脸，请任意选择一个人物，对其嘴脸进行评析。（原文＋分析）

【第38—40章阅读任务】

1. 第三十八章着重写了祁家的小顺子妈、祁天佑和瑞宣在日本的统治下委屈"偷生"着，他们的"偷生"目的是一样的，都是＿＿＿＿＿＿。

2. 在第三十九章，钱先生终于出现了，并委托小崔给瑞宣带来"五月节"的"神符"，请摘抄"神符"上的文字，试鉴赏之。

3. 在第四十章，祁瑞宣谋了个"英国大使馆"的职事后，街坊邻居前来道喜，请任意摘抄2处作简要赏析。

【第41—43章阅读任务】

1. 在第1章介绍小顺儿妈时即说："她是天生的好脾气。"而在第41章中，我们看到小顺儿的妈在看到小顺儿被日本孩子欺负时的大发雷霆，请摘抄1—2处小顺儿妈生气时的正面描写并进行赏析。

2. "只有痛苦！只有痛苦！痛苦好像就是我的心！孩子们不挨饿了，也穿上了衣裳。他们跳，他们唱，他们的小脸上长了肉。但是，他们的跳与唱是毒针，刺着我的心！我怎么办？没有别的办法，除了设法使我自己麻木，麻木，不断地麻木，我才能因避免痛苦而更痛苦，等到心中全是痛苦而忘记了痛苦！"这是陈野求在与钱默吟先生绝交后说的一段话，试结合语境进行赏析。

3. "可是，在这死的时代，只有钱先生那样的死才有作用。有良心而无胆气的，像他和野求，不过只会自杀而已。"这段话有何深刻含义？

【第44—46章阅读任务】

1. 钱默吟并没有在第二天晚上八点半出现，此时的野求哭丧着脸说："我就是不幸的化身！我又把默吟来听孙子的哭声这点权利给剥夺了！人走错一步！一步错，步步错！"读完这段话，你有何感受？

2. 瑞宣在被日本人抓走之后，有一段描写是说，"听见关门的微响，瑞宣的心中更痛快了些——家关在后面，他可以放胆往前迎接自己的命运了！"试结合上下文补充瑞宣的此刻的心理活动。

3.瑞宣被日本人带走之后，家里人都在为救出瑞宣而努力，只有瑞丰仍旧沉浸在自我的世界里，他不但不想救瑞宣，甚至觉得是瑞宣连累了自己，请结合上下文说说你眼中的瑞丰是一个怎样的形象。

【第47—49章阅读任务】

1.第四十七章瑞宣被捕之后，程长顺去找富善先生帮忙，回去之后，他"把一早上的英勇事迹，像说一段惊险的故事似的，说给大家听"。也请你给大家讲讲这个故事。

2.第四十八章，瑞宣被营救出来，他回到家中反复念叨着一句话："＿＿＿＿＿＿＿＿＿＿＿！"

你对这句话怎样理解？

3.第四十八章里，富善先生来祁家做客，"看到祁家的四辈人，他觉得他们是最奇异的一家子"。祁家怎么"奇异"，请说说你的理解。

【第50—52章阅读任务】

1.第五十章有很多处钱默吟老人的语言描写，请你摘抄一处你认为精彩的语言描写，并作简要赏析。

2.第五十一章中说"北平并不产粮，北平人又宁可挨饿也不去拼命。北平只会陪着别人死，而绝不挣扎"。这句话你能想到作品中哪些人，哪些事情？

3.在战争中，很多人都需"偷生"，读第五十二章，请你概括一下牛教授和瑞丰是怎样"偷生"的。

【第53—55章阅读任务】

1.第五十三章中，老舍写道："湖边，塔盘上，树旁，道路中，走着没有力量保护自己的人。他已失去自己的历史，可还在这美景中享受着耻辱的热闹。"请结合目前你已经读过的章节，谈谈你对"耻辱的热闹"这一句的理解。

2.老舍的语言活泼而京味儿十足，在第五十四章中，老二祁瑞丰想请大嫂帮他给胖菊子说情，老舍写道"蘑菇了好久，见大嫂坚硬得像块石头"。这句中"蘑菇"一次是什么意思？请结合具体语境加以解释。

3.第五十五章开头有这样一句话"这是蓝东阳的时代。他丑，他脏，他无耻，他狠毒，他是人中的垃圾，而是日本人的宝贝"。从语言简洁的角度来说，这一段话有些啰嗦，可否修改一下？如果你认为可以修改，请修改；如果你认为不能改，请说明理由。

【第56—58章阅读任务】

1.第五十六章，祁瑞宣认为汪精卫比敌人更可恨。请结合文章谈谈祁瑞宣为什么这样想。

2.第五十六章中，老舍写道"侵略的可怕就在于它不单伤害了你的身体财产，也打碎了你的灵魂"。《四世同堂》这本书中，老舍写出了在被沦陷的北平中的众生相，他以小羊圈胡同为缩影，塑造了许多被伤害了身体财产或打碎了灵魂的人物，阅读到现在的章节，哪个人物给你留下了深刻的印象？请说说这个人物是如何被伤害了身体或打碎了灵魂的。

3.《四世同堂》这本书中，作者不仅表达了对日本人的憎恶，更反思了北平的文化，第五十七章中，作者的这种文化批判比比皆是，请你摘抄其中最令你印象深刻的片段，并谈谈你的理解。

【第59—61章阅读任务】

1.第五十九章中，祁天佑一步步被日本人逼向了死路，请从文中摘抄祁天佑临死前的心理描写，并结合前面章节描写天佑的细节，说说天佑是个什么样的人。

2.天佑去世，瑞宣及全家人悲痛不已。第六十章关于以何种礼仪安葬天佑，有这样一段关于瑞宣的心理描写："文化是文化，文化里含有许多不必要的繁文缛节,不必由他去维持,也不必由他去破坏。"他好像是新旧文化的钟摆,他必须左右摆匀,才能使时刻进行得平稳准确。"请结合瑞宣的行为,谈谈你对这句话的理解。

3. 认真阅读第六十一章,请用简要语言概括常二爷的遭遇。

【第62—64章阅读任务】

1. 第六十二章最后,有这样一句描写马老太太和小崔太太的话:"她们已不是两条可以自由活着的性命,而是被狂风卷起的两片落叶;风把她们刮到什么地方去,她们就得到什么地方去,不管那是一汪臭水,还是一个粪坑。"结合文中细节,请分析这句话的内涵。

2. 请简要概括第六十三章中,当日本践踏蹂躏北京这片土地时,中国老百姓是如何在日军铁蹄下苟且偷生的?请列举不少于三类人的偷生方式。

3. 第六十四章中,一号院的日本老太太带着两个孩子,送走了出征的亲人,她主动与瑞宣说出了心里话。你如何看待这位日本老太太?

【第65—67章阅读任务】

1. 冠晓荷听到桐芳的死讯后,由心底生出了反抗大赤包的决心和勇气,我们是否可以因此认定冠晓荷也是一个重情重义之人,请联系今日所读章节,说说自己的看法。

2. 在第六十六章,体面的冠晓荷和乞丐一样的钱默吟碰面了,钱老先生在气势上完全压过了冠晓荷,在你看来,这是否是一次正义对邪恶的完全胜利?请结合具体内容进行论述。

3. 作者擅长通过刻画人物的外貌和神态,体现典型形象的心理和性格特点,请摘抄两处,略做分析。

第三部 《饥荒》

【第 68—70 章阅读任务 】

1.冠家终于被抄家了，有人认为：身为汉奸的大赤包与冠晓荷是可怜、可悲、可恨、可叹的。请你补全下面的话，他（她）是（　　　）的人。请结合书中细节说说你的理由。

2.在第六十八章结尾处，高第心中所想"废物总比汉奸好一点"与司马光所言"与其得小人，不若得愚人"有异曲同工之妙，这一取一舍中蕴含着中国人怎样的观念？

3.在第七十章中有一句颇具哲理的话：青春是铁，环境是火炉。请你结合高弟或招弟的境遇，谈谈对这句话的理解。

【第 71—73 章阅读任务 】

1.同是冠家的女儿，高弟和招弟在面对日本侵略问题上，思想和行为存在巨大的差异。请结合第七十一章的相关情节，简要分析姐妹俩思想行为等的不同点。

2.请从第七十二章中摘抄不少于 3 处关于冠晓荷和瑞丰的细节描写，并简要谈谈在举国抗日战争背景下，他们两人的性格成因及共同点。

3.面对北京城的断粮，长顺是如何苟安以保障全家人的生活的？请阅读第七十三章简要概括。

【第 74—76 章阅读任务 】

1.阅读第七十四章，文中有这样一句话"同胞们，是甘心饿死，还是起来应战！活路须用我们的热血冲开；死路是缩起脖子，闭上眼，等——等死"，请结合文中具体人物，谈谈你对这句话的深刻理解。

2.第七十五章的环境描写非常精彩。请你摘抄不少于三处的环境描写，并结合相关情节，说说环境描写的具体作用。

3. 面对日本的加紧控制，北京人开始吃共和面，瑞宣的内心更是涌出复杂的情感。请摘抄不少于两处关于瑞宣的心理描写，谈谈此时瑞宣的真实想法。

【第 77—79 章阅读任务 】

1. 瑞丰刚由狱里出来，又被东阳扣住迟迟未归，这使全家人都为他而坐立不安，家中每个人都有不同的表现，请摘抄瑞丰长时未归后作者对祁老人的描写，加以赏析。

2. 在冠晓荷、孙七等一行人被带出城的前前后后，文中出现了大段的环境描写，请摘抄至少一处进行赏析。

3. 第七十八章中写到日本人在街上看到晕倒的，闹肚子的等等都要拖去消毒，消灭一个便省去一份粮食，请你谈谈读完该章的感受。

【第 80—82 章阅读任务 】

1. 小说开篇即说道："祁老太爷什么也不怕，只怕庆不了八十大寿。"而在第八十章祁老太爷对韵梅说道："小顺儿的妈，甭为我的生日为难！我都快八十岁了，什么没吃过，没喝过？何必单争这一天……"谈谈祁老太爷这一变化的原因。

2. 第八十一章结尾写道："一个没有出过北平的妇女，在几年的折磨和困苦中，把自己锻炼得更坚强，更勇敢，更负责……"请你就韵梅前后的巨大变化说说你对韵梅的新的认识。

3. "从历史的背景，他重新看自己，他看出来，他的自信与天真只是一般热气催放出来的花朵，并不能结出果实。他的责任不是只凭一股热气去抗敌，去希冀便宜的胜利，去梦想胜利后的乌托邦。他也必须沉住了气去抵抗历史，改造历史。"对比瑞全离开北平之前与这次回北平后的变化，比较其前后的不同。

【第83—85章阅读任务】

1. 阅读第八十四章，钱默吟老先生对瑞全说"变化是生长的阶段"，你能梳理他"变化"的阶段吗？

2. 阅读第八十五章，请用一个词或短语概括瑞全在北平开展工作时的内心感受，摘抄文中的依据支持你的观点。可以思维导图的形式呈现。

【第86—88章阅读任务】

1. 第八十七章，瑞宣在公园见到瑞全后，他觉得"身旁的老三，已不是他弟弟，而是一种象征着什么的力量"。这力量指什么？

2. 读第八十七章，概括瑞全让大哥在北平教书的理由。

【第89—91章阅读任务】

1. 第八十九章中，祁瑞宣收到了学校的聘书，与往常不同的是，祁瑞宣不但没有痛苦和生气，竟然高兴极了。请结合已经阅读过的章节，分析为什么祁瑞宣"高兴极了"？

2. 受到祁瑞全的恐吓后，蓝东阳简直疯了，请摘抄相关描写，结合前文所读，分析蓝东阳这一人物形象。可以用思维导图的形式呈现。

3. 第九十章最后一段，作者写道："头年的萝卜空了心，还能在顶上抽出新鲜的绿叶儿；窖藏的白菜干了，还能拱出嫩黄的菜芽儿。连相貌不扬的蒜头，还会蹿出碧绿的苗儿呢。样样东西都会烂，样样东西也都会转化。"这一笔描写，暗喻谁的转化？

【第92—94章阅读任务】

1. 第九十三章中，陈野求这一人物给我们留下了深刻的印象，阅读过这一部分，你认为这是一个＿＿＿＿＿＿的陈野求，请结合文本补全填空，并用文本细节支持你的观点。

2. 陷落的北平城逼迫小羊圈的人们发生了转变，有的人走上了反抗的道路，有的人堕落而失去了自己的灵魂。这些人中，哪个人的转变最令你印象深刻？请结合文本完成下面的表格。

姓名	转变前（摘抄）	转变后（摘抄）	转变的理由（自己分析）

【第95—97章阅读任务】

1. 老舍先生在叙事中不乏辛辣的讽刺，总是在看似轻松的调侃中，抒发出对人或对事的浓烈情感。请你找出两处，加以赏析。

2. 第九十七章开篇，作者说"如果孩子的眼睛能够反映战争的恐怖，那么妞子的眼睛里就有"。请以妞子的口吻，写一段100字左右的心理活动（情境选择范围为本章）。

【第98—100章阅读任务】

1. 一号院中日本老太对本国战争的态度与现在的很多日本政客形成了鲜明对比，请你结合自己所了解的相关内容，谈谈看法。

2. 钱老先生放弃"钱仇"而选择"钱善"，你能看出一字之差背后钱先生的心理变化吗？

3. 古人谈写作有言：结句当如撞钟，清音有余。作为全书的结尾，作者是如何让读者感受到缭绕不散的清音的？请你为本书续写一段结尾。

【续写样例】

北平自由了，被日本人侵占八年的北平终于回到了祖国的怀抱。每一个北平人的脸上都洋溢着笑容，大街小巷上，虽然并没能一下子恢复往日的繁华热闹，却渐渐出现了久违的生气。小羊圈也不例外，而且比外面还热闹些。这一天，富善先生和刘棚匠都回来了，小羊圈的人们打算一起办一桌筵席，迎接归来的朋友和即将到来的好日子。

筵席就摆在胡同中的老槐树下，再不怕被制止或是有日本兵来巡查。每个人都不必再担心，不必再惶恐，带上家中仅存的食物，和一家老小出院入席。即使两手空空，那也没关系，胜利是属于每一个人的。祁老太爷理所应当坐了首席，热情地安排邻居们入座。钱家一家带着金三爷也来了，钱善绕着妈妈，蹦蹦跳跳地跑着，一看见小顺儿，就跑去和哥哥玩，他们已经拘束了太久。在大家差不多都到齐后，富善先生和刘棚匠从祁宅中走了出来，显然已换过一身衣裳。刘太太一看见丈夫，一下子奔了过去，眼神在丈夫脸上凝住了，眼眶中慢慢浸满了泪水。刘棚匠的皮肤暗黄发黑，身形有些干瘦，看起来饱经沧桑，却傲然挺立着。他本因经历太多战火，少有感情的波澜，但现在见到老妻如此境况，不禁心中一酸，说道："把你一个人丢在这儿这么多年，实在令你受苦了，我……我……"刘太太终是没忍住，听到这触人心弦的话后一下子哭了出来。不过很快，这个独立支持生活的妇人止住了泪水，她不再那么脆弱。刘棚匠依次见了旧人，和妻子入座。富善先生一出来，先向祁老太爷拱手，致以敬意，之后就去见瑞宣。瑞宣早就在盼着他，看见富善先生平安归来，心中激动得不得了。富善先生心情也是如此，抓住瑞宣的手，激动得说不出话来，却又不肯松开。苦难中的久别让他们感慨万千，虽然未说一字，二人却已心照不宣。二人相互打量了一会儿，还是富善先生打破了沉默："瑞宣，这么多年，终于结束了！终于结束了啊！"瑞宣紧紧握住富善先生的手道："富善先生，中国胜利了！战争，不会再有了！"富善先生闻言轻轻叹了口气，或是欣慰，或是苦涩，等了许久，又说："瑞宣，过些日子我就要回英国了。"瑞宣一怔，有些舍不得老友，不过再一想，战争过后，他回到英国本土也在情理之中。"什么时候走？""明天。"瑞宣笑了笑，对富善先生说："那么，今天既是为你接风，又是饯行。"富善先生点点头。小顺儿的妈端着一盘少得可怜的菜放到桌子上，一边扭头对瑞宣说："都别站着呀，坐下再说不迟。"二人这才发现自己没有入座，都找个空座位坐下，不时又有人来嘘寒问暖，相互道贺。

一会儿工夫，各人带来的食物都已做好上齐，虽然每样的量并不大，但对大家来讲却是多年未见的盛筵了。每个人开始动筷时还比较谦逊，小心翼翼地动筷，不敢夹多了，谁都知道每盘每碗来之不易。可吃了几口后，馋虫引出，便没人再管了，二十几双筷子无不大把大把地夹，一个个吃得如狼似虎，几个人辛辛苦苦备了半个多小时的菜，几分钟便给吃得锃光瓦亮，杯盘狼藉。直到嘴边只剩下回味，大家却又不好意思起来。不过这种不好意思没持续多久，又被你一言我一语的谈话声代替：或是诉说过往的种种苦处，或是肆无忌惮地谩骂日本人的恶行，或是高谈阔论、发表对未来局面的看法，或是安坐桌旁静静地听富善先生、刘棚匠讲他们离开后的种种故事。瑞全不知何时拿来两瓶酒，分别给钱老人和大哥倒上。战争结束了，他们终于可以开怀畅饮一回了。八年时光，沧桑了许多的人和事，小羊圈中只剩下了他们和难化的侵略的痕迹。破败的门前，曾有着来来往往的人和云雾一般不清的事，现在，时过境迁，雾不知在何时散了，只在人们脑海中，成了往事，成了回忆。老槐树上，抽出一片新叶，被风吹得摇动。

蓝天中，一轮崭新的红日升起。

（北京市朝阳外国语学校　胡语芯）

第三章
初探：整体感知、分享初感

第一节　如何推进深度阅读
——阅读策略在教学中的运用

　　自 20 世纪 40 年代，美国的英语教学研究者即开始反思心理学与阅读教学直接挂钩的研究思路存在的问题；到 60 年代，研究转向了通过分析、提炼科学、有效的阅读策略，来为阅读教学提供更有力的支撑。这样，阅读教学的思路，就从基于心理学原理的操作性实践，变为引导受教育者最大限度地掌握有效的阅读策略，以促进阅读学习和实践。经过大量的实证研究和行动研究，目前已提炼出调动背景知识、查找相关文献、学会提出问题、分辨重要信息、运用联想想象、善于整合总结六种基本的阅读策略，用于指导自一年级到九年级的阅读学习。相对于美国阅读实践的这六项基本策略，整本书阅读策略既是阅读策略，又是阅读教学策略，其出发点与归宿都是完完整整地读整本的书。

　　前者作为阅读策略是立足于引导学生享受真正的阅读生活，后者作为阅读教学策略则是立足于通过对学生阅读整本书的引导更好地落实阅读教学目标。初中阶段整本书阅读策略应该是什么？我结合自己执教传记小说《渴望生活：梵高传》、散文集《孩子你慢慢来》、科幻小说《三体》三部曲、寓言体小说《海鸥乔纳森》的教学实践做探析。

一、例谈传记小说阅读策略

《渴望生活：梵高传》是传记小说的典范之作。传记小说兼具传记和小说的双重特征，即用小说的技巧和手法讲述真人真事。作者在研究传主原始资料的基础上，以传主为主角展开情节、叙述故事。传记小说作者需要借助自己的想象还原传主的人生历程与生活场景，运用文学手法细致描摹，力图再现"活生生的人物"。阅读本书适宜使用的策略包括抽取要点、再现还原、跨界阅读。

（一）抽取要点

传记阅读最重要的信息莫过于传主的生活章节、关键事件、重要他人、压力难题、生活主题、人生信条及重要影响。学生需要依据本书体式特征，横跨全书各个章节，从不同角度抽取要点，完成对不同关注要点的梳理。

例如，当学生关注"生活主题"时，要从各个章节寻找描写凡·高绘画风格的笔触，全面整合后可见其绘画历程变化轨迹。又如，当学生关注"重要他人"时，可用不同色彩的便笺纸做好书签，贴于该人物出场描写页。当要点齐聚，凡·高的"亲人""友人""师长""阻碍者""所爱之人"等信息便可汇聚交织成"凡·高的人际圈"，这些情节要点可从另一侧面呈现传主的人格特质。

（二）再现还原

传记小说作者为人物立传，力争写出"活生生的人"。读者在阅读传记小说的过程中，要借助史实陈述与细节描写等"再现生活情境""还原传主形象"。"再现还原"的目的是读懂传主其人其事，可在时代背景、事实经历中再现当年故事，亦可在人物关系网中还原传主形象，还可在画作的线条与色彩中捕捉传主的精神气质。

例如，在阅读第四卷第 8 节《吃土豆的人》时，学生可运用"再现还原"的阅读策略重温那难忘的十二天：凡·高渴望用绘画为布拉邦特乡村生活定格，他渴望用一件作品抓住农民住茅屋和吃煮土豆的精神。他用画面说明"这些在灯光下吃土豆的人曾经怎样用他们这双伸向盘子的手挖掘土地"，他们拥有那种自食其力的尊严。布拉邦特农民的生活场景与德格鲁特一家人的言行都有助于学生在头脑中再现当时场景，并还原出凡·高的艺术理想，在真实的生活中追寻美的本质，在描绘痛苦中表现自己的艺术个性。

（三）跨界阅读

我们身处阅读终端多元化的时代，书籍、报纸、电影、话剧、手机听书 APP 都可以成为我们获得信息的渠道。2015 年（凡·高逝世 125 年）不仅是"凡·高年"，也是"印象派之年"。全球艺术界策划了规模庞大的文化活动来纪念这位荷兰大师，从更为人文化的新视角探讨凡·高的艺术。上海北京等地举行《不朽的梵高》感映艺术展，喜马拉雅 APP 收入蒋勋播讲的《拥抱梵高》，人艺小剧场推出话剧《燃烧的梵高》……这些丰富的文化活动都可成为学生跨界阅读的资源，加深学生对《渴望生活：梵高传》传主人物形象、精神气质的理解。不同媒介对同一主题的不同呈现方式，也为我们的理解开辟了多条道路。

二、例谈散文集阅读策略

《孩子你慢慢来》是一本由 23 个单篇结成的散文集，记录作者与儿子一同成长的故事，抒发作者在养育孩子的过程中重新发现自己、重新成长的欣喜与感悟。

阅读《孩子你慢慢来》，可以使用自我提问、变式阅读、联结等策略深入理解主旨，感受散文魅力。

（一）自我提问

自我提问策略强调学习者在阅读时自由监控行为，积极主动地阅读。自我提问策略在回忆阅读材料的主要观点和细节描写及理解文章方面很有效。《孩子你慢慢来》充满"高度的感性"，亦不乏"深刻的理性"，字里行间不仅有母亲的深情，还有知识分子的深思。学生如能使用"自我提问"策略对阅读材料提出问题并尝试回答，有助于探究文章的深意。例如，在阅读序言《蝴蝶结》时，学生可提出："序言中的故事之间有什么联系？""为什么要写'回教徒'那一段？""'爱河的水很脏'有什么特别的用意？"等问题，尝试对这些问题做出解答，可以帮助探究全书的主旨——对"人"的尊严的呼唤与尊重。

（二）变式阅读

变式阅读是指改变表述体裁、重组文章内容、改变学生角色的阅读方式。能够激发阅读积极性，挖掘思维潜力，丰富生命体验。如将散文中相对集中的故事情节改编为微电影脚本，改编过程中，学生会格外关注作品中"可视化的语言"。又如将《野心》中妈妈的生活内容改写为"时钟表盘"，可以更直观地呈现出"妈妈"与"职业女性"二者之间的矛盾与纠结。变式阅读策略的使用，可以换个视角引领学生深入文本。

（三）联结

阅读本书，可以使用联结策略，在"文本内""跨文本"和"联结生活体验"三个层次的联结阅读中获得的真切深刻的阅读感受。该书没有一以贯之的完整故事，没有跌宕起伏的复杂情节，散落于各篇文章中的"生活即景"共同构成了温情无限的生活画卷。首先，运用"文本内联结"，发现多篇散文共同指向"慢慢来"的人生态度，在"慢"的过程中，我们尊重生命的成长规律，尊重生命的尊严。其次，运用"跨文本联结"，与"人生三书"的另外两部《亲爱的安德烈》《目送》共读，可以看到生命成长不同阶段带给人的不同思考。再次，运用"文本与个人体验联结"，唤醒童年记忆，融入作品情境，感受字里行间的细腻温情，理解作者对生命个体尊严的尊重。

三、例谈科幻小说阅读策略

"《三体》三部曲"由《三体》《三体Ⅱ·黑暗森林》和《三体Ⅲ·死神永生》组成，作品讲述地球人类文明和三体文明的信息交流、生死搏杀及两个文明在宇宙中的兴衰历程。《三体》经刘宇昆翻译后在美国出版，成为1949年以来第一部被引进美国的中国长篇科幻小说。2015年《三体》获得第73届世界科幻大会"雨果奖"最佳长篇小说奖，"雨果奖"被誉为"科幻艺术界诺贝尔奖"。

《三体》阅读过程中可以使用跨界阅读、内容重组、故事语法、分析冲突等策略，以更好地理清故事情节、畅想宇宙图景、理解科学理性、反思人文价值。

（一）跨界阅读

跨界阅读可以从两个或更多的学科中整合知识和思维方式，从而促进认知能力提升。科学知识与技术在《三体》三部曲中随处可见，如理论物理、电磁反射、核爆炸、纳米技术、光速、物质总量等。单一的审美化的文学阅读无法满足阅读科幻小说的需求。阅读《三体》，需要知识的多元整合，借助数学、天文、物理、逻辑等多个学科的知识理解故事情节，畅想宇宙图景。

（二）对照阅读

阅读《三体》时，可以使用对照阅读策略，将具有一定关联的事件和人物对比参照，在相似中区分其差别，发现其联系。读者对重要内容进行对照阅读，可以更好地判断作者写作的关键部分，进而理解、评价内容。如第三部云天明借助自己创编的三个童话故事向程心传递出重要信息，三个故事的解读构成了全书后半部分的主体内容。"无法展平的雪浪纸与肥皂船"影射"空间曲率发动机"，这个隐喻被程心和艾 AA 解读，人类根据这个原理成功造出光速飞船。"针眼画师"作画暗喻二维化打击，"降维打击"正是后文人类文明被摧毁的方式。童话故事中的角色与书中主人公也形成对应关系：如露珠公主与程心，长帆与关一帆等。运用对照阅读策略，学生可以在前后文之间建立联系，加深理解。

（三）故事图式

不同的故事有不同主角、背景、情节、冲突及结果。故事图式将故事分解成若干部分，试图描绘故事的层级结构，给读者提供一个框架结构。《三体》叙述方式多样，情节结构复杂，故事图式策略可以帮助梳理主要人物的相关故事。将故事划分为背景、主题、情节等几个成分。一些成分还包括不同层级的子成分，比如情节就可能会有多个事件。例如，学生通过梳理四位面壁人的表面计划、实际计划、计划破绽及"破壁"结果等信息，可以更好地理解故事内容。

（四）分析冲突

文学作品中的"冲突"是指由于人们的立场观点、思想感情、理想愿望及利益等不同而产生的矛盾斗争，既包括人物与周围环境的冲突，又包括特定环境下人物自身的冲突。文学作品由若干矛盾冲突组成，冲突是构成作品情节的基础，是展示人物性格的手段。阅读"《三体》三部曲"，学生可运用"分析冲突"的阅读策略梳理情节，读懂"冲突"背后的价值取向。《三体》故事中，人类有无数生死存亡的选择，在"冲突"面前的选择暗含着作者的写作意图。例如人类选择圣母一般的程心作为"执剑人"，最终被三体解除了威慑。如果选择刚硬的维德，或许地球就不会受到攻击。引导学生分析此"冲突"，理解冲突的实质是人类所追寻的母性与人类生存所需的野性的矛盾，这也是人文思考与科学理性的矛盾。

四、例谈寓言体小说阅读策略

《海鸥乔纳森》是一部寓言体小说，假托海鸥乔纳森的形象及其带有隐喻性质的故事传递深奥的哲思。小说意蕴深远、复杂，情节中隐藏着作者的观点，主题具有多义性和开放性。阅读本书适宜使用的策略包括预测、再现还原和联结。

（一）预测

预测是读者阅读时根据读过的内容及与内容相关的背景知识推测文章内容的发展，包括作者或主角的情感、想法和行动。

随着故事情节的推进，乔纳森在人生的岔路口上不断面临选择，通过"预测"故事情节，学生可以检验自己对前文的理解程度，提升"推理判断"能力。如教师可以请学生预测："乔纳森回到鸥群，他的同族会怎样看待他？你的依据是什么？"或者可以预测："乔纳森回到地球后会怎样呢？你的依据是什么？"要求学生联系前文细节，推测发展趋势。"预测"后的阅读，学生与作者的思路对接碰撞，能够更为深切地感受到小说情节设计的精妙。

（二）再现还原

本书阅读过程中，使用再现还原策略，可以使学生在阅读描述性的语言时，调动自己的感官，在头脑里形成画面，加深对文本的理解。本书环境描写与形象描写很有画面感，教师可引导学生按照文字的描述在脑海中想象相关画面，也可以以表演的形式再现文本内容。例如教师可请学生将审议大会及其后几天的故事改写成小剧本尝试演出，要求有生动形象的场面描写，罗列出场人物，并说说他们的形象特点。在完成任务的过程中，学生将作者生动的描写还原成鲜活的场景，更好地理解全书主旨。

（三）联结

本书阅读过程中联结的内容主要有相关作品与个人生活体验。学生可以将原作与《生命沙伐旅》《牧羊少年的奇幻之旅》等书"联结"，感受"三大生命杰作"的魅力。也可以畅谈自己生命经历中与乔纳森贴合的瞬间。小说发生在"海面"的故事完全可以跨越时空，复现在我们的生活场景中，学生牵动自己的生命体验，涵泳其中，方能悟其旨趣，解其真味。乔纳森是海鸥群体的"精神领袖"，我们生活的世界中也存在这样的精神领袖，请学生把视野转向现实世界，寻找真实的"乔纳森"，如此，阅读与外部世界联结起来。

阅读策略是教学中的训练手段，也是重要的教学内容。找到了适合每本书的阅读策略，就找到了整本书阅读教学的新支点。在阅读整本书时，除上述策略外，我们还可以使用"理解监控""对照阅读""内容重构""外化输出""图文转换""融入""捕捉闪回""寻找照应""批注""文本结构""图文互解"等策略引导学生深度阅读。

第二节　如何设计"读中导"课程

整本书阅读与单篇课文相比，最大的不同就是篇幅"长"。一本书，短则数万字，长则上百万字，这对初中生而言，是较大的挑战。完成整本书阅读，是一个长程任务，在这一过程中，教师需巧妙设计"读中导"课程，将指导贯穿在学生阅读的过程中，推动学生不断将阅读深入下去，并保持阅读的兴趣。

设计"读中导"课程，可以从以下几个路径入手。

第一，借助学程中的题目，与学生定期展开讨论。

学程手册被开发时，教师调动多种策略引发学生的认知冲突，这是教师主动参与学生阅读过程的一种方式。学生阅读之后，完成学程任务，也会不断反馈出自己阅读时的真实情况。教师可就学生的阅读情况予以反馈，组织相关题目研讨，借助师生交流化解认知冲突，从而提升学生的阅读质量。

学程手册是帮助学生将艰难任务分解开来的，会对整部作品做结构或内容上的切分。教师可依据这些切分节点，就学生在阶段阅读中的共性问题，组织"读中导"课程。

第二，在阅读过程中，依据文本价值开展"读中导"。

为让学程在实际使用过程中更具实用性，在内容切分与题目设置方面都会顾及难度与题目样式。当仅仅完成学程题目不能让学生完全领略本阶段所阅读文字的精华时，我们可以开设阅读过程中的引导课。

比如，阅读《红星照耀中国》时，我们想更好地引导学生关注环境描写，关注记者视角，我们可以开设专题导读课。我们以关注环境描写为例。我们可以聚焦《红星照耀中国》（青少版）（人民文学出版社2017年版）第一篇第22页至23页这一章中的选段，从"我们在黎明之前离开西安府"直到"墙上还开有坚固的黑漆大门"。我们可以与学生讨论下面几个问题：

（1）阅读本段文字，请用一些关键词说说西北地区给作者留下了哪些印象，请你从文中找出依据支持你的观点。

（2）下面这句话富有文学表现力，请你简析这句话的表达效果。

这在景色上造成了变化无穷的奇特、森严的景象——有的山丘像巨大的城堡，有的像成队的猛犸，有的像滚圆的大馒头，有的像被巨手撕裂的冈峦，上面还留着粗暴的指痕。那些奇形怪状、不可思议有时甚至吓人的景象，好像是个疯神捏就的世界——有时却又是个超现实主义的奇美的世界。

（3）阅读本段后，你的头脑里对黄土高原的窑洞有了一定的认知，请选摘或化用文中的语句描写下面的图片内容。

图 3-1

之所以这样设计讨论题目，是因为我们期待学生能够关注该书的环境描写。阅读纪实文学作品，不可忽略的是时空背景。这一段文字里，既有地理位置的转变，又有穿越古今的联想，这都是壮阔的黄土高原带给作者的震撼。

我们先来看第一题，整体梳理选段，我们可以提炼出西北印象关键词：这里"历史悠久"，有决定民族命运的力量。这里"孕育希望"，这块土地富有文化底蕴，秦始皇在这里统一中国，也暗示了这里有改变中国命运的希望和力量。这里"民不聊生"，作者从罂粟"肿胀的脑袋"回忆民不聊生的岁月，这里的人民曾饱受贪婪军阀的欺压。这里"贫穷困苦"，老百姓生活条件艰苦，肮脏的茅屋和土炕都是生活艰辛的写照。这里"奇美壮观"，地貌独特，有壮阔的黄土高原，有富有地域特色的民居窑洞。

《红星照耀中国》具有极高的文学品质，作者叙述事件注重技巧，写景状物的技巧也可与散文大家相比。写景状物是指写文章的一种手法，可以描写自然现象、地理环境、名胜古迹的，也可以描述事物，如动物、植物、静物。写景状物旨在通过描写特定的景或物的形态、色彩、神韵等特点，来表现作者内心情感、人生理想和生活情趣。

想要品赏"写景状物"文段中字词句的美，我们要有关于"表现手法"的相关知识储备。表现手法从广义上来讲也就是作者在行文措辞和表达思想感情时所使用的特殊的语句组织方式。我们常常接触到的表现手法有以下两类：第一类是我们大家比较熟悉的修辞手法：主要有比喻、比拟、拟人、借代、夸张、对偶、排比、反复、通感、叠词等，多用于句子内部或句群之中。第二类是可以跨越句与句、段与段甚至全篇的写作技巧：比如对比，照应，象征，衬托，以小见大，寓情于景，触景生情，托物言志，托物寓意，动静结合，化无形为有形（声形色味觉），虚实相生，抑扬对衬，蓄势，闲笔，悬念，类比……

了解概念之后，我们要回归文本，结合语境，来阐释作者是如何运用这些表达技巧将文章写得生动鲜活，并且揣摩出他们这种个性化的言语创造所传递的情感。我们在做言语赏析时自然要围绕"言语表现力""具体情境""作者情思"三个要素展开。

我们不妨这样做:(1)找准描述对象:自然山水、人工场景、风俗民情、特定物件。(2)聚焦打动我们的言语词句,分析其富有表现力是因为用词精准还是有表现手法,如果有表现手法的需要指出来,特别是修辞手法。(3)找好角度,还原情境:外在层面,从形、声、色、味等角度入手还原;内在层面,从品格、神韵、气质等情态的特征及内在蕴涵还原。(4)分析语境,概括特征:①可找原词概括:提取描写景、物的修饰语形容词;利用上下文中作者评价景物特征的词。②可提炼词语概括:根据对语境的理解来概括画面、特定物的特征。(5)将我们的分析组织成连贯通顺的语言,清晰地呈现出来。我们不仅要"想好",还要"写好"。

在与学生讨论这一话题的时候,我们也指导了学生文学类文本的阅读能力。

我们来看第二题,这是关乎景物描写的一段文字。

这一段话,作者连用五个比喻,将山丘比作"巨大的城堡""成队的猛犸""滚圆的大馒头""被巨手撕裂的冈峦""疯神捏就的世界",突出了黄土高原地貌险峻,地势奇特,山峦古怪森严的特点。这段话语言形象生动,富有张力。

我们来看第三题,这一题目旨在引导学生在照片和文字中建立练习,既能将抽象的文字转化为直观的图景,又能在描述图片时感受作者语言的精准。

图片描述:人们在那坚硬的淡褐色的山壁上掘洞而居,中国人称之为"窑洞"。窑洞冬暖夏凉,易于建造,也易于打扫。就连最富有的地主,也往往在山上挖洞为家。有些是有好几间屋子的大宅,设备和装饰华丽,石铺的地板,高敞的居室,光线从墙上的纸窗透进室内,墙上还开有坚固的黑漆大门。窑洞是中国北方的黄土高原沿山与地下的一种古老的民居。它坚固、耐用、简单易修，节省材料，冬暖夏凉，既不破坏生态，也不占用良田。窑洞是黄土高原的名片，有着独特的居住价值和文化内涵，是人与自然和谐相处的生态建筑。

我们还可以提示学生，不仅关注本节中的环境描写，还要尝试将文段与第一篇其他章节联读，尝试用图表或手账的形式梳理斯诺进入苏区的方式和路线，图表可体现空间地点的变化，并记录他一路上遇到的人和事。

这样的话，对于环境的描写与全篇的"环境"也建立了联系。本题旨在引发学生关注作者的采访足迹，在后期阅读中，对地点的变化有一定的敏感度。纵观全书，作者的行程路线大致可以勾勒如下：西安—洛川—延安—安塞—百家坪—保安—吴起镇—预旺堡—红城子—新折—保安—咸阳—西安。在近四个月的行程中，斯诺骑马、骑驴甚至步行，在陕甘宁边区穿越、跋涉，留下了记录红色中国历史的无价之宝。

第三节　如何开展初探交流活动

通读学程中，有不少题目是极具开放性的，许多题目都没有标准答案。这就要求教师要组织学生定期分享交流，及时鼓励学生。我们可以从以下几个角度入手，组织初探交流活动。

第一，及时跟进学生作业完成情况，对优秀作业予以表彰

表彰可以是静态的，教师将优秀作业拍照，展示在微信群或朋友圈，对优秀学生予以鼓励。表彰还可以是动态的，请作业完成得很优秀的同学上台讲解自己的作业，与众人分享自己的思考与创意。我们还可以请作业完成质量高的同学做学程的主讲人，将自己的阅读收获及时分享。

第二，在全书前半部分有较为明显的停顿节点开设"回顾"课

整本书阅读量大，为避免因战线过长，造成学生对前文信息已遗忘的情况发生，教师可及时组织研讨。比如，《四世同堂》共100回，在前34回，即第一部结束后就有不少值得探讨的问题。我们可以就第一部《惶惑》设计初探交流活动。

《惶惑》整体赏析任务

（1）小羊圈胡同大事记：

请按照时间顺序列表梳理第1—34章中发生的那些使"小羊圈胡同"人心震动的大事，并简述其影响。

（2）胡同人物传：

选择三个不同性情的胡同人物，借助思维导图梳理人物性格与主要事件，在此基础上形成人物小传。可展示"人"之光彩，可活化"人"之丑态，可捕捉"人"之矛盾与变化，亦可追寻"人性"之真实与丰富。

（3）胡同印象：

老舍笔下的北平人民的性格以及发生的各种各样的故事肯定给你留下了深刻的印象。请找一些你觉得很经典的情节，例如钱墨吟被捕时各人物的不同样貌，或祁老太爷给孙女买兔儿爷情景等，在A4纸上尽可能用彩色笔画成一幅极具北平特色的图画。

（4）第一部题目为"惶惑"，你觉得"惶惑"的主语是谁？请根据细节简述理由。

第三，在已读部分中选择难点或典型篇目精读

在文本阅读过程中，学生会常常遇到理解有难度的篇章或者能代表本书文学价值的篇章，这时，我们不妨停下来，就其中的难点或典型篇目组织精读，帮助学生加深对文本的理解。整本书阅读是需要多种阅读形式参与的过程，并不排斥对难点、精彩篇章精讲。我们分享两个教学实例，第一个是我教授《藤野先生》的片段，在这篇文章精讲的过程中，我指导学生掌握阅读写人记事散文的基本方法，以便使学生将本文理解到位，从而更好地阅读《朝花夕拾》中的其他篇章。第二个实例是我教授《蒹葭》的课例，这一课例也帮助我们更好地走进《诗经》，了解一唱三叹、重章复沓等艺术手法。

【案例一】 读《藤野先生》，看藤野先生

《藤野先生》阅读工作纸

（一）阅读本文的过程中，你有哪些困惑？

（二）追踪情感变化，品读感动瞬间

表 3-1

【工具介绍】
1.奇妙的情感追踪图
什么叫情感追踪图呢？其实就是把一个人情感的变化用流程图、鱼骨图、折线图、曲线图、转盘、表格等形式呈现出来（可以用不同颜色呈现），这样我们就对一个人的情感变化一目了然啦！
2.如何来做情感追踪图
步骤：摘抄原文—简化语言—选择形式—绘制完成
提示：可关注作者与藤野先生交往期间的典型事件，以此梳理文脉

（三）再品深情回忆，我为鲁迅代言

请你选择我们学过的、你喜欢的语言形式（如对韵、对联、诗歌等）为鲁迅写出他想对藤野先生表达却未表达出的话。

_____

_____

情感追踪图示例：

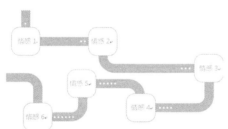
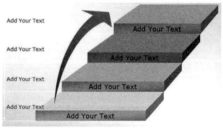

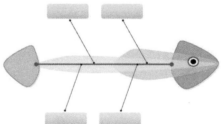

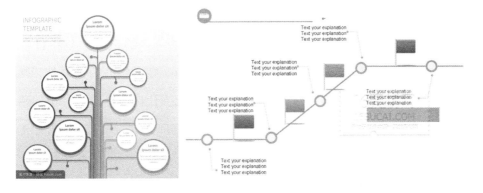

图 3-2

【基于阅读工作纸的课堂活动设计】

初读文本，学生提出问题：藤野先生为鲁迅所做的，似乎仅是一些诸如修改讲义之类的小事，为什么作者还如此敬重他？这个问题可视为走进《藤野先生》的"牛鼻子问题"，下面的讨论由此展开。

师：预习作业中，几位同学的困惑聚焦在"作者对藤野先生的情感"上，对这个问题的解决，大部分同学都关注到了课文的最后两段。请同学们先来分享你们自己解决这个问题时提炼的关键词。

生："但不知怎的，我总还时时记起他，在我所认为我师的之中，他是最使我感激，给我鼓励的一个。"关键词是"感激"。

生："他的性格，在我的眼里和心里是伟大的，虽然他的姓名并不为许多人所知道。"关键词是"崇敬"或"爱戴"。

生："每当夜间疲倦，正想偷懒时，仰面在灯光中瞥见他黑瘦的面貌，似乎正要说出抑扬顿挫的话来，便使我忽又良心发现，而且增加勇气了。"关键词是"敬爱""敬畏""备受鼓舞"。

师：同学们提炼得比较准确。阅读散文，要揣摩作者的感受，还要追问他为什么会有这样的感受，这样的感受是怎样逐渐推进的？让我们一起梳理藤野先生和作者交往过程中的主要事件，追踪作者的情感变化。

生：藤野先生在第 6 段出场，这时作者尚不了解他。在留级学生讲述掌故的时候，作者对先生的感受大约是"好奇""觉得有趣"。第 11 段至 15 段写了藤野先生每周为作者批改讲义的事，作者内心的情感是"吃惊""不安""感激"。第 16 段至 19 段写藤野先生让作者修改讲义中的错误时，作者不服气。第 20 段至 22 段，写作者解剖实习一周后，藤野先生为作者不信鬼神，敢于解剖而高兴，作者内心很感动。第 23 段，他问作者中国女人裹脚的事，这使作者"为难"。第 24 段至 28 段，写作者被人污蔑说考试合格是因为得了藤野先生漏泄而出的题目，作者的内心是"悲愤不平"的，作者把情况告知藤野先生，作者对他的情感是"信任"。第 32 段至 35 段写作者向藤野先生道别，作者的感受是"悲伤""不舍"。多年以后回忆起来，内心涌动着对藤野先生的"尊敬""爱戴"。

生：我们组也找出了这几件事，作者在这些事件中体现出来的情感变化整体的趋势是上扬的，可以看到作者对藤野先生的情感越来越深。

师："相识""相处""相别"是文章的线索，随着时间的推移，我们看到了藤野先生的精神侧影。藤野先生是一位优秀的老师，治学严谨，有责任心，公平公正，这似乎是每一位好老师都具备的品质。可为何交往过程中只有这些"小事"，作者却说"在我所认为我师的之中，他是最使我感激，给我鼓励的一个。"为什么作者会强调"最"？请大家结合课文的具体内容，说说你的理解。

生：作者刚刚来到仙台这个陌生的城市，吃住条件都不好，生活艰难，心灰意冷。当他看到藤野先生为他"修改讲义"时，特别感动，所以，他将先生批改过的讲义订起来珍藏。

师：作者在生活困顿的境地中结识了藤野先生，先生对他的真诚关护，如同寒夜里的一束光。

生：文中提到中国是"弱国"，藤野先生不歧视"弱国"的习俗，他恐作者不能解剖，观察一周后高兴地告诉作者他放心了。一周中，他一直默默关注作者，为作者担心，让作者感动。这跟因作者是外国人而"物以稀为贵"，给作者所谓"优待"的人们不同，藤野先生给予作者的是发自内心的尊重。"漏题事件"本质上也是日本学生对于弱国学生的排挤、刁难与侮辱，藤野先生具体做了哪些事我们不得而知，但"终于这流言消灭了"。我们可以推测他顶住了压力，他不怕得罪本国的学生，站在了公平客观的立场上看待问题。

师：作者不仅生活艰难，在陌生且多有敌意的文化环境中更显孤独，在这种情形下，藤野先生对作者尊重与关心就显得格外珍贵。调刊问题时，保持公正本来就不容易，在这样的社会环境中藤野先生能为"弱国"的学生坚守正义，没有民族偏见，他的爱是超越国界的。

生：文章一开篇写中国留学生在东京赏樱花、学跳舞，不务正业，让人失望，作者是带着沮丧的心情来仙台的。第29段至31段还写了"幻灯片事件"，这让作者气愤，失望，决定弃医从文。无论作者做出怎样的选择，藤野先生都能理解作者，默默支持作者。

师：你捕捉到了作者的"精神困境"。作者出国求学，本想为振兴中国出一己之力。在日本东京，中国留学生萎靡不振让作者心情苦闷。漏题事件，又让作者感受到弱国知识分子的悲凉。幻灯片事件，加剧了精神的苦痛，最终让作者决定弃医从文，"改变精神"。藤野先生给予作者的，虽然只是点点滴滴的小事，但在彼时彼地，是支持作者走出心灵困境的精神力量，这力量也帮助作者完成了精神成长中的重要转折。这是困顿人生中的指引与帮助，这份为中国，为学术的大爱，成为鲁迅抗击现实生活的动力和勇气，所以，"在我所认为我师的之中，他是最使我感激，给我鼓励的一个"。同学们可以试着用对联的形式表达作者对藤野先生的深情。

生：谆谆教诲点点滴滴尽显师恩，句句激励朝朝暮暮皆为树人。深情难忘。

生：先生所教，非仅医人之策；先生所授，实乃救国之心。恩情似海。

生：不拘小节，勤勤恳恳批改讲义；心有大爱，孜孜不倦弘扬医学。为人师表。

师：藤野先生是认真负责、热情诚恳、治学严谨的，对鲁迅非常关心。鲁迅从日本归来后的几年间，一直把藤野先生的照片挂在寓所的书桌对面。1935 年日本岩波文库要出版《鲁迅选集》的时候，曾经派人来问鲁迅先生，选些什么文章好，鲁迅先生回答："一切随意，但希望能把《藤野先生》选录进去。"鲁迅亦曾多方打听藤野先生的下落。藤野不过是做了他分内的工作，但在鲁迅的精神成长史中的作用无疑是巨大的。鲁迅在日本留学期间的精神困境，折射了一个觉醒的知识分子的困境。这样，我们也终于懂得，鲁迅的那些似乎与文章主题无关的"闲文"，其实并非无关紧要的。而是通过在鲁迅的生存、精神困境与"藤野先生"对他的态度的对照中来展示藤野先生在他精神成长中的作用，来表示他对这位老师的永远的敬意。

【案例二】《蒹葭》
——《诗经》经典篇目精读课

一、分享《诗经》之美

师：著名作家王安忆曾说："读着《诗经》，体会着风雅颂、赋比兴，你就会像被领进一个河汉密布的地带，弥漫的水雾扑面而来，模糊了你的玻璃镜片。《诗经》本身就是一条河流，一条文字之河。由于时间的关系，我们永远生活在《诗经》的下游，感受其芬芳，接受其哺养。"今天，我们一起走进《诗经·秦风·蒹葭》。

二、体验阶段的朗读

师：看到一首诗，我建议大家根据你的理解自由自在地出声朗读一遍，大家在朗读过程中捕捉一下内心体会到的感觉。请出声朗读。

（学生自由朗读）

师：我想请同学用一个词说说你内心体会到的感觉……

生：凄美幽寂。

生：音韵和谐，对仗工整。

生：诗歌语言朴素，质朴中带有韵味。

师：有的同学感受到了诗歌的情绪，有的感受到音韵之妙，有的感受到文字之美。大家在朗读过程中共同感受到了《蒹葭》的美好，这些阅读初感都非常珍贵，下面请大家听我来朗读一遍，在听的过程中看看你有什么新的不同的体会，请关注我的语速、停顿。

（教师示范朗读）

师：同学们听读之后又有哪些不同的感受？

生：我从您的朗读里感受到一种悲凉寂寞的情绪。

生：我觉得有一唱三叹，节奏鲜明的感觉。

师：同学们对这首诗已经有了初步的感觉，总而言之，我们要用缓慢、轻柔、有节奏感的语调朗读这首诗。

三、描绘阶段的朗读

师：下面我们请一位同学朗读，在他（她）朗读的过程中，请大家关注老师标红的字，捕捉一下在你头脑中浮现出来的画面。

（学生朗读）

师：我们首先给她鼓鼓掌，她用轻柔舒缓的语气读出了自己的感悟和理解。请注意第一句"白露为霜","为"应读作二声,"为"当实意动词讲,应当是"凝结"的意思。大家头脑中浮现出怎样的画面?哪位同学愿意与我们分享一下?

生:早晨的薄雾笼罩着一切,晶莹的露珠也凝成了霜。一位伊人缓缓而行,她一会儿出现在水边,一会儿出现在水之洲,寻找不到。

师:很好。我们听到了时间、空间、景物、人物、故事,这些要素使得你的表述很完整。还有一笔描写霜露的细节"晶莹的露珠"很有画面感。

生:河边芦苇青苍苍的,白色的芦花长得正茂盛。阵阵秋风吹过,白色的露水仿佛已经凝结成霜。那意中人好像在此处又不在此处。欲寻不得,欲见不到。

师:在这幅画面里我看到更多的色彩,芦苇可能是苍青色,也可能有一点儿苍黄,芦花和深秋的露水都是白色的,画面非常和谐。你描述情节时的语言也对仗工稳。

生:大片芦苇青苍苍,清晨的露水变成霜。我所怀念的心上人啊,就在对岸的河边上。逆流而上去追寻她,追寻她的道路险阻又漫长。顺流而下寻寻觅觅,她仿佛又在河水中央。

师:她用诗的语言描写自己头脑中浮现的画面,统摄原意,另铸新词。这样的语言富有诗意,我们还可以看到余冠英老师、雷抒雁老师有很多"韵译诗经"的作品,都是用诗的语言改写诗。

生:早晨,苍绿的芦苇上凝结着白露变成的霜,我所爱的那个人啊,仿佛就在水的那一边。逆流而上去寻找他,桨旁的河水泠泠作响,路途艰难又漫长。顺流而下去寻找她,向她所在之地眺望,她宛如一名仙子,站在水中央。

师:她的画面里有色彩,有"秋风吹过""向远处眺望"的动感,有

"泠泠作响"的声音。我们就是要把自己的情感融入进去，用"声、形、色、味、觉"还原当时情境。余秋雨先生曾经说过："《诗经》使中国文学从一开始就充满了稻麦香和虫鸟声。这种香气和声音，散布久远，至今还能闻到、听到。"我们可以尽情展开想象，秋水森森，芦苇茫茫，这是一个阔大的背景，好像用远镜头呈现的背景画面。接下来，镜头推近，出现了晶莹剔透的露珠和在水中的"我"，镜头再次拉远，"我"开始去追寻。"溯洄"是逆流而上，"溯游"是顺流而下。镜头再次拉近，水中央似乎闪过了"伊人"的身影。"似乎"是哪个字的意思？

牛："宛"。

师："宛"有的时候跟"蕴藏"的"蕴"会通用，有的学者认为这个字有"蕴藏"的含义，猜测它是一个梦幻。每一节诗歌都像是四个镜头的组合：远，近，远，近，不断摇曳着。我们尝试着按照镜头切换的方式齐读一遍，大家互相提醒，把控好速度、音量，用停顿呈现镜头切换的感觉。

（学生齐读）

师：我们可以关注"宛"，读出梦幻的感觉。

（学生齐读"宛在水中央"）

四、审美阶段的阅读

（一）重章叠句与变化

师：同学们读出了镜头切换的摇曳感，表现出了《蒹葭》独有的韵味。下面，我们升级朗读难度，请大家关注诗歌三个章节中不同的地方，自己读一读，说说你的发现。

生：最打动我的一处变化是"蒹葭苍苍""蒹葭萋萋""蒹葭采采"，我感觉到秋水苍苍，白雾茫茫，寒霜浓重的凄凉景色，衬托诗人此时的心情。

师：通过景色的描写看到诗人的心情，我想这种感受可能由"蒹葭萋萋"引发。也有一种讲法，"萋"与"凄"通用，两字共同的"妻"本身就有凄凉的意味。

生：最打动我的是"白露为霜""白露未晞""白露未已"，它们层层递进，让我看到时间的变化，从霜花遍地到霜露半干，最后霜露还剩下一些未挥发，这些变化写出了时光的流逝，追求者的焦急、深情、坚持和执着。

师：她发现的是时间的推移。"蒹葭苍苍，白露为霜"，时间的节点大约是在深秋的清晨。秋晨苍凉，霜寒露重。接下来，太阳渐渐升起，"未晞"勾画旭日初升的亮色，此时霜露渐融。"未已"指阳光更为明亮，露水将收，蒹葭也在"采采"一章中变得茂盛鲜明，我们不难想象出，秋日阳光将苇叶照得晶莹澄澈、通透鲜明的美好情景。三章起兴之句不仅渲染出三幅深秋美景，而且恰当地描摹了诗人等待伊人，可望而不可求，越来越迫切的心情。几千年来，一直令人叹之不已，心向往之。

生：我发现的变化是"宛在水中央""宛在水中坻""宛在水中沚"，这次变化十分微妙。在水中央，在水中高地，在水中小洲都并不是实写，似实而虚，都是作者想象的情形。正是因为对日思夜想的人的深切思念，强烈渴慕和深切爱意，一个"宛"字就能表现出来。

师："水中央""水中坻""水中沚"，伊人再次出现是徙倚不定飘忽不止的，我们不知道这是一个实境还是虚境，因为那种思念太强烈了，我们感觉到这种情形似实而虚，似虚而实，伊人总是若有若无，若飘若止，地点的不确定让我们看到了伊人形象的不确定。

生：最打动我的是"道阻且长""道阻且跻""道阻且右"，表达了对伊人的执着不变的追求和欲见而不得的惆怅。

师：我们关注关键字，"长"指"漫长"，"跻"指"高"，跟"坻"

（水中高地）是相互呼应的，现代汉语中常使用"跻身"一词，意指使自己上升到某种行列、位置等。"跻"显示了追求过程的艰难。"右"指迂回曲折，同样体现了追求的艰辛。

生：我发现的不同之处是"在水一方""在水之湄""在水之涘"，这三句话写出了意中人的行踪飘忽不定，从表面上实是如此，事实上作者欲见不得，欲想不得的主观感受，以美景衬愁思。

师：这几个地点的变化都指"在那一边""在另一岸""在那一端"，与我都是有阻隔的。这种阻隔是实景，更是一种心理上的距离感。"阻隔"是富有隐喻意味的。

师：我们看到，诗的三章中有这些变化（屏显）。诗的三章结构大体一致，不同的地方有个别字的调换，这种手法叫"重章叠句"（板书）。我在关注预习作业的时候，看到这样一份批注，我们请做批注的同学念一念。（屏显）

生：最打动我的一处变化是"蒹葭苍苍""蒹葭萋萋""蒹葭采采"，运用重章叠句的方式，在重章复沓之中景物也有变化，这样不显呆滞。这几处大意都为芦苇茂盛，但用"苍苍""萋萋""采采"三个相近且不同的词，富于变化又描述很准。"苍苍""萋萋"侧重初生时的茂盛，"采采"则是指"茂盛鲜明"，给人以深刻印象，让人感到韵味悠长，有音乐美。

师：这位同学说"重章叠句"的手法使得诗歌富有音乐美，她非常敏锐。这种手法在现代歌曲中仍然被使用，作曲家常常把副歌部分创作为重章叠句的三段。这是同学们都熟悉的《我的祖国》，我们一起哼唱副歌部分，体会重章叠句的表达效果。

（师生齐唱）

这是美丽的祖国，是我生长的地方，在这片辽阔的土地上，到处都有明媚的风光；

这是英雄的祖国，是我生长的地方，在这片古老的土地上，到处都有青春的力量；

这是强大的祖国，是我生长的地方，在这片温暖的土地上，到处都有和平的阳光。

师："美丽"唱出对祖国的赞美，"强大"和"英雄"唱出了内心的力量，三段咏唱，情感不断蓄积，不断升华。《我的祖国》三段副歌表达了激越昂扬的情感。重章叠句使得诗歌有层次、有变化、强烈的情感喷涌。诗歌是文字的音乐，诗歌与音乐是相通的。大家有没有发现歌词的韵脚与《蒹葭》的韵脚有什么关联呢？

生：《我的祖国》中"风光""力量"更有助于表达昂扬的情感，《蒹葭》只有第一章跟它用韵一致，后面发生了变化，可能有一点儿惆怅吧。

师：你很敏锐，《蒹葭》首章"苍、霜、方、长、央"属阳部韵，次章"萋、晞、湄、跻、坻"属脂微合韵，三章"采、已、涘、右、沚"属之部韵。这首诗从上古的阳声韵（阳部），转为阴声韵（脂微、之部），韵脚的变化，其实反映了心情的变化。《蒹葭》的反复吟咏表现了追寻者内心情感的微妙变化，从满含希望的追寻到苦苦追寻求而不得的淡淡的落寞……"在水一方""在水之湄""在水之涘"……情境不变，感情在变……读到最后，会有一丝淡淡的哀叹。《蒹葭》三章回环往复，清代方润玉说："三章只一意，特换韵耳。其实首章已成绝唱。古人作诗，多一意化为三叠，所谓一唱三叹，佳者多有余音。"余秋雨在《中国文脉》中也说："那些叠章反复，让人立即想到，这不仅仅是文学，还是音乐，还是舞蹈。一切动作感涨满其间，却又毫不鲁莽，优雅地引发乡间村乐，咏之于江边白露，舞之于月下乔木。终于由时间定格，凝为经典。"

（二）理解"伊人"

时间在推移，空间在转变，不变的是"伊人"，"我"的所有追寻都因"伊人"而起，伊人到底指什么？请同学们说说你的理解。

生："伊人"指令作者魂牵梦绕的美丽女子。

生："伊人"指一切美好的但是很难得到的事物。

生："伊人"不仅指爱人，也可以指他所追寻的理想。

师：大家的发言跟很多学者的观点一致，我们一起来看一下：

（屏显）

黄永武——伊人是"道"的化身，中国诗人善于将"善"与"美"凝结成一体，"伊人"是诗人崇拜的对象。

梁玉东："伊人"——贤达之人。

吕恢文："这是一首恋歌，由于所追求的心上人可望而不可即，诗人陷入烦恼。说河水阻隔，是含蓄的隐喻。"

朱熹："言秋水方盛之时，所谓彼人者，乃在水之一方，上下求之皆不可得。然不知其所指也。"

师：隔着千年的诗经之河，我们只能隐约看到伊人依稀婉约的面影，我们却看不到作者的所思所指，我们甚至不知道作者是谁。但是伊人的形象永远流传了下来，并带给我们丰富的想象空间。我们不妨来展开想象，感受"伊人"形象的丰富性。

（屏显）

如果你是孔子，你心中的伊人是（　　）

如果你是想开创圣明统治的一代明君，你心中的伊人是（　　）

如果你是一位心忧天下的贤达之人，你心中的伊人是（　　）

如果你是南宋的文天祥，你心中的伊人是（　　）

如果你就是你，一个普通的中学生，你心中的伊人是（　　）

生：如果我是孔子，我心中的伊人可能是一代明君吧，孔子希望君王能够遵从他的学说。

师：孔子的政治理想是以儒治国，希望有明君采纳他的学说。

生：如果我是想开创圣明统治的一代明君，我心中的伊人是贤臣。

师：有经天纬地之才的贤达之人。

生：如果我是南宋的文天祥，我心中的伊人是明智的君王。

师：能带着军队抗元。

生：如果我是一位心忧天下的贤达之人，我心中的伊人是治理国事，心忧天下的明君。

生：如果我就是一个普通的中学生，我心中的伊人是祖国，我长大后想为祖国做贡献。

师：心怀祖国，心有大志，值得赞赏。我们看到，正因为伊人形象的不确定性，我们每个人都可以有自己的解读与猜测。在后世文人的笔下，"伊人"的形象常常出现——柳宗元说"伊人不可期"；苏轼说"伊人畏照影"；宋代张耒写"伊人在千里，山水不可越"；元代谢应芳写"见湖山，如见伊人"。这些"伊人"或指"意中所指之人"，或指"明君"，或指"知己"，在不断的沿用中，"伊人"形象不断被拓展，生发出更为丰富的诗境。"秋水伊人"也成为动人的文化符号。

五、评价阶段的阅读

师：读诗至此，请你用一句话说说《蒹葭》之美，美在哪里。

生：伊人若隐若现，令人万分神往。

生：美在虚实结合，想象丰富。

生：美在蒹葭，美在白露，美在伊人，美在作者。

师：《蒹葭》起笔就美，用蒹葭之美引起所咏之词。我也用"起兴"的手法总结大家的发言："桂林山水甲天下，桂中学子冠万家。重章叠句传佳话，秋水伊人咏芳华。""秋水伊人"之美流传在古典文学的长河中，大家在附录《离骚》（节选）与《四愁诗》中看到《蒹葭》的影子了吗?

生:《离骚》中，诗人对美人的追寻，也是登山越水，上下求索。

（屏显）

离骚（节选）

屈 原

朝吾将济于白水兮，登阆风而绁马。忽反顾以流涕兮，哀高丘之无女。

……

吾令丰隆乘云兮，求宓妃之所在。解佩纕以结言兮，吾令謇修以为理。

师：对，这里的美人代表一种理想，一种信仰。诗人竭尽心力地追求，用血用泪写下了超越生命长度、超越体能限度的心路历程。

生：张衡在《四愁诗》中也写道："我所思兮在太山""我所思兮在桂林""我所思兮在汉阳""我所思兮在雁门"。这里有点像《蒹葭》中伊人出现地点的改变。

（屏显）

四愁诗

张 衡

我所思兮在太山。欲往从之梁父艰，侧身东望涕沾翰。

美人赠我金错刀，何以报之英琼瑶。

路远莫致倚逍遥，何为怀忧心烦劳。

我所思兮在桂林。欲往从之湘水深，侧身南望涕沾襟。

美人赠我琴琅玕，何以报之双玉盘。

路远莫致倚惆怅，何为怀忧心烦伤。

我所思兮在汉阳。欲往从之陇阪长，侧身西望涕沾裳。

美人赠我貂襜褕，何以报之明月珠。

路远莫致倚踟蹰，何为怀忧心烦纡。

我所思兮在雁门。欲往从之雪雰雰，侧身北望涕沾巾。

美人赠我锦绣段，何以报之青玉案。

路远莫致倚增叹，何为怀忧心烦惋。

师：对，这样的一咏多叹让我们感受到"我所思兮"也是一个徙倚不定的"伊人"，或许是指君主，但也同时指一个完美的政治理想。"秋水伊人"在文学的长河中，幻化为古典诗中的美人幻象，"美人"往往超越了实在的个体，成为卓绝超迈的理想境界。《蒹葭》之美还留存在我们的生活中，中国画背景中苍苍采采的芦苇在风中摇曳，若飘若止，若有若无；朦胧的晨曦，激荡的河水，晶莹的露珠，洁白的霜花常常勾勒出迷离恍惚的世界，传递出中国水墨画特有的文化情韵。琼瑶小说《在水一方》曾在 20 个世纪红遍大江南北，同名电影的主题曲就脱胎于《蒹葭》。"秋水蒹葭"之美，更是一种哲思，营造了追求理想却不可得的心境，孔子"知其不可而为之"，"知命"但是"努力"，他求而不得但永不停息的脚步，代表了中华民族的伟大和勇气，成为世代子孙共同的价值追求。或许，就是《蒹葭》那寻寻觅觅之中若隐若现的目标让每个中国人拥有了不断向前的动力。徐志摩说"得之，我幸；不得，我命"，知命和努力同等重要。不论"伊人"在"水中央""水中坻"，还是"水中沚"，"在水一方"的美好都足以让我"溯游从之""溯洄从之"，正所谓"路漫漫其修远兮，吾将上下而求索"。只要有梦，就值得向命运追索，哪怕山重水复，哪怕道阻且长。"诗言志"，阅读《蒹葭》，品其芳华，承其志向，让我们共同领受它的柔情与力量，让我们历尽远征的艰辛，用生命的至诚去完成一次次跋涉与追寻。让我们带着深入的理解齐背《蒹葭》，也希望大家诵读《诗经》中的更多作品，感受其芬芳，接受其哺养。

第四章

深读：思维碰撞、专题探究

第一节　如何指导学生学会提问

在阅读中，我们要培养学生提问的能力。学会提问，可以帮助学生更好地梳理信息，突破思维瓶颈，催生新观点。一个高质量的问题还可以促使人与人之间形成有效的交流。学会提问，是思维不断走向深度的表现，尝试提问，可以提高一个人的观察力、逻辑能力和执行力。

如何学会提问呢？首先，我们要学会从不同角度思考问题，透过现象寻找事物本质，辨析事物之间的本质联系或区别。在阅读和思考的过程中，我们可以就不懂处发问，就矛盾处发问，在联系点发问。

我们可以从单篇课文提问开始学习如何提问：

在单篇课文提问时，我们可以就细节提问，可以就整体梳理设问，可以就前后变化设问，可以就分析评价设问。

例如，读《阿长与〈山海经〉》时，我们可以这样发问：

（1）文章记叙了长妈妈哪几件事？

（2）在童年鲁迅的眼里，长妈妈有哪些优、缺点？童年鲁迅对长妈妈的态度有哪些变化？

再如，读《从百草园到三味书屋》时，我们可以这样发问：

（1）填空：百草园中，描写"泥墙根一带"的动物有 ＿＿＿＿＿、＿＿＿＿＿、＿＿＿＿＿、＿＿＿＿＿ 等；植物有 ＿＿＿＿＿、＿＿＿＿＿、＿＿＿＿＿ 等。作者是从 ＿＿＿＿＿、＿＿＿＿＿、＿＿＿＿＿、＿＿＿＿＿ 等四个方面进行描写的。

（2）美女蛇的故事，属于 ＿＿＿＿＿（顺叙、倒叙、插叙）

（3）文章是怎样描写捕鸟的，准确地运用了哪些动词？

（4）作者对寿镜吾先生是怎样评价的？结合文中描写进行简要分析。

我们还可以尝试将单篇与整本书勾连起来，这样的问题就更有深度。比如，在阅读《孩子你慢慢来》时，就序言《蝴蝶结》的阅读，我设计了"你问我答，允许存在没有答案的问题"的活动，学生提出以下问题：

1. 前面描写的"回教徒"一段与《孩子你慢慢来》有什么联系？

2. "死婴那"这一段与作者十一岁的经历有什么关系？

3. 这和整部书的关联并不大，为什么写这个？

4. 为什么《蝴蝶结》写得和正文没多大关系？

5. 作者写这一章节的目的是什么？

6. 这篇文章是用来干什么的？

7. 文中插叙内容是真是假？

8. 文章为什么要加入关于王爱莲那些看起来与华安毫无关系的人？

9. 那时的学校为什么表里不一？老师和学生那时就是死对头吗？

10. 用我和王爱莲对比的手法突出林老师的冷酷，可是作者写这一部分的用意是什么？

11. "王爱莲带着三个弟妹，到了爱河边，跳了下去。大家都说爱河的水很脏。"这句话怎么理解？

12. 爱河水为什么脏？

13. 把这个故事作为"序"是为什么？

14. 为什么要写《蝴蝶结》？

在讨论中，我们解决了部分问题，也理解了全书主旨：

（1）通过"回教徒"一段与"淡水的街头"对比——在混乱喧嚣的世界中我们多渴望斜阳浅照的安静角落，作者多想用这幕情景呼唤人们对生命的尊重——可不可以没有屠杀、没有饥饿、没有急功近利，让我们安享慢慢走来的美好！

（2）王爱莲的故事发生在几十年前，一个没交补习费的穷孩子被老师刁难，打出血痂，绝望的她带着三个弟妹跳入具有反讽意味的"爱河"中，也许投入爱河中，他们才可以让自己的心感受到渴望的温暖，远离那个对苦人如此凉薄的世界。"有人说"，爱河的水很脏。是谁弄脏了爱河？

（3）别人家的孩子：老祖母的粗声大骂让我们揪心，这个 5 岁的男孩多想尽自己的努力把事情做得完美——"偏偏想打个蝴蝶结"，孩子内心的爱意通过这根细细的草绳传递了出来。作者坐下来，等待着，欣赏着，呵护着，用最谦卑的心，告诉我们什么才是真正值得追求的价值。

在孩子成长的过程，对孩子的呵护源于对生命的尊重；在世界发展的过程中，每个人都是社会的孩子，我们应尊重生命，不能践踏生命的价值。

这些问题也促使我不断思考，最终完成了一篇文章评论。

《冷壁上那缕暖暖的风》
——《蝴蝶结》文章评论

龙应台的文字，横眉冷对时如刀光遭遇剑影，凝思审视时如烛光冷照山壁，《孩子你慢慢来》的纯真喜悦给这份冰冷涂抹上浓浓的暖意，恰如冷壁上那缕暖暖的风。这位有着丰富人生阅历、文化思考的母亲用细腻的笔触写出了她在呵护养育孩子的过程中重新发现自己，重新成长的欣喜与感悟。她是有心的母亲，把安安、飞飞一路走来的故事深情记录；她又是悲天悯人的大家，用"别人家孩子"的故事作为全书的序言，唤起我们对"人"的凝思。

回教徒和犹太人在彼此屠杀，埃塞俄比亚的老弱妇孺在一个接一个地饿死，纽约华尔街的证券市场上挤满了表情紧张的人——我，坐在斜阳浅照的石阶上，愿意等上一辈子的时间，让这个孩子从从容容地把那个蝴蝶结扎好，用他五岁的手指。

混乱惨烈、喧嚣局促、痛苦紧张的现实中，我们多羡慕淡水街头那个斜阳浅照的安静角落，多想时间就停在这暖暖的光晕里，多想这个世界没有屠杀、没有饥饿、没有急功近利，所有庄严的生命都能安享慢慢走来的美好，因为他们的名字也叫"人"！

淡水的街头，凌乱的花铺，老祖母的粗声大骂撕破了角落的寂静。粗声的喝骂让人揪心，粗鲁的一推让人心疼。这个 5 岁的男孩多想尽自己的努力把事情做得完美——"偏偏"——"想打个蝴蝶结"，他多珍爱那二十几枝桃红的玫瑰，多爱那花瓣散发的香气，多爱那买花的友善阿姨，他多想把心底纯美的爱意用这根细细的草绳缠绕出来——他本可以一捆了之的呀，多合祖母的意。他又多感激阿姨听到他内心的声音，微笑着注视他的一次次失败，又一次次微笑着等待他从头再来。

微笑的阿姨在台阶上坐下来，他等待，他欣赏，他呵护，用最谦卑的心，告诉我们什么才是生命的价值。像那个小人儿一样，我们又有多少次"偏偏"想打起一个属于自己的蝴蝶结；有多少次我们最终系出蝴蝶结的美丽，又有多少次在刚好可以拉却松下来的那一刻选择了放弃，一捆了之；我们又有多少次想要再次"慎重"地捏起那细细的草绳却被别人的心急扰乱了思绪；我们又有多少勇气等上一辈子的时间，等来那个眼睛清亮的，脸颊透红的，咧嘴笑着的，牙齿稀疏的，小小的人儿用他 5 岁的手指，无比慎重的，十足欢喜的，从从容容地打出那个天下最漂亮的蝴蝶结……心急的老祖母是等不到的，那么你又有勇气等待吗？等上一辈子的时间……我想，我愿意，哪怕一生只有一个，足矣……

王爱莲的故事发生在几十年前，一个没交补习费的穷孩子被老师习难，打出血痂，绝望的她带着三个弟妹跳入具有反讽意味的"爱河"中，也许投入爱河中，他们才可以让自己的心感受到渴望的温暖，远离那个对苦人如此凉薄的世界。"有人说"，爱河的水很脏。是谁弄脏了爱河？

同是遭遇责骂，5 岁的小人儿和王爱莲应对的态度截然不同：5 岁孩子继续在凌乱的花铺中捏着细细的草绳；王爱莲却没有熬过生命中的严冬，如果她也懂得慢慢来，也许不久的将来她也会迎来属于她的春暖花开。或许王爱莲的伤更重，或许一鞭一鞭抽下来的残忍让单薄病弱的她丧失了最后的一丝力气，那抖俏响亮的"籁籁"声在她深夜空宅的心房投影下高亢而密集的声浪，催魂铃一般把她连同更年幼的三个生命卷入滔滔的波浪。王爱莲再也无从记起，其实，她的名字叫"人"。也许让悲苦的她"慢慢来"似乎是一种苛求，慢慢忍受着世间所有的悲苦似乎是更残酷的折磨，即便如此，我依然希望不要放弃生命，有了生命，一切才有可能。是啊，在别人没有允许自己慢慢来的时候，我们是不是可以允许自己慢慢来，因为我们的名字叫作"人"。

"日日深杯酒满，朝朝小圃花开。自歌自舞自开怀，且喜无拘无碍。青史几番春梦，黄泉多少奇才。不须计较与安排，领取而今现在。"

"医院里，医生正在响亮的哭声中剪断血淋淋的脐带；鞭炮的烟火中，年轻的男女正在做永远的承诺；后山的相思林里，坟堆上的杂草在雨润的土地里正一寸一寸往上抽长……"

战场与街头，老祖母与购花人，小男孩与王爱莲，蝴蝶结与溺水者……

生命的溪流缓缓向前，悠悠讲述一个个关于诞生、成长、衰老、消逝的古老命题，长长的路，慢慢地走，让我们慢慢来，重新凝视人的尊严以及生命价值。在孩子成长的过程中，呵护、目送、放手都源于对生命的尊重；在四季轮回的岁月里，每个人都是自然的孩子，让我们出去走一趟回来，领取早春那棵苹果树下几片细细的花瓣，再寻几朵嫩弱的玫瑰，在安静的角落里，打出最美的蝴蝶结，哪怕用一辈子的时间……

如果站在整本书的立场提问，思维往往会更深刻。"自我提问"策略强调学习者在阅读时自由监控行为，积极主动地阅读。能够依据文本体式特点提出一组相关的问题，是学生阅读能力的重要体现。

阅读《西游记》，学生提出的问题可能有：

（1）孙悟空神通广大，无所不能，从不把敌人放在眼中，为何在第十四回以后总是碰到困难，不得不四处请救兵？

（2）猪八戒给我们的印象是好吃懒做，关于他的故事，往往是贬低他的，他真的什么都干不了吗？

（3）沙和尚忠诚、老实、不爱说话。曹云金的相声评价沙和尚的时候就是一句"XX说得对啊"。你认为他真的是可有可无的人物吗？

（4）如果让你说出你想成为书中的哪个人物时，大家都会选择能力大的人物，如：孙悟空。但是在现实中，我们却不能人人都那么强大，当你的能力不足时，当你由于种种原因成为和一个沙和尚一样甚至只是一个小妖一样的配角时，你会怎么想怎么做？

（5）师徒几人取得了真经，他们是成功的，我们把他们的成功和我们经常在书中和电视中看到的成功的主角一样，都不是一帆风顺的。那你认为，他们的成功需要什么条件？

（6）孙悟空的金箍该不该取？

（7）如果让你重组送经团，你会如何取舍？

在阅读中，我们可以尝试带着思考阅读，给每篇文章提一个问题，或就整本书提出富有讨论价值的问题。一个好的问题就是解读一本书的钥匙，在追寻问题答案的过程中读出整本书的精华。

第二节　如何指导学生开展专题探究

每部作品都有其独有的教学价值，我们可以依据每本书的特点设置专题，或者由学生确定感兴趣的研究专题，展开研究。设置研究专题时，我们要顾及原书的文学价值，还要顾及学生的阅读兴趣，在二者之间找到交集。我们还可以给学生提供专家文献供学生阅读，以激发其探究兴趣。

当学生找到自己感兴趣的话题时，我们要鼓励学生记录自己最初的疑惑或者对研究问题的最初设想，形成自己独特的观点，并从文本或文献中寻找证据支持自己的观点。如果能够形成有理有据的微论文，就初中生而言，就是难能可贵的创作了。

例如，在学生阅读完《西游记》后，我结合本书为"神魔小说的代表作"这一特点，开发了"探秘西游史诗，聚焦趣味专题"的探究活动，提供了16个议题由学生选择最感兴趣的一个或几个完成。

（一）结合西游年表，制作西游简史

（二）人物分析：猪八戒

（三）人物分析：沙和尚，白龙马

（四）人物分析：唐僧

（五）神幻西游：妖魔谱系图或排行榜

（六）神幻西游：神佛谱系图或排行榜

（七）神幻西游：法器法力大 PK

（八）神幻西游：奇国奇俗排行榜

（九）选美西游：西游帅哥排行榜

（十）选美西游：西游美女排行榜

（十一）选美西游：西游名山排行榜，上榜景观分布示意图

（十二）选美西游：西游江河排行榜，上榜景观分布示意图

（十三）故事西游：妙计排行榜

（十四）故事西游：取经团队"善举"排行榜

（十五）故事西游：取经团队"劫难"排行榜

（十六）终极 PK：西游高手排行榜

我们还可以将专题探究设置任务层级，如果将以上专题探究活动细化，就可以将其设置为"山川·西游""师徒·西游""神魔·西游""故事·西游""感悟·西游"五大专题，每个专题下设的任务按难度层级可分为"易、中、难"三层级。第一层级要求学生聚焦一个"点"，按要求梳理一个具体内容；第二层级要求学生完成两个"点"的比较；第三层是更为复杂的梳理。为使学生更好地完成任务，我设计了每个任务完成的步骤，并辅以样例。

除了引领学生在任务清单中找到自己感兴趣的专题外，我们还可以引领学生自己探索，自己确定研究的选题。

表4-1 《西游记》分级任务单

关卡	闯关任务	任务描述	通关样例
1.山川·西游	制作山川简历（过关奖励10两金） 大家用有创意的形式来呈现你最喜欢的山川吧。请用注环境描写，为你喜欢的一座山或一条河做名片	1. 选择你最喜欢的一座山或一条河。 2. 摘录作者对此山或此河的精彩描写，尝试提炼此山或此河的特点。 3. 简单说说在此山或此河发生了怎样的故事，即情节概述。 4. 用诗文谈谈你的独特感悟。 5. 用有创意的形式呈现你的理解	
	选美山川（过关奖励15两金） 我们可以为自己喜欢的山川做"评选档案"，名山大川排行榜	1. 山河名字。 2. 摘抄《西游记》一书中对此山此河的相关环境描写，也可以根据文字画出想象中的名山名川。 3. 简述此地发生的故事。 4. 写写你的感悟，撰写"上榜理由"，可以用对韵的形式完成。 5. 为你选出的十大名山或十大名河排序，调整"上榜理由"的文字	

关卡	闯关任务	任务描述	通关样例
1. 山川·西游	制作山川简史（过关奖励 20 两金）大家用有创意的形式来呈现西游简史吧！	1. 梳理西游年表。 2. 关联山川。 3. 完善细节	
2. 师徒·西游	制作人物简历（过关奖励 10 两金）大家用有创意的形式来呈现你感兴趣的人物信息，为师徒四人各做一张信息卡	1. 在西游僧徒四人中选定一位你最感兴趣的人物。 2. 细读文本，梳理出你关注的人物基本信息，比如姓名、性别、住址变更、家庭情况、主要社会关系等。 3. 梳理人物的主要经历，用经历概述＋精彩细节摘抄的形式完成。 4. 设计美观的图表来呈现你整理出来的信息，你可以用手写手绘的形式完成，也可以用 PPT 来制作完成	话题 1：人物信息表

话题 1：人物信息表

姓名	杨志	别名	青面兽
职业	殿司府制使、大名府管军提辖使	身高	172.5 厘米
职业变更	马军八虎骑兼先锋使	婚姻状况	未婚
家庭住址	关西	住址变更	梁山
家庭社员与社会关系	姓名	关系	结局
	杨炳玉	祖父	无疾而终
	杨文广	曾祖父	病逝
	杨宗保	高祖父	无疾而终
	穆桂英	女将	无疾而终
	杨延昭	曾曾祖母	无疾而终
特长	朴刀、浑铁点钢枪、刀法无敌		

续表

关卡	闯关任务	任务描述	通关样例
2. 师徒·西游	制作飞行棋 （过关奖励 15 两金） 大家用飞行棋的形式来呈现你对人物的理解。为师徒四人制作"细节追踪档案"	1. 在唐僧师徒四人中选定一位或几位你最感兴趣的人物。 2. 细读文本，梳理人物的主要经历，记录下来对他最重要的那些回目，将他生命历程中的重要节点连贯起来设计一条主体行进路线。 3. 探究在重要情节中人物表现出了怎样的性格特点，如果这一人物在某一情节中表现出了他性格中可贵的一面，设计"进几格"；如果这一人物在某一情节中表现出了他性格中不可取的一面，设计"退几格"。将你设计的理由记录下来。 4. 为了让飞行棋变得好玩又好看，你可以根据自己的想象绘制一些小插图。 5. 用简明扼要的语言整理飞行棋的"游戏规则"，并邀请你的家人或朋友跟你畅玩一局。 6. 如果你的伙伴也对这个任务感兴趣，你们可以设计出一套完整的《西游记》飞行棋大家一起畅玩	
	制作人物思维导图 （过关奖励 20 两金） 大家用有创意的形式来呈现你对人物的理解	1. 在师徒四人中选择一人或几人作为研读对象。 2. 搜索能体现人物形象特点的典型细节，完成情节概括，细节摘抄与人物评价，建立"人物形象细节档案"。 3. 用有创意的图文呈现自己对人物形象的理解	

228

关卡	闯关任务	任务描述	通关样例
3. 神魔·西游	制作秒懂百科之西游神魔（过关奖励10两金）用秒懂百科的形式来呈现你最感兴趣的神魔或法宝	1. 寻找你喜欢的一位神仙或妖魔，或者你感兴趣的一个法宝，为之撰写一段介绍语。如果是神仙或妖魔，可重点介绍他的身份，他出场的章回，结合以及性格上的主要特点。 2. 我们说话的正常语速是一分钟200字到250字。你可以根据自己的语速设计一分钟的演说底稿。 3. 在网上搜索一些图片或手绘、电脑绘制一些与你的解说相关的图片制作在你的演说底稿。 4. 将你的底稿录制成朗读录音，时间控制在60秒为宜。 5. 借助一些录视频工具如会声会影、爱剪辑等来完成最后一步的音画合成制作。如果你制作的图片不合适，就将解说词融入到相应的PPT相应的图片页。 希望大家能够把自己制作的秒懂西游也上传到百度百科中，看一看是不是可以赢得很高的点击率噢！	秒懂百科是百度百科于2016年4月28日，创新推出的知识短视频平台，以短视频重新定义知识。秒懂视频的栏目有秒懂星课堂、秒懂V计划，真人头懂、秒懂少儿、百科校园、百科实验室等。 秒懂百科是人人可编辑、上传的视频百科，下载秒懂百科APP，即可制作并上传秒懂视频，只要是符合百度百科内容编辑规则的短视频都会在最短时间内上线供网友点阅。 我们可以一起来看一分钟"秒懂牛魔王"的视频。（43秒） 牛魔王（小说《西游记》中的角色）_百度百科 https://baike.baidu.com/item/%E7%89%9B%E9%AD%94%E7%8E%8B/4468？fr=aladdin 秒dǒng百科　世界知此简单　Baidu百科

续表

关卡	闯关任务	任务描述	通关样例
3. 神魔·西游	制作西游神法器排行榜（过关奖励15两金）用排行版的形式来呈现你最感兴趣的神魔或法器等	1. 请选择你感兴趣的一个任务来完成。 A. 神异西游之十大妖魔排行榜 B. 神异西游之十大神佛排行榜 C. 神异西游之十大法器法力大PK D. 神异西游之十大高手终极对决（无论妖魔神佛皆可入选） 2. 从当中遴选所有你选定的全部对象，比如用西游选出所有的妖魔。 3. 阅读细节，筛选出5—10个你认为法力最为高强的神魔或法器，为其排行。根据特征展示上榜理由。 4. 用有创意的形式呈现，你可以补充无手绘图，也可以用三国杀卡牌的形式来完成，本领、背景、法宝，为其绘制了图片并撰写了上榜理由	

关卡	闯关任务	任务描述	通关样例
3. 神魔西游	为神魔或法宝制作谱系图（过关奖励20两金）尽可能整理出书中涉及的西游神魔（法宝），将其分类、绘制谱系图	1. 请你选择一类你喜欢的"神异元素"完成梳理。 2. 建立档案。 3. 找全法宝或这一类元素。 4. 为神异元素分类，查资料探究这样想象的文化渊源。 5. 以图文并茂或研究论文的形式呈现探究结果	

续表

关卡	闯关任务	任务描述	通关样例
	画说一个故事 （过关奖励 10 两金） 大家用有创意的图文来复现一个故事	1. 选择任意一则你喜欢的故事，反复阅读。 2. 找寻故事的关键节点，或者找出决定情节走向的重要细节。 3. 依据你梳理的结果，用你喜欢的方式呈现你对这一故事的理解。你可以用思维导图、营救转盘或者小小人书的形式呈现。 4. 如果你的图中文字比较少，你可以单独补充一份 200 字左右的文字说明	
4. 故事·西游	比较两个故事 （过关奖励 15 两金） 大家用有创意的图文来将分在两回的故事复述成一个完整的故事	1. 从这文中找出你认为最妙的两条计策。 2. 分别用文字概括故事的来龙去脉，并点明"妙计""妙"在何处。 3. 两个故事比较，用图文并茂的形式呈现你的判断结果	

关卡	闯关任务	任务描述	通关样例
4. 故事·西游	盘点一类故事 （过关奖励20两金） 大家用有创意的形式完成一类故事的梳理	1. 自选梳理任务，至少完成一个。 A 整理西游故事中的"劫难" B 整理西游故事中的"善举" C 整理西游故事中的"考验" D 整理西游故事中的"天灾" 2. 为这些故事起一个名字。 3. 书写故事梗概，突出"劫难""善举""考验""天灾"的特点。 4. 用有创意的形式完成你选定的这一类故事的梳理	

续表

关卡	闯关任务	任务描述	通关样例
5. 感悟·西游	书写读后感（过关奖励10两金）用富有诗意的语言主旨契合的故事来抒发读后感 或写与《西游记》	1.读《西游记》，捕捉自己最感动的一点，充分生发联想。 2.把引发你联想的故事梗概或细节写在纸上记录下来。 3.列好提纲，将作品中的感动点，你的故事，感悟等有机组合在一起。 4.动情写作：你可以把自己联想到的故事用生动的语言叙下来。你也可以用富有诗意的语言抒发感受。在写作过程中要抒发真情实感。 5.通过朗读来润色语言	杨洁女士，她是中国电视剧第一代导演，她历经六年时间同拍摄完成的经典之作《西游记》，成为中华人民共和国成立以来重播次数最多，观看人数最多的一部电视剧。拍摄这样一部电视剧，她又走过了哪些心路历程呢？她有一部自传，自传的题目是《我的九九八十一难》。 《我的九九八十一难》（节选） 任务接下来了，冷静下来，发现自己身上背上了一副千斤重担！《西游记》是一部家喻户晓，是我国文学名著，是我国古典文学宝库中的魂宝！在中国家喻户晓，国外也广为人知；唐僧师徒的形象早已深入人心！不论戏曲舞台还是影视艺术门类，都有描绘他们的作品存在。我要塑造出一部全新的由真人在实景中演出的完整的《西游记》，是个严肃艰巨的任务！我应该从何处着眼，从哪里下手呢？ 我认为要拍好《西游记》原著，必须实于原著。《西游记》原著给我们提供了非常好的故事基础，但电视剧毕竟和小说不同。如何把《西游记》里上百回的内容，浓缩不到30小时的电视剧中，我和其他两位编剧削减英榫。邹忆青青取得了共识——采取八字方针：忠于原著，慎于翻新。选取原著各具精彩的部分，把它分成30集，一集一个故事，每集都各具情节分同，有新鲜味，富有人情味。 既然定下了"游"字的目标，那么，就需要去寻找每一集的景景。选在哪里，找到了景点，才能定下拍摄计划……我做了两个月的采景计划，3月1日出发先去东南……最终用了35天。 为了了解有关佛教方面的知识，并访问了赵朴初先生，然后佛协为达摩祖师像落成而举办的仪式，我们先到西安草堂寺参加中日出发去华清池等地，再去四川成都青城山，金刚塔，湖南冷水江波月洞，5月8日返回北京

关卡	闯关任务	任务描述	通关样例
5. 感悟西游	《西游记》核心字词提炼（过关奖励15两金）。提炼《西游记》核心字词并加以阐释，用书中细节做以据以论支持	1. 写下你读完《西游记》的感受吧，可以是一句话，也可以是一些关键词。 2. 选择你认为最能表达你感受的一个字或一个词写下来。 3. 结合文中情节或某细节，用不少于50字的文字来说说你为什么选择这个字。 4. 用朗读的方法润色你的语言	"悟"："悟"所代表的是孙悟空，代表孙悟空不断成熟的过程。 "勇"：孙悟空从水帘洞称王、大闹天宫到保护唐僧西天取经，他都很勇敢。 "佛"：取佛经，收走佛家妖怪，唐僧出生为佛，如来佛祖收大圣，四人一马皆成佛。 "难"：九九八十一难，意喻各种困难阻挠，是耐心与毅力的考验。 "趣"：虽然西天路的故事总是很有趣，两人总是要互相提弄一下，但是其中关于孙悟空和猪八戒的想象是很富趣。虽然主基调是苦，但是趣也是不可少的的。 "胜"：《西游记》以丰富瑰奇的想象描写了师徒四人在遥远的西行途上和劳可恶水冒险的历程，并将所经历的有情的精怪生动地表现了无情的山川倾益阻，以动物幻化的妖魔鬼怪所设置的八十一难，并以降妖伏怪歌费了取经人排除万难的战斗精神，小说是人战胜自然的凯歌

续表

关卡	闯关任务	任务描述	通关样例
5. 感悟·西游	创作西游对韵（过关奖励 20 两金） 用整齐的语言表达自己阅读《西游记》的感受	1. 感受《西游记》原作"韵文叙事"的魅力，请你选择一首诗、一个词牌或一段对韵，作为你仿写的样本。 2. 请你选择《西游记》的一段故事或者就《西游记》整体阅读感受写一段文字，在呈现形式上与你选择的样本保持一致，尽量做到合辙押韵。如果有可能，请你阅读《西游记》原作相关部分，丰富自己的语言。 3. 通过朗读，调整你的语言，使之更流畅、动人	样例 1:《女儿国对韵》 男对女，道对佛。西寺对女国。 假亲脱网计，真心招男婆。 携素手，坐龙车，新婚响铜锣。 孜欲配夫妻，惶只思拜佛。 白昼并头僧忱恼，即时脱网徒会合。 喜见男身，二人和气同登拳；怕逢女色，唐僧坚贞逐心魔。 样例 2:《西游记对韵》 忠对义，骄对狂。圣僧对猴王。 坚持对扶着，筑誓对张扬。 凤翅冠，金箍棒，气傲对首品。 灵山斗佛祖，天庭争玉皇。 心怀佛念济众生，身存妖性将毁伤。 千辛万苦，保得唐僧取真经， 跋山涉水，面见如来功四方。 洋袍两袖风，宽譬双丝绡。 登上界，作天宫，混沌天地乱。 师徒四人行，老君炉里还。 八卦炉中逃大圣，五行山下定心猿； 三万行满，终是成佛与天寿， 九九归真，功成名就得经还。

例如，在读完《水浒传》之后，我们也可以引导学生对感兴趣的话进行深入研究。教师可推荐《鲍鹏山品水浒》等作品，指导学生确定论文写作方向。学生可就人物性格、人物背景、上梁山原因分析、对座次的看法等等提出自己的观点，也可将《水浒传》与其他作品比较阅读。学生利用2周时间阅读参考书目，确定自己的论文方向。1周时间进行论文写作，上交初稿。教师反馈，提出修改意见。

以下为部分同学的论文选题：

乱世英雄无用武之地——浅析杜兴（5班余晗召）

靠外号忽悠人的江湖汉李忠（5班杨潮矾）

一颗消失在夜空深处的流星——"白日鼠"白胜（5班傅舟涛）

李逵——失控的江湖怪兽（5班傅舟涛）

戴宗的两副面孔——看梁山好汉的是非观（5班胡昕宇）

最尴尬替补老大——晁盖的智慧与无能（5班李明哲）

胡子与义气——美髯公朱仝（6班韩榕）

配角的光明向上世界观——浅析朱富处世哲学（6班李玥彤）

解析杨志上山动机（6班戴之恒）

拼命与精细的统一——水浒人物石秀浅析（6班宋清澄）

胡昕宇同学的论文《"神行太保"戴宗的"日行八百里"》提纲如下：

一 "仿佛浑如驾雾，依稀好似腾云"——神行的特点

二 "两只脚行千里路，罗衫常惹尘埃"——神行的原理

三 "金钱甲马果通神，万里如同眼近"——神行的道具

四 "程途八百去还来"——神行的作用

五 "如飞两脚荡红尘，越岭登山去紧"——神行的虚构性

宋伦宸同学还将《水浒传》与《斯巴达克斯》做了比较阅读，撰写了万字论文，比较中西方小说讲述起义故事的异同。

第五章
共议：合作探究、深度交流

第一节　如何开展活动指导课

"活动"是将学生"卷"入阅读的方式，也是促使阅读真正发生的有效路径。"活动指导课"是指在阅读推进的过程中，以"活动体验"的形式引导学生分享阅读感受，促进阅读活动走向深度。活动指导课可在导读阶段、阅读前段（初读）、阅读后段（深读）展开。活动课上，学生是活动的主体。为保障学生的"活动"是具有思维含量且具有教学实效的，教师需要精心设计学习活动方案。

导读阶段，学习活动方案以"预热""热身"为主要目的，重在激发学生的阅读积极性。我们可聚焦于消除经典作品与学生的隔膜，设计活动方案。阅读前段，我们可以就学生已读的部分内容展开讨论交流，开发初读交流活动方案。阅读后段，也就是深读阶段，我们可以用活动驱动的方式使得讨论不断深化。

以《骆驼祥子》为例，我们可以在不同阶段设计不同的活动方案清单。我们这一章重点分享深读阶段的活动指导课如何开展。在学生通读全书之后，可以完成"章节目录编写""人物经历排序""沉沦原因探究""曲剧补词谈感悟"这一系列的活动，完成对全书的整体梳理与主旨探究。

【案例一】　走进祥子的世界

——《骆驼祥子》专题探究

老舍先生的文学主张：作品要有特定的背景，老舍的作品几乎都有具体的地方、社会、家庭、阶级、职业和时间。

【专题一】给全书各章拟小标题，尽量用整齐的格式，如各章节题目可字数一致，还可尝试章回体小说的章节命名形式。

第一章：	第十三章：
第二章：	第十四章：
第三章：	第十五章：
第四章：	第十六章：
第五章：	第十七章：
第六章：	第十八章：
第七章：	第十九章：
第八章：	第二十章：
第九章：	第二十一章：
第十章：	第二十二章：
第十一章：	第二十三章：
第十二章：	第二十四章：

学生作品摘选：

第一章：不辞劳苦，终买新车	第十三章：回到车厂，准备祝寿
第二章：北平战乱，被迫充兵	第十四章：四爷庆寿，关系僵持
第三章：顺走骆驼，惊险回乡	第十五章：新婚方知，虎妞假孕
第四章：途中病倒，住入车厂	第十六章：难耐清闲，心生不满
第五章：省吃买车，辞去包月	第十七章：接小福子，入住家中
第六章：醉酒回厂，虎妞引诱	第十八章：强子大怒，祥子重病
第七章：去往曹宅，揽下包月	第十九章：祥子又病，虎妞产死
第八章：生性好强，誓不借钱	第二十章：卖车葬妻，心中痛苦
第九章：虎妞假孕，孩子心焦	第二十一章：自甘堕落，放弃追求
第十章：茶馆逢客，心受打击	第二十二章：再寻曹宅，摇摆不定
第十一章：受人跟踪，倾家荡产	第二十三章：福子过世，心情崩溃
第十二章：借宿老程，彻夜未眠	第二十四章：出卖他人，得钱挥霍

第一章：奋进的祥子： 京城一流洋车夫	第十三章：回厂的祥子： 任人摆布无计策
第二章：努力的祥子： 失车被抓失自由	第十四章：受气的祥子： 自私父女闹分家
第三章：失意的祥子： 逃命拾得三骆驼	第十五章：新婚的祥子： 恍然大悟心懊恼
第四章：病愈的祥子： 重操旧业拉洋车	第十六章：勤快的祥子： 坚持拉车求自由
第五章：顽强的祥子： 省吃俭用拉包月	第十七章：婚后的祥子： 虎妞出钱买洋车
第六章：单纯的祥子： 喝酒误事入圈套	第十八章：辛苦的祥子： 拼命拉车患重病
第七章：善良的祥子： 摔伤客人心负疚	第十九章：苦命的祥子： 妻儿丧命余一人
第八章：老实的祥子： 安守本分穷到头	第二十章：失落的祥子： 自暴自弃无追求
第九章：心乱的祥子： 被骗被挟无对策	第二十一章：无耻的祥子： 道德底线已丧失
第十章：失望的祥子： 残酷现实一惊觉	第二十二章：挣扎的祥子： 重重打击难承受
第十一章：惊惶的祥子： 被骗落得无分文	第二十三章：崩溃的祥子： 麻木不仁混日子
第十二章：逃命的祥子： 辗转反侧仍善良	第二十四章：堕落的祥子： 行尸走肉无灵魂

【专题二】祥子的命运起落

这篇小说描述了祥子这样的生存生活经历，请依据文本为其排序：

A. 花 96 块大洋买了车

B. 反动政府的侦探上门敲诈拿走他全部积蓄（祥子精神上受到了不小的挫伤，"他好像是死了心，什么也不想"。但很快，祥子还是挣扎着又重新站了起来）

C. 虎妞的资助下再度有车（祥子牺牲自己的独立人格和尊严换来的）

D. 破产农民、人力车夫（勤劳、不屈、好强，有着执着的生活理想，历经生活的打击，"坚壮，沉默，而又有生气"）希望买洋车（幻想"有了自己的车就有了一切"、过上"独立""自由"的生活）

E. 小福子自杀祥子精神毁灭（祥子万念俱灰，他失去了对生活的任何企望和信心）

F. 军阀混战夺车（毁了他的理想）

G. 祥子卖车（虎妞因难产而死，为虎妞料理后事。祥子的心灵再次受到严重摧残，开始抱怨生活，觉得他的生活愿望总"像个鬼影，永远抓不牢，而空受那些辛苦与委屈"）

H. 没有灰心决定再度买车（"像一只饿疯的野兽"，早出晚归，多拉快跑）

排序：_____

祥子：从_____变成_____

【参考答案】

祥子彻底地从先前热爱拉车，到讨厌拉车，到最后拉不动车；从先前忠实义气，变得厚颜无耻；从先前矢志不移，到自暴自弃、自甘堕落，最后完全蜕变成了一个麻木不仁、没有了魂灵的行尸走肉。就这样反复了三次，祥子再也无法鼓起生活的勇气。他开始游戏生活，吃喝嫖赌，彻底堕落为城市的垃圾。

【专题三】祥子的沉沦，谁之过？

列出对祥子在生命历程中遇到的重要他人，分析其形象特点以及对祥子命运的影响。填写下面的表格：

姓名	章节页码	概括情节	摘抄与批注	"影响"关键词	感受

【学生答案样例】

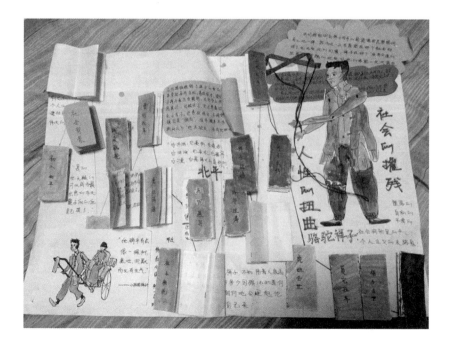

【专题四】《骆驼祥子》的启示

请补齐曲剧《骆驼祥子》结尾唱词：

悲惨的故事难遗忘，每思每想怀痛伤。活着的灵魂当思量……

_____

_____

_____

【原句】

怎样才能脱却羁绊，圆满好梦展翅高翔？

【学生补充样例】

是否拥有梦想，是否充满希望，是否还有信仰，是否足够坚强，大风大浪无所谓，若心依旧，世界颠倒又何妨？

【学生补充样例】

任何一个灵魂都不会轻易选择堕落，虽然祥子最终堕入了无底的深渊，但他的每一次挣扎与自救都打动了我。品读他的挣扎，我隐约地感受到了灵魂的高贵。以后，我不会轻易给任何一个灵魂贴标签，我会努力学着用悲悯之心去欣赏每一个灵魂的自我救赎。正是因为祥子的要强，祥子的挣扎和自救，他的堕落才有更深的悲剧意义吧！

《骆驼祥子》这一类小说的活动设计课，可以从整体梳理，人物形象分析，人物关系图以及主旨探究等方面展开设计。如果我们要就散文集进行开发，就要从不同篇目中的联系点入手展开设计。如果我们要对《笠翁对韵》

这本有传统文化内涵的书籍加以设计，我们可以尝试开发"文化长廊"，让孩子们在活动中生长出有趣的智慧和传承与创新的意识。读书，设计有趣的活动，就给孩子们搭建了才华展示的平台，让孩子的创意自在翱翔。

【案例二】《笠翁对韵》文化长廊创意设计

【书册名片】

《〈笠翁对韵〉精解》人民文学出版社

【作者其人】

《笠翁对韵》的编写者是李渔（1611—1680），他是清代著名的诗人、戏剧家，书名中的"笠翁"二字是他的别号。由于该书主要是通过精彩的例句来介绍诗歌的对仗技巧和声韵知识，所以又叫"对韵"。

【推荐理由】

在中国古代的启蒙读物中，《笠翁对韵》出现得比较晚，但对于学习诗文声律与对仗的儿童来说，它却非常有用，因此也非常有名。中国古代韵文有个鲜明的特点，就是十分讲究词语的声律与对仗。这是因为汉字都是方块字，不仅字字独立，而且每个字都有自己的字形、读音和字义。所以人们在写诗、作文时，为了让语言更美，很喜欢用汉字来玩"派对"的游戏。久而久之，在诗文创作上便形成了一种规矩，古人叫它"对偶"或"对仗"，俗称"对对子"。古时候，只要小孩子刚刚开始识字，就会有老师来教对对子的种种技巧，目的是让他练好写诗作文的基本功。

《笠翁对韵》固然是写给古代儿童的，但它同样可以帮助今天的孩子增强写作能力，全面提高语文水平。这主要表现在以下几个方面：

第一，本书诗句所使用的词汇十分丰富，同时还含有许多典故，可以大大充实孩子的词汇积累。

第二，本书可以让孩子学到一些汉语的声律知识，如果把它们应用到作文中，文章就会节奏鲜明，韵律和谐，读起来有一种音乐美。

第三，本书诗句运用了许多绝妙的对仗，里面含有明喻、暗喻、拟人、夸张等多种新鲜有趣的语言表达法，这在一般少儿读物里是很难见到的。假如孩子们能掌握这些语言表达技巧，写出来的文章也会妙语迭出，面貌一新。

由于"对对子"实际上已近乎一种语言游戏，本书的趣味性和实践性都很强。它教给孩子的，不是死的知识，不是可以生搬硬套的条条框框，而是一种灵活的语言修辞技巧，一种随机应变的语言应对能力。倘若孩子们通过本书对"对对子"发生了兴趣，他们的思维将被锻炼得异常敏捷，对语言文字的感悟力也会加倍提高。

【教学构想】

做一组主题活动，在"体验式任务链"中完成对学生阶段学习成果的交流指导。活动主题"同当对韵使者，共筑文化长廊"或"徜徉对韵长廊 传递文化力量"。全班分为六个小组，每组重点研究五个韵部。

【学程设计】

表 5–1

教学单元	任务要求	课堂展示与评价	设计意图
任务一 设计雕塑	拟在长廊前作者雕塑，请用200字左右描述你们设计的雕塑形态及设计意图，能画出更好	各组展示后互评。每组给非本组的两组点赞，获赞最多的三个组加分	了解作者其人（运用作者知识等进行语言建构与运用）

让阅读真正发生——整本书阅读之价值探寻与教学实践

教学单元	任务要求	课堂展示与评价	设计意图
任务二 诗韵"派对"	将每组负责的五个韵部名悬于教室墙壁或黑板,将这五个韵部的诗句打散,每韵部切分为四部分。请学生玩"文段拼图",将打散的诗句归入韵部。	最快最准的三个组加分	关注目录,教师讲解作者选"韵"背景:皆平声,可适当讲解声律知识。(阅读目录,了解全貌)
任务三 创意演绎	长廊里,请为你们组所在区域里就五个韵部的内容为文配画,可展示所绘画面或对画面的描述。(也可在屏幕中配视频,撰写解说词)绘画角度:1.追寻名人足迹(也可学生讲故事,其余人竞猜)2.品味文化现象(如文学常识、历史背景)3.共赏自然美景(改写画面)如有画面,学生可手绘,教师拍照放PPT里以便展示	展示精彩者加分。或各组记录他组优点,组织点评	挖掘此书内容中的文化厚度(文化传承)(鉴赏语言)
任务四 韵部代言	当游人行至你们小组负责的区域,请你推广本组"对韵"。每小组选择一个韵部或几个韵部进行"创造",以最有创意的方式帮助全班同学记忆。(如可吟诵,可配乐朗诵,可配Rap,可借流行歌曲调配唱,可演小品)	用任务一的方式点给脑洞最大的三个组点赞或都点赞	品味对韵的语言之趣
任务五 徜徉长廊	用其中一韵为整个长廊撰写主题楹联,仄进平出。或六组共用一韵,将创作连成小诗	诵读	回扣对韵主题
任务六 记诵于心	每组负责"推广"本组韵部,率先动员全班背完的组以及率先背完30个韵部的同学获得奖励	课后完成	存储于记忆之中,给孩子的语言建构形成有益的影响

【目录】

卷上:一东 二冬 三江 四支 五微 六鱼 七虞 八齐 九佳 十灰 十一真 十二文 十三元 十四寒 十五删

卷下:一先 二萧 三肴 四豪 五歌 六麻 七阳 八庚 九青 十蒸 十一尤 十二侵 十三覃 十四盐 十五咸

【注意事项】

1.根据课时长短确定班级分组情况，四至六皆可。把积极性最高的几个学生（男女生均衡）安排成组长，让他们自己选人组队。教师拟定任务单让学生把要写的内容以及创意草案落在笔头。教师制作分工单让组长填写，需要展示的作品都以 PPT 呈现，有做 PPT 的，还有绘画设计的任务，组内要分好工，这也锻炼组长的领导力。

2.韵部和文段拼图的教具可制作得相对精致些，可塑封后粘软磁条便于在黑板上移动；也可用磁扣粘纸。或者在座位上也行，最好就是把课堂布置成文化长廊的样子。

3.课若以竞赛方式呈现，可最后奖励获胜组。

第二节　如何开展专题研讨课

专题研讨课是深读阶段常常采用的一种课型。当学生将整本书通读结束后，会对一些问题有自己的思考与判断。这时，我们可以将学生感兴趣的话题开发为专题，引导学生课堂研讨。如果我们能够课前印发任务单，将学生的个人思考推向极致，我们课堂交流的效率就会更高。

在阅读科幻小说时，我们可以抓住"科学想象"这一核心，组织学生研讨以下专题：

1.在通读全书后，学生可根据自己的兴趣组成小组，选择喜欢的专题深入探究。

（1）专题一：复原"鹦鹉螺"号潜艇

摘抄书中对"鹦鹉螺"号的描写，查阅相关舰船知识，整合还原出该潜艇的形象。可绘制外观图、内部结构图等，可制作模型。

（2）专题二：绘制"鹦鹉螺"号旅行地图

请结合书中叙述，以表格形式记录"两万里"的起止点及重要节点，重要节点数量不少于8处。请结合表格，在"世界地图"上标注鹦鹉螺号的行迹，在不同的坐标上标注此地发生的故事。

章节及页码	地理位置	大致时间	主要事件（小标题）

（3）专题三：请查阅资料，制作"阿罗纳克斯教授的博物手记"。（学生作品可做静态展示）

（4）专题四：请用有创意的思维导图解密"内莫艇长"，请用尽可能多的事件或细节还原内莫艇长的形象特点。

这样，我们就做到了以专题读懂全书，以专题读透人物的目的。

在阅读《水浒传》之后，我们会看到《水浒传》吸取了司马迁《史记》传记书写笔法，采用了链式结构书写人物故事。这种结构决定了某一英雄人物的形象散见于各个章节之中。我们就可以引导学生将不同章节对同一人物的叙写整合起来，形成专题研讨，形成对人物较为完整的理解。我们可以选择重点人物开发研讨专题，大致可以从基本信息、主要经历、重要他人、性格特点等方面入手，分析评价人物并了解全书主旨。对《水浒传》人物形象探究的方法可以迁移到众多小说中去，比如《四世同堂》，我们可以借助表格引导学生从原书中读人物细节并加以评价。当学生通读全书，依次完成人物信息整理时，自然对人物理解更深刻，这也正是探究的意义所在。

【案例一】《四世同堂》人物探究

表5-2

部	章、页	概括情节	摘抄、圈点	性格关键词	感受或思考
《偷生》	第六十章	祁瑞宣的父亲祁天佑投水自杀	泪洒净，他心中清楚了许多，也就想起了日本人。想到日本人，他承认了自己的错误：自己不肯离开北平，几乎纯粹是关心家中老幼的安全与生活。可是，有什么用呢？自己下过狱，老二变成了最没出息的人；现在，连最老成，最谨慎的父亲，也投了河！在敌人手底下，哼，梦想！他不哭了。他恨日本人与他自己	优柔寡断，具有爱国思想，却又软弱忍从	当国家面临灾难时，忠孝不能两全，瑞宣的心里充满了重重矛盾。既没有尽忠国家，而亲人也并没有保护好，谴责自己，同时更恨日本人！
	第六十三章	瑞宣给程长顺出主意	把事情听明白了，他马上想到："一个炸弹，把大赤包，高亦陀那群狗男女全炸得粉碎。"但是，他截住了这句最痛快，最后实效的话。假若他自己不敢去扔炸弹，他就不能希望马老太太或长顺去做什么办。他知道只有炸弹可以解决一切，可也知道即使用炸弹就在手边，他，他，马老太太，长顺，都不敢去扔！都不敢去扔！他只吐血，给父亲报了仇，和借了钱给道得投了河，他可表示了什么？他只在父亲的灵前咽了一口要喷出的热血似的悲苦，而后用他惯用的柔和的话调说："据我看，马老太太，都是正经人，不会招出闲言闲语来。难处全在他们俩结了婚，这给冠家惹出很大的刺激。说不定他们会用尽心机来捣乱！"	沉默，缺乏行动能力，温和仁厚	他温和仁厚的品性使他不能做出决然的行动，是知识分子过于调和沉默，做得太过于周全，什么事不能斩钉截铁，他不知道怎么对别人说才是最好的，所以只有保持沉默。沉默使他什么都憋在心里，让他觉得痛苦矛盾

续表

部	章、页	概括情节	摘抄、圈点	性格关键词	感受或思考
《偷生》	第六十四章	日本老妇人找瑞宣谈话	1. 瑞宣一想便想到：日本人都是侦探，老妇人知道他会英文，便是很好的证据。因此，他想敷衍一下，躲开她。 2. 瑞宣还是不敢说话。他知道日本人会用各种不同的方法向探探消息。 3. 瑞宣呆呆的愣了半天，不知怎样才好。他不肯信老婆婆的话，又似乎没法不信她的话。不论怎样吧，他可是止不住他有好些天没笑过一回了	机智、镇定、警惕、纠结	瑞宣是一个谨慎的人，他的内心是憎恨日本人的，所以他对日本人有着警惕性和抵触。但是后面写了"他不肯信老婆婆的话，又似乎没法不信她的话"。他的内心是不信她的话。他的内心是纠结的、矛盾的
	第六十八章	警告老二不让他去找冠晓荷	瑞宣在昨天夜里，就迟疑不定，是否应当帮这点忙。他最怕因善心而招出误解——像老二的这种罪名。这种误解至少会使他得到不明是非，不辨善恶的罪名。听到老二的话，他告诉老二："我不准你去！"变了颜色。几乎是怒叱着，	坚定、正直	他自己因为要尽孝，所以不能为国家尽忠，身为这一个家庭的顶梁柱，他要管好这个家庭中每一个人，他根恨日本人，但是更看不起像冠晓荷这种的汉奸，他不允许他家里的人和这种人有勾当
《饥荒》	第七十六章	瑞宣因不知所措在街上乱逛	回家吧，可怕；在街上溜吧，他简直不知如何才好。他不敢逃出北平，而北平好象已离开了他，使他没有地方去。就是在这种心情下，他今天慢慢的走回家来。冠晓荷在祁家门外的阶石上坐着呢。看见瑞宣，他急忙立了起来："啊，瑞宣！我和老二都平安无事的出来了！你能不能……"他没有说完，瑞宣已推开门，而后把门上了门。韵梅轻轻地告诉他："老二回来啦！"他一声没出，走进屋里去	沉默、有什么事爱憋在心里	瑞宣知道汉奸们去送礼，他颇想为祖国出力，体现自己爱国之心，但是他没办法，只能通过让家人过好节，来让人看出他未忘国耻

部	章、页	概括情节	摘抄、圈点	性格关键词	感受或思考
《饥荒》	第八十章	瑞宣想怎样给家人过好中秋节	瑞宣看见汉奸们的忙于过节送礼，只好惨笑。他会有一些爱国心，而没法阻止汉奸们的纳贡称臣。他只能消极的不去考虑。怎样给祖父贺寿，怎样过节，好使一家老幼都喜欢一下。这个消极的办法，他觉得，但是至少可以侧面表示出他自己还未忘国耻	缺少行动能力	祁瑞宣看到了不是北平人的北平，知道自己做了亡国奴而又不管束为国家尽忠，他的内心是痛苦的，不知所措的，但他只能由自己承担

原因分析

当国家面临灾难时，忠孝不能两全的矛盾让瑞宣陷入了无法排解的痛苦。尽忠国家，家人没有办法。但他的性格和中国几千年的传统告诉他，他就没法这样，即使他死在其中，也觉得自己是体面的，他甚至觉得是这个家连累了他，他心里很不是滋味。但也只能这样了。他只能为自己设置一条底线，就是不能触碰。他小心谨慎，善良，乐于助人，从邻居中得到许多许多的宽慰。

瑞宣遇到事情时，总是考虑得十分周全，不能斩钉截铁。当国家面临灾难时，忠孝不能两全，瑞宣的心里充满了重重矛盾。既没有尽忠国家，而亲人又非没有保护好。他痛苦着自己，谴责自己，所以只有保持沉默，是知识分子的温和仁厚的品性使他做出沉默的行动。他知道自己应该参加抗日，也应该告诉其他家里人，但却顾虑太多。表面上看瑞宣很镇定，不慌忙，其实他的心中早已心潮澎湃，他鼓励其他人。他爱国之心，他曾多次在两者之间徘徊，但是总做不出决定。

祁瑞宣有老一辈人（像祁老太爷）这种旧式思想，也受过这种新式教育。这新旧之间的冲突，给他的生活带来了无尽的苦闷，让他的心里充满了重重的矛盾。他亲人也非重重的矛盾。他不知道该怎么办，也不知道该怎么办。他是郝家的顶梁柱，但是郝家的顶梁柱，没有什么办法，所以他又想为国家出力，但他又想保护家人，又想保护他，所以他在尽忠与尽孝之间矛盾着，痛苦着，忧柔寡断，苦闷中得到解脱，所以他在尽忠与尽孝之间，苦闷中得到解脱，最后，左邻右舍亲人的死，和钱先生的忠告，和钱先生的忠告，最终还是让从矛盾中得到解脱，终于走上了反侵略之路。

独特感受

战争逼得人们不知道该怎么办好。祁瑞宣是千万中国人的其中一个，让人们在这种苦苦纠结之中，这是战争使忍的一面。让人们深陷痛苦纠结之中。有的时候，战争像面镜子，一下子就照出了各色的人。丑、善、美，而瑞宣，是很纠结的一个，他是家里给的，而是他家里的长孙，有着这样一个累赘，他是家里让他觉得很舒适的地方。他只能把痛苦憋在自己心中，它见证了胡同所有人从战争前到战争走了，最后用在痛苦面前继续徘徊下去。可能在忠与尽孝这两面面徘徊，不知如何做出选择，又想保护家人，又想保护他，但是却没有办法做出选择。当然也而在《四世同堂》中，有许许多多奔走战场，所以他不能保护他们快快为祖国尽忠。这样，他保护好好的家人，只能保护走战场，这样"偷生"让他觉得不应该再这样继续"偷生"下去，但是更多的是矛盾，他宁可很痛苦的死，邻居亲人从战争前到战争走了，让他觉得不应该再。

【案例二】《朝花夕拾》专题分享课教学设计

【教学目标】

1. 整合阅读《朝花夕拾》，梳理全书内在线索——作者成长经历的文章，回顾作者成长轨迹。

2. 借助"朝花带露夕拾（　　）"这一问题，引导学生探究作者所传递的温情与批判。

3. 通过讨论，引导学生在篇与篇之间建立联系，并运用所学呈现对本书的个性化理解。

【教学过程】

一、导入

"这十篇是从记忆里抄出来的。"

——《朝花夕拾·小引》

"文体大概很杂乱，因为是或作或辍，经了九个月之多。环境也不一……"

——《朝花夕拾·小引》

成书过程：《朝花夕拾》诞生于鲁迅辗转漂泊的人生旅途中。创作始于1926年，1928年由北京未名社出版，三年时间历经北京、厦门、广州三地。

"前两篇写于北京的寓所东壁下，中三篇是流离之作，地方是医院和木匠房。"

——《朝花夕拾·小引》

"直到1926年的秋天，一个人住在厦门的石屋子里，对着大海，翻着古书，四近无生人气，心里空洞洞的，而北京的未名社却不绝来信，催促杂志的文章，这使我不愿意想到目前，于是回忆在心里出土了……"

——《故事新编·序言》

二、统整全书：梳理成长经历

书名是《朝花夕拾》，"朝花"即过去的事情，或者往日的旧事；"夕拾"即现在回忆起来，或者现在重新"拾起"。细看这十篇文章的目录，可看出反映了鲁迅的成长经历：

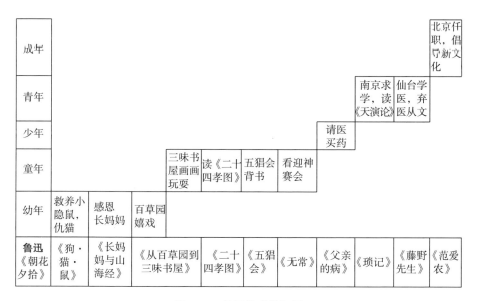

成年								南京求学，读《天演论》	仙台学医，弃医从文	北京任职，倡导新文化
青年								南京求学，读《天演论》	仙台学医，弃医从文	
少年							请医买药			
童年				三味书屋画画玩耍	读《二十四孝图》	五猖会背书	看迎神赛会			
幼年	救养小隐鼠，仇猫	感恩长妈妈	百草园嬉戏							
鲁迅《朝花夕拾》	《狗·猫·鼠》	《长妈妈与山海经》	《从百草园到三味书屋》	《二十四孝图》	《五猖会》	《无常》	《父亲的病》	《琐记》	《藤野先生》	《范爱农》

图 5-1 鲁迅的成长经历

三、结合全书内容，补全短语，并结合原文说出填补的理由

朝花带露夕拾（　　　）

板书中心为我课堂实录：

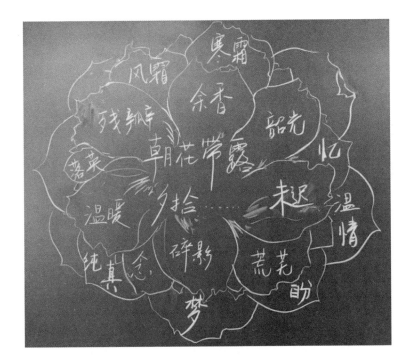

图 5-2

讨论一：朝花带露夕拾暖——感受作者的温情

《朝花夕拾》展开了鲁迅深藏内心的一方净土。在这方净土上，我们触摸到了作者内心最柔软的地方，感受到了伟大但平凡的普通人的温情，请你结合下面的语段，说说《朝花夕拾》一书中，都蕴含着作者怎样温柔的情感。（材料见学案）

明确：

故乡情：对故乡美好事物的怀念，对童年自由自在生活的赞美。

主仆情：对长妈妈的赞美和深切怀念。

师生情：对藤野先生的怀念和赞美，对叔祖与寿镜吾先生的感怀。

怜悯情：对弱小生物的深切同情。

朋友情：对范爱农的深切同情和怀念。

童真童趣：百草园、三味书屋的生活。

关联篇目：

第二篇 《阿长与〈山海经〉》

阿长是鲁迅小时候的保姆。记述儿时与阿长相处的情景，描写了长妈妈善良、朴实而又迷信、唠叨、"满肚子是麻烦的礼节"的性格；对她寻购赠送自己渴求已久的绘图《山海经》之情，充满了尊敬和感激。文章用深情的语言，表达了对这位劳动妇女的真诚的怀念。

第六篇 《从百草园到三味书屋》

描述了儿时在家中百草园得到的乐趣和在三味书屋读书的生活，揭示儿童广阔的生活趣味与书塾教育的对照，表达了对童年生活的怀念。

第九篇 《藤野先生》

记录作者在日本留学时期的学习生活，叙述在仙台医专受日本学生歧视、侮辱和决定弃医从文的经过。作者突出地记述了日本老师藤野先生的严谨、正直、热诚、没有民族偏见的高尚品格，表达了对藤野先生深情的怀念。

第十篇 《范爱农》

追叙作者在日留学时和回国后与范爱农接触的几个生活片段，描述了范爱农在革命前不满黑暗社会、追求革命，辛亥革命后又备受打击迫害的遭遇，表现了对旧民主革命的失望和对这位正直倔强的爱国者的同情和悼念。

讨论二：朝花带露夕拾寒——理解作者的批判

1.谈谈你鲁迅先生的"仇猫"情绪的理解。

明确：

"仇猫"的表层原因是生仇猫一是因为猫对扑食对象不仅残忍，而且有着一种幸灾乐祸欺辱弱小者的神气，二是因为猫总在耳边叫嚷，扰人清净，三是因为猫谋害了他的隐鼠。深层含义则是作者借仇猫来表达他对像猫一样欺辱弱小又四处中伤自己的现代评论派辛辣的讽刺和尖锐的批判。

表 5-3 《朝花夕拾》领读人备课任务单

姓名：陈靓怡　　　组长：陈靓怡　　　组员：曹以宁、李宇晗、李伊一、李安然、王禹烨

篇目名称	个性化理解
我喜欢这些句子（摘抄三句并点评）	1. 其实人禽之辨，本不必这样严。在动物界，虽然并不如古人所幻想的那样舒适自由，可是噜苏做作的事总比人间少。它们适性任情，对就对，错就错，不说一句分辩话。（理解：借动物讽刺了人的虚伪做作）
	2. 人呢，能直立了，自然是一大进步；能说话了，自然又是一大进步；能写字作文了，自然又是一大进步。然而也就堕落，因为那时也开始了说空话。说空话尚无不可，甚至于连自己也不知道说着违心之论，则对于只能嗥叫的动物，实在免不得"颜厚有忸怩"。假使真有一位一视同仁的造物主，高高在上，那么，对于人类的这些小聪明，也许倒以为多事，正如我们在万牲园里，看见猴子翻筋斗，母象请安，虽然往往破颜一笑，但同时也觉得不舒服，甚至于感到悲哀，以为这些多余的聪明，倒不如没有的好罢。（理解：进一步讽刺旧社会的虚伪与对百姓的欺压，还有当时老百姓如"羊"般任人宰割的愚昧，亦有讽刺人好说空话，好耍无谓的小聪明之意）
	3. 其实这方法，中国的官兵就常在实做的，他们总不肯扫清土匪或扑灭敌人，因为这么一来，就要不被重视，甚至于因失其用处而被裁汰。我想，如果能将这方法推广应用，我大概也总可望成为所谓"指导青年"的"前辈"的罢。（理解：讽刺旧社会官员之劣根性—不肯将工作落到实处，只做表面功夫）
我为本篇文章写一句推荐语	深感痛快，这痛快之因，佩服鲁迅先生讽刺人的手段与方法，他从不直接讽刺，而是巧妙地利用被讽刺者说过
本书中，我最想与同学分享的内容……	在《狗·猫·鼠》一文中鲁迅算清猫的罪行是什么 一、猫对自己捉到的猎物，总是尽情玩弄够了，才吃下去。二、它于狮虎同族，却天生一副媚态。三、它老在配时嗥叫，令人心烦。四、它吃了"我"小时心爱的一只小老鼠。
我觉得同学们读这篇文章可能遇到的问题是	我们觉得大家有的地方可能会看不懂。《狗·猫·鼠》是一篇在现实问题的直接激发下近似杂文的作品，这是针对"现代评论派"那些绅士们而写的，着重在给"媚态的猫"画像。这是文章有明确的针对与讽刺性，论战性很浓

续表

篇目名称	个性化理解
我觉得可以设计这些讨论问题或活动来支撑我们组的领读工作……	1.作者在这篇文章中，着重刻画谁的形象？ 2.猫这个形象的象征意义是什么？ 3.作者对猫的态度是怎样的？为什么会如此？
本文思路图（可另附纸）	对弱小者的同情与对暴虐者的仇恨

2.思考下面的问题。

（1）鲁迅先生却在《二十四孝图》中写道："我请人讲完了二十四个故事之后，才知道'孝'有如此之难，对于先前痴心妄想，想做孝子的计划，完全绝望了。"他为什么会得出这样的定论？

（2）批判精神，是《朝花夕拾》的主旋律之一，作者在节选的文段中表达了怎样的批判精神？

（3）"孝"是中华民族的传统美德，当今社会，我们依然需要讲究孝道，然而鲁迅先生却在《二十四孝图》批判封建孝道，请你就此提出一个问题，并作出解答。

明确：

（1）《二十四孝图》中有很多是不切实际的做法，也有扭捏作态违反人性的作态，还有违背人性不尊重生命的做法，这些都令作者感到绝望。

（2）作者对违反人伦人性的封建孝道的批判，对封建孝道的伪善性和对人思想的毒害性奴役性的批判，对借助封建孝道来维护其统治的封建官僚统治者的批判。

（3）问题：我们在现实生活中如何发扬传统孝道呢？

解答：秉承孝顺的心态，以正确合理的方式尽孝。

关联阅读的篇目：

第三篇　《二十四孝图》

所谓《二十四孝图》是一本讲中国古代二十四个孝子故事的书，配有图画，主要目的是宣扬封建的孝道。鲁迅先生从自己小时阅读《二十四孝图》的感受入手，重点描写了在阅读"老莱娱亲"和"郭巨埋儿"两个故事时所引起的强烈反感，形象地揭露了封建孝道的虚伪和残酷，揭示了中国儿童的可怜。

第四篇 《五猖会》

五猖会是一个迎神赛会，在童年的我的心目中是一个节日。记述儿时盼望观看迎神赛会的急切、兴奋的心情，和被父亲强迫背诵《鉴略》的扫兴而痛苦的感受。文章指出强制的封建教育对儿童天性的压制和摧残。

第八篇 《琐记》

鲁迅在这篇文章里主要回忆了自己离开绍兴去南京求学的过程。作品描述了当时的江南水师学堂和矿务铁路学堂的种种弊端和求知的艰难，批评了洋务派办学的"乌烟瘴气"。作者记述了最初接触进化论的兴奋心情和不顾老辈反对，如饥如渴地阅读《天演论》的情景，表现出探求真理的强烈欲望。

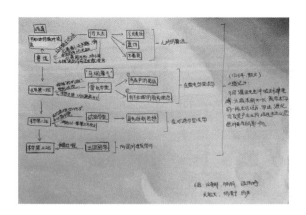

图 5-3

第五篇 《无常》

无常是个具有人情味的鬼，去勾魂的时候，看到母亲哭死去的儿子那么悲伤，决定放儿子"还阳半刻"，结果被顶头上司阎罗王打了四十大棒。文章在回忆无常的时候，时不时加进几句对现实所谓正人君子的讽刺，虚幻的无常给予当时鲁迅寂寞悲凉的心些许的安慰。

第七篇　《父亲的病》

父亲被庸医治死，一直是埋在鲁迅心中的痛苦。文章重点回忆儿时为父亲延医治病的情景，描述了几位"名医"的行医态度、作风、开方等种种表现，揭示了这些人巫医不分、故弄玄虚、勒索钱财的实质。

讨论三：朝花带露夕拾未迟——赞颂伟大的民族魂

人民出版社将重新出版《朝花夕拾》一书，新书的后封上将印刷上读者对先生的评价，请你运用下面的关键词语，结合《朝花夕拾》一书的内容、主题和语言特点等，为鲁迅先生写一段评价语言。（要求：内容准确，富有感染力；字数80—120字）

关键词：温馨的回忆　冷峻的批判　人生抉择　民族命运　民族魂

小结：

《朝花夕拾》风格：既温暖又有战斗性

具有"战士"称号的鲁迅，在《朝花夕拾》中一反常态地呈现出许多温情，被称为是鲁迅作品中最温暖的文字，其中包含了鲁迅对故乡、对亲人、对友情的眷恋。鲁迅流连于往事，仍不忘现实，温情背后还是有一份斗志，二者相互交融，构成了《朝花夕拾》丰富的思想情感内容。

四、作业：补全短语，并整合不同篇目的内容表达自己的观点，写成小论文

朝花带露夕拾（　　　）

学生作业题目选摘：朝花带露夕拾芳香，朝花带露夕拾未迟……

【案例三】 公正、公平、尊严：
一条通往"自我"救赎之路

——曼德拉专题学习设计

一、选题理由

"读整本的书"即"整本书阅读"是我校显性课程"阅读课"的教学内容，小说、散文集、人物传记等均为阅读对象。人物传记中，学生已阅读过《假如给我三天光明》《富兰克林传》《钱学森传》等，此专题的开展起源于时政热点。2013 年 12 月 6 日凌晨 2 点 50 分，南非首位黑人总统，被尊称为"南非国父"的纳尔逊·曼德拉逝世，这一重大事件在国际上引起了强烈反响，世界各国领导人纷纷发去唁电。曼德拉的传奇经历、文化魅力、非凡胸怀、从政境界都令世人敬佩，他不愧为"时代英雄"。本专题教学以书册《曼德拉传》、文章《英雄的完成：踏上回家的路》为核心阅读对象，以与其相关的文章、歌曲、影视等资源为支撑，帮助学生全面了解曼德拉的人生轨迹，深刻感受他生命历程中折射出的人格魅力。

二、学程设计

写在前面的话

1. 曼德拉说自己

生命中最伟大的光辉不在于永不坠落，而是坠落后总能再度升起。

尽管我是一个喜欢社交的人，但是我更喜欢孤独，我希望得到自己左右自己的机会，自己做计划、自己思考、自己谋划。

我走过那条漫漫自由路。我试着不踌躇，路上也迈错过脚步。但我发现一个秘密，那就是爬上一座大山后，你会发现更多山可去攀登。

当我走出囚室迈向通往自由的监狱大门时，我已经清楚，自己若不能把痛苦与怨恨留在身后，那么其实我仍在狱中。

2. 各国首脑说曼德拉

曼德拉先生是享誉世界的政治家，领导南非人民经过艰苦卓绝的努力，取得反种族隔离斗争的胜利，为新南非的诞生和发展作出了历史性贡献。（中国国家主席习近平）

我们缅怀他的最好方式就是向他树立的榜样前行：要在爱而不是恨的引导下做决定，永不贬损各个不同的个体，创造一个对得起曼德拉牺牲的未来。（原美国总统贝拉克·奥巴马）

世上的一盏明灯熄灭了。纳尔逊·曼德拉是我们这个时代的英雄。（英国首相戴维·卡梅伦）

纳尔逊·曼德拉是正义的巨人和人类实实在在的启示。纳尔逊·曼德拉表明了如果我们相信正义和仁爱并为之梦想和共同奋斗，世界和我们每个人将有怎样的可能性。（联合国秘书长潘基文）

曼德拉经历了最艰难与痛苦的考验，即使在最后的日子里，他仍坚守人道主义与公平正义的理想。（俄罗斯总统普京）

一读曼德拉：生平简历与巨大影响

1. 学习任务：阅读《南非总统纳尔逊·曼德拉小传》《青春有梦，何畏踽踽独行！——记"全球总统"曼德拉》《曼德拉，全世界为你过生日》《英雄诞生之地 曼德拉的罗宾岛》等文章并查阅资料，了解人物的生平履历，用图表形式为曼德拉绘制一份履历年表或用有创意的思维导图来展示曼德拉重要的生命节点。

2. 曼德拉曾说："艺术家所到达的领域，远远超出政治家。艺术，特别是娱乐和音乐，能够被所有人理解，振奋人心。"请聆听曼德拉创作或艺术家为曼德拉创作的歌曲，每人学唱一首，为阅读活动拉开序幕。

推荐歌曲:《电话诉衷情》、《光辉岁月》、《还曼德拉自由》、*Ordinary Love*、*Breath*、*Hope*、*Free Nelson Mandela*、*Nelson Mandela*、*Mandela Day*、*Just a Breath of Freedom*（*for Nelson Mandela*）、*Freedom Now*、*The Africa will be Saved*。

3. 计划用时:1周，2课时。教师布置好阅读任务后，学生用1周时间在课后完成。一周后，1课时用以交流展示"生平经历"，1课时用以演唱歌曲，为阅读活动做铺垫。

4. 学生成果呈现示例:

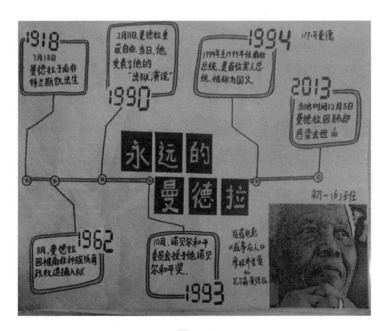

图 5-4

二读曼德拉:《曼德拉传》整本书阅读

推荐购买图书:《曼德拉传》（作者:查伦·史密斯/高天增译）中国人民大学出版社。

图 5-5

1.学习任务：通读全书，撰写不少于 600 字的读书心得。

推荐题目:《最打动我的"那一瞬间"》《最打动我的"那句话"》《最打动我的"那一幕"》《最打动我的"那个镜头"》。

2.与家长共同阅读此书，就书中容易引起争辩的话题，拟三道问答题。要求在提供题目的同时也提供答案。所有的问题和答案或出自文本，或与文本内容密切相关。

3.计划用时：2 周，2 课时。教师布置好阅读任务后，学生用 2 周时间阅读完毕，提交作业。教师再用 2 课时组织学生开展读书交流会，畅谈初读感受。

4.学生呈现的开放性问题及答案示例：

问：你认为曼德拉最伟大的成就是什么？

答：曼德拉最伟大的成就，不在于结束南非的种族隔离制度，而在于实现了南非的民族和解。没有曼德拉，南非的种族隔离制度也会结束；但没有曼德拉，新南非很难不经历大的社会动荡而建立起来。没有人否认曼德拉为结束南非种族斗争、作为一名"革命者"而做出的贡献，但以宽恕促进种族和解，带领南非和平转型，才是曼德拉最为伟大的成就。

三读曼德拉：自由战士，平民总统

1.观看电影：《成事在人》，交流感受。

课后选看：《曼德拉：漫漫自由路》（根据曼德拉畅销自传创作的真实传记电影）《再见，巴法纳》《曼德拉的一生》《黑潮》《不败雄心》《永远的领袖：曼德拉》。

2.全班解读《英雄的完成：踏上回家的路》一文，关注"行文"并思考：曼德拉是自由的战士：他不主张暴力，主张和平争取自由。曼德拉是平民的总统：他急流勇退，避开"有权力后容易走向追求的反面"之怪圈。他是睿智的政治家：他与德克·勒克的交流值得关注，他重获自由时本可以给国家带来动乱，可是他没有。

选读文章：《智者不惑 仁者不忧 勇者不惧——读曼德拉的"漫漫自由路"和"与自己对话"》《多面曼德拉：平民总统有血有肉》《成事在人：曼德拉与世界杯传奇》《九旬曼德拉长寿之道》《纳尔逊·曼德拉：心常宽，身常动，获长寿》《曼德拉的幽默》《曼德拉的传奇婚恋》《权力使女英雄走上腐化路》《曼德拉未了的心事》。

3.观看电影及阅读选文时，将关注重点放在比较这些素材与《曼德拉传》一书在解读视角上的异同。不同的视角代表不同的立场，研读多人观点，丰富认识的同时形成自己独特的思考。全班围绕专题展开讨论或辩论。

推荐讨论和辩论角度："为何全世界都在纪念曼德拉？""对南非发展而言，黑人解放运动功大于过还是过大于功？""曼德拉和马丁·路德·金、圣雄甘地等的比较"等。

4.计划用时：全程 2 周，4 课时。2 课时用以课上观影，2 课时用以阅读推荐文章、讨论或辩论。

四读曼德拉：曼德拉带给世界的启示

1.推荐书目：《曼德拉：漫漫自由路》《走向自由之路不会平坦》《斗争就是生活》《争取世界自由宣言》等书。

2.推荐文章：《殊途同归——曼德拉和德克勒克双获诺贝尔和平奖》《南非第一位黑人总统——曼德拉》《曼德拉：南非永远的精神领袖》《假如没有了曼德拉，南非会怎样》。

3.计划用时：2 周，4 课时。课后选择资源阅读，将前三个阶段积累的大量感性材料予以整合和重构，形成较为清晰的研究思路。

本阶段的重点在于帮助学生找到一个可以驾驭的切入角度，从而指导学生写一篇不少于 800 字的文章谈"曼德拉带给世界的启示"，呈现个性化的感悟与思考。教师与学生随时交流选题角度、行文思路等。

三、学生感受选摘

1.忽然发觉此时正读着书的我，也是在以一种遥远的方式聆听着曼德拉的故事——听心中的崇敬与感动念给我听。一位真正的伟人或许本应如此，他的力量可以波及任何人的内心——甚至在他们并不了解他的时候——他的名字唤起他们由衷的敬意与感动，他的事迹为人所传颂，他们的思想与他靠近。当他获得自由与那些同样信奉自由的人们并肩作战的时候，他让他的崇拜者，他的国家，他的理想，乃至世界知道：是的，他没有让他们失望。（程苑滢）

2.或许曼德拉也有自己的瑕疵，但作为斗士，作为领袖，他必须掩盖私人的伤痛，克服自己的不足，以太阳的光辉与温暖，照耀着国家和人民的道路。

向曼德拉致敬——以一个浅显的被感动者的身份。（郭聪婷）

3. 曼德拉最为突出的品质是宽容，是善意，是信任。他对人心之善的信仰，使得他在总统就任仪式上邀请到当初在监狱里虐待过他的看守，使得他任命德克勒克为副总统，使得他以对黑人的同情同样关心白人，以致"和解之手方面走得太远"。我常常在想，这种近乎执拗的对于"人心为善"的相信，必会遭受打击与背叛。然而曼德拉从未因此而感到吃亏，反而是持着这近乎执念的信仰一直走了下去，以山之仁爱、海之胸襟容纳着他人的恶语与挫败。与他为敌的人并不知道，之所以无人能与他匹敌，是因为他心中根本没有敌人。（胡昕宇）

4. 曼德拉有时是谦和可亲的。从他年轻时的照片确实能看出来他有些傲慢，但看着封面上那位白发苍苍，满脸笑意的曼德拉，谁能不承认他就像一位邻家的老者呢？（孙铭泽）

5. 曼德拉之所以伟大，是因为在他成为一位政治家、领导人之前，他首先是个品质高尚、仁爱慈悲的人。在他的卓越领导才能之上，他首先人格完整，闪烁光辉，他懂得在需要化解仇恨时首先伸出和解之手，也懂得面对对方的失信与残暴时据理力争。正因为如此，即使他政绩不甚显著，即使他在治理南非时也有过疏漏和错误，人们仍然尊敬他。他履行承诺，总统任期期满便辞职退休，移交权力并担当调停南非内部冲突、非洲大陆冲突甚至国际冲突的角色。他明白，短暂的权力只是过眼云烟，伟大的人格却可长存不朽。（张思危）

四、课后反思

本专题共持续七周，除课外用时，课内约用 12 个课时完成整体教学流程。整个专题设计从激发学生的阅读兴趣入手，通过绘制思维导图及演唱歌曲的形式使学生了解曼德拉的生平经历与巨大影响。"一读"中，教师指导学生关注人物生命经历的重要节点，学会提取关键信息。《曼德拉传》是曼德拉传记中较易读的一本，学生阅读后可以了解简单的传记体例及写法，感受传记是如何将人物事迹及其人格魅力呈现在读者面前。"二读"中，教师组织讨论、辩论，及时交流学生初读后的"阶段阅读成果"。为使学生了解不同人解读曼德拉的视角，教师选择文献与书籍、电影推荐给学生，希望学生在丰富认识的同时形成自己的独特思考。"三读"中，师生详解《英雄的完成：踏上回家的路》一文，教学目的指向阅读策略、指向表达、指向思考。"四读"难度较大，教学设计意在训练学生"判断""选择""整合""重构""输出"的能力。

第三节 如何开展项目式学习课

项目式学习是一种以学生为中心的动态教学模式。教师依据教学内容创设教学情境，学生以小组合作的方式对真实、复杂的问题进行探究，以产品形式呈现研究成果。在项目式学习过程中，学生建构知识网络，掌握必备技能，从而实现综合发展。项目式学习具备学习方式自主化、学习内容综合化、实施路径多样化、能力培养全面化等基本特征，将项目式学习运用于整本书阅读课程设计与实施是核心素养时代变革课堂教学的呼唤。

整本书阅读教学，在教学容量或教学难度方面往往超过单篇课文教学或单元整合教学。整本书课程开发可以把项目式学习作为载体，依托学生合作完成的项目任务，帮助学生积累语文知识，建构阅读策略，提升阅读能力，促进精神成长。项目式学习的开展包括"选定项目""组建团队""合作探究""作品制作""展示评价"等要素，这些学习内容完整地构成"起点""路径""终点""评价"的课程开发过程。可以说，项目式学习是通往整本书阅读课程制高点的极佳路径，它能够帮助我们回归阅读主体，变被动学习为主动学习，变接受学习为探究学习。

一、项目式学习在《鲁滨逊漂流记》教学中的运用

我们以《鲁滨逊漂流记》为例，探讨如何在整本书阅读中开展项目式学习。《鲁滨逊漂流记》是英国作家丹尼尔·笛福的长篇历险小说，主要讲述了主人公鲁滨逊·克鲁索因出海遭遇灾难，先被海盗攻击，再到种植园，最后漂流到无人小岛，在岛上生存 28 年后，回到原来所生活社会的故事。该书首次出版于 1719 年 4 月 25 日，被认为是英国现实主义的开端之作。从这部小说的表面上看，讲述的是一个奇迹般的历险故事，探其内里，故事本身也有丰富的隐喻意味，触及诸多值得思考的命题。开展项目式学习时，我们固然要强化具有综合性的言语实践活动，要运用具有引导性的评价方式，但最关键的，莫过于任务情境创设与学习活动设计。

（一）创设具备开放度的任务情境

项目式学习要求学生组建团队完成任务，解决任务的经历即学习的过程。这就要求教师在设定任务时，注重任务的真实性、系统性、综合性、挑战性与开放度。项目式学习过程并不注重让学生们通过固有既定的方式来解决问题，它更注重激发学生们在尝试解决问题的过程中发展出来的技巧与能力。比如，如何提取信息，如何重组信息，如何深度思考，如何以有创意的形式完成任务，如何将想法付诸实践，甚至是如何加强小组合作等。显然，我们要基于整本书设定有足够"开放度"的任务情境，才能充分调动学生参与的积极性，增加他们在学习过程中的收获，生成具有多元

化、个性化的阅读成果。

《鲁滨逊漂流记》是一部历险小说，流落荒岛、独立生存的过程显然是小说的重点。不少教师都曾设计绘制"鲁滨逊大事纪年表"与制作"荒野生存指南"等活动，这些活动都注重回归文本，在信息搜索、整合范围、成果呈现等方面给出了一定的开放度。

我们还可以将任务情境设计得与真实的生活情境更为接近，扩大"开放度"，提升"挑战性"。我们可以请学生以小组为单位，设计一份报纸，报道"鲁滨逊"事件，这一任务的"开放度"高于前两个任务。我们"以终求始"，拆解学生在完成这一任务过程中的"能力提升点"：不同纸媒定位不同，受众不同，学生首先要确定报纸受众，且据此拟定报刊名称，确定报纸整体风格。因定位不同，不同刊物在报道事件时选取的情节，评论的视角也会不同，报刊报道中新闻的体裁也不尽相同——消息、新闻特写、通信、新闻评论皆可。如果我们设计采访环节，采访提纲、采访内容也各个不同。制作报纸的过程中，版面设计也培养了学生的审美能力。我们还可以将项目设计为依托《鲁滨逊漂流记》完成一次主题夏令营活动策划，尝试招募8—18岁营员，这也是具有开放度和挑战性的综合任务。

（二）确定具有逻辑性的学习链条

项目式学习总体情境确定后，在推进任务完成过程中，不妨将总体目标转化为若干个小活动，步步推进，这就要求几个子任务能够形成具有逻辑性的学习链条，形成整本书阅读的"整套"任务。我们以"鲁滨逊"主题夏令营策划方案为例，依据学习逻辑梳理"学的活动"。

我们可以借助对青少年夏令营活动的认知，结合文本，细化任务形式。哪些任务更适合教学，取舍的标准自然是依据文本教学价值确定的"教学目标"：梳理鲁滨逊的主要经历；整合文中"荒岛生存"细节，还原鲁滨逊人物形象；寻找鲁滨逊一步步走出绝望的精神力量。

结合教学目标，我们将本次学习项目活动确定为：（1）入营时，向全体营员介绍《鲁滨逊漂流记》一书主体内容，可用微信书或VR（虚拟现实技术）文案方式呈现。（2）入营后可选择的"鲁滨逊生存技能"课程开发。（3）结合《鲁滨逊漂流记》环境描写，给出本夏令营营地建设建议。（4）夏令营营员文化衫主题词撰写。

开展阅读活动前，学生应通读全书。教师可对学生的通读过程予以规划，如每天阅读多少，多少天完成通读等。教师可开发"通读任务单"，指导学生自读全书。初读完成后，教师可引导学生完成"全书梳理"的三个任务：

（1）梳理全书鲁滨逊大事年表，请以图尺标史的形式完成，即呈现"时间＋事件"的形式。

（2）回顾《鲁滨逊漂流记》中鲁滨逊在荒岛上的生活细节，提取信息、概括信息，盘点鲁滨逊在荒岛上的生存技能，撰写一份"荒岛生存指南"。（可不断延续下表完成梳理）

章节，页码	主要情节 （遇到的困难）	生存技能指南 （解决难题的方法）	鲁滨逊的品质

（3）关注鲁滨逊解决岛上困难前后的心态变化，摘抄鲁滨逊鼓励自己的话语做一部《鲁滨逊箴言录》

章节，页码	引起心态变化的情境	鲁滨逊自我鼓励的话语

学生完成通读全书的梳理后，可以就四个主体任务成果如何呈现展开讨论。我们可以提供四课时，让学生以小组为单位，研讨创意，分工合作，制作成果，教师观察学生讨论的情况，提供必要的支持。

学生成果完成后，教师组织"班级读书交流会"。

【阅读活动一】微信书 &VR 文案

设计这一活动的初衷是希望小营员入营后，能够在较短的时间内融入情境，了解鲁滨逊的传奇经历。合作研讨时，小组成员在整合本组几份"鲁滨逊大事记"后调整、完善，制作出鲁滨逊的"微信书"。如果选择设置 VR 体验区，撰写文案回顾鲁滨逊一生。无论是微信书，还是 VR 文案，我们都要以鲁滨逊的生活经历为蓝本。鲁滨逊的主要经历为"矢志远航""荒岛生活""回归文明"三大部分。最富有传奇色彩的部分是"荒岛生活"，交流讨论中，可引导学生关注经历转折的界分点。

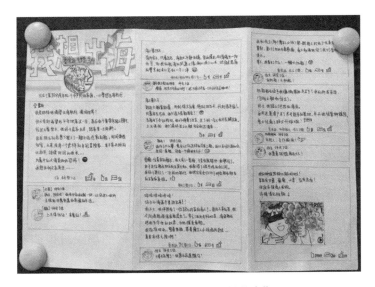

图 5-6 学生制作的"微信书"

【阅读活动二】荒岛生存技能课程开发

这一活动中，每个组推荐一个本组最感兴趣的项目，开发一门让夏令营营员喜爱的课程，为大家做介绍。课程设计可围绕以下几个要点展开：确定课程名称；展示原文依据，朗读重要细节；畅谈课程开发设想；撰写课程宣传广告语（可以用对联形式完成）。

同学们开发的课程有："荒岛安家，寻找居住地建房""农耕印记：种植与饮食""战斗武器的制作及使用""狩猎技能与动物驯养""小木舟成长记（左图）""荒野中疾病的救治（右图）""能工巧匠——你要沉静，细数年轮圈住的岁月"等。

图 5-7

同学们会在展示中呈现各有千秋的创意，力求让小营员在读书的同时增加生存技能。回顾全书，当我们发现，这些技能都源自鲁滨逊一人时，学生对鲁滨逊的形象的认识会更深入。此时，教师可在黑板上粘贴鲁滨逊的形象，请学生将形象特点写于叶片上，共塑鲁滨逊形象树。

鲁滨逊独自一人被困荒岛达 28 年之久，受尽煎熬，但始终毫不气馁，力争掌握自己的命运。他在荒岛上的生活如同人类进化史的缩影：从采集野果、猎捕野兽到饲养牲畜、种植粮食，再到制造器皿、小船……他历经种种挫折，却百折不挠，是一个实干、苦干、巧干的人物典型。

【阅读活动三】夏令营营地布置方案

鲁滨逊居丁荒岛 28 年，面对困境，很多时候他都在鼓励自己，这些言语值得品味。我们可以通过营地环境的巧妙设计让营员感受鲁滨逊的精神力量。准备过程中，学生可选择两种成果形式：其一，畅谈对夏令营营地环境设计的总体创意；其二，选择最打动人心的五句"鲁滨逊名言"，选择不同的书体撰写它们，并简述选择理由。

图 5-8　学生设计的营地乐园，有通关文牒，扫描二维码可见通关攻略

学生对营地的设计也充分体现出创造性，鲁滨逊"精神力量"的提炼使学生意识到：鲁滨逊海上遇难、死里逃生、流落荒岛，在绝望的情况下开始信仰上天。这是合乎情理的，也是真实可信的，特别是二三百年前的人物。但不管怎样，主人公在一切行动中始终以"理智"为指导，只是在绝望时感到这是上天或上帝对自己"原罪"的惩罚，取得成功时却又把一切归功于上天或上帝对自己的拯救。这不禁让人联想到《巴黎圣母院》中

的场景，当冉阿让偷走主教家的烛台从窗台上翻越而出时，一束月光照在他胸前的十字架上，他顿悟："上帝救人，首先救能够自救的人。"鲁滨逊始终在"有理智地实践"，这与我们中国的老话"尽人事，听天命"也有类似处，鲁滨逊"尽人事"，他不怕困难，自强不息，艰苦奋斗，重视理智。

【阅读活动四】夏令营 T 恤衫主题词撰写

这一教学活动是整体阅读活动的收束，我们可以启发学生思考：鲁滨逊 1632 年出生；1651 年开始远航，那年他 19 岁；1659 年流落荒岛，那年他 27 岁；1686 年离岛，那年他 54 岁。鲁滨逊凭借什么在荒岛独自生存 28 年？每个人的人生可能都会遭遇"孤岛"，从鲁滨逊的身上我们获取到什么样的力量？我们还可以引导学生用一句话表达自己的感悟：结合鲁滨逊精神，为夏令营写一句主题词，印在鲁滨逊主题夏令营的 T 恤衫上。学生写完后，教师可请学生当场朗读，请所有同学将自己所写的话贴于黑板上展示。

本项目式学习是以夏令营策划方案为载体，设计整套活动：在通读全书，整体梳理之后，完成微信书 &VR 文案、课程开发、营地建设、文化衫主题词撰写。这些任务由浅入深，由初读到深读，由个人到小组，再由小组到全班讨论，是符合学习逻辑的任务链条。这些"学的活动"设计中融入"提取信息""对联""书法"等学习要素，驱动学生在深入读书的前提下不断提高言语实践能力。学生也在项目式学习中深度参与，感受鲁滨逊的精神力量。

二、项目式学习在《时间之书：余世存说二十四节气》教学中的运用

二十四节气的文化图谱——《时间之书》阅读分享会

教学目标：

1.借助24节气美食图，梳理书中与24节气相关的美食与民俗等内容。

2.通过为诗歌寻找季节归属的活动，学会关注节气背后的人心理路。

3.通过四象时空渲染底色的活动，感受节气文化传递出的灵性与智慧。

整体设计：

以油纸伞为依托制作24节气的文化图谱：外围第一重：美食地图；第二重：诗歌图谱；第三重：讨论四季底色；第四重：个人感悟。

教学过程：

导入：各位同学大家好，在《时间之书》的序言中有这样一段话：

二十四节气是中国文明的独特贡献。农民借助于节气，将一年定格到耕种、施肥、灌溉、收割等农作物生长、收藏的循环体系之中，将时间和生产、生活定格到人与（　　　）相印相合乃至合一的状态。

此词应该是：天道！

传统社会，人们对天地时空的感受是细腻的。我们在刚才的地理课上了解了24节气的成因与物候现象，这节课我们关注《时间之书》中所说的24节气的那些人、那些诗、那些民俗、那些思索……

（一）活动一：图说24节气

24节气被誉为中国第五大发明，很多艺术家就此题材进行了创作。

2016年联合国教科文组织批准中国"二十四节气"列入人类非物质文化遗产代表作名录，被挑选作为申报推介宣传画的，也正是中山大学老师林帝浣绘制的一组"二十四节气"国画，意境唯美。

《时间之书》中有这样一段话：

P100　中国文化对时空的把握多会落实到身体语言上来，对小满节气的观察就是如此，人们还以色声味触等理解时间的属性。如夏天的味道，在中国人看来，就是苦味。夏天的瓜果蔬菜多有苦味，人们甚至直接以苦命名，如苦瓜、苦菜等。

王者以民为天，民以食为天，能知天之天者，斯可矣。

——管仲

我也认识一位美女插画师李晓林女士，她用两年的时间潜心研究24节气，绘制了一套"24节气美食图"，请将美食图按照24节气的顺序贴于伞的外缘。

图 5-9

总结：每一道有每一道的老讲究，一道一道细细品来，就是穿越回老时光。美食不仅在口中，还在我们无法被割断的文化中。

（二）活动二：诗说 24 节气

《时间之书》中有很多这样的语句：

P38 诗人当然也敏感于这时令的变易而感兴。

P150 大暑里有光景，有美，有元吉，有万物相处相劝的安顿。这一面也只有敏感的诗人、孩子才能体会到它。

P186 可见，启蒙的意义是重大的。而对诗人来说，白露永远是可以感怀的。

P195 但如前说，古代中国人对物候的感受是细腻的。

P226 对敏感的诗人来说，立冬是值得观察、沉思的。有意思的是，跟现代文人在立冬面前几乎交下的白卷相比，古人的感悟实在是太丰富了。

P252 人类在大雪面前变成了风雅之士，无数人的手和心灵感受过大雪。

《时间之书》中作者引用了很多首与节气相关的诗歌。我为每个季节找到一首诗或词，希望大家将这些诗歌贴在相应的节气位置上。

《立春》杜甫

春日春盘细生菜，忽忆两京梅发时。盘出高门行白玉，
菜传纤手送青丝。巫峡寒江那（挪）对眼，杜陵远客不胜悲。
此身未知归定处，呼儿觅纸一题诗。

《鹧鸪天》苏轼

林断山明竹隐墙。乱蝉衰草小池塘。

翻空白鸟时时见，照水红蕖细细香。

村舍外，古城旁。杖藜徐步转斜阳。

殷勤昨夜三更雨，又得浮生一日凉。

《和陈述古拒霜花》苏东坡

千株扫作一番黄，只有芙蓉独自芳。

唤作拒霜知未称，细思却是最宜霜。

《立冬》李白

冻笔新诗懒写，寒炉美酒时温。

醉看墨花月白，恍疑雪满前村。

总结：节气物候的改变总是能引起诗人的感兴，品读诗歌，追寻节气里的喜怒哀乐，我们让自己对文字更敏感；对话自然，我们也让自己对内心的变化更敏感，敏感的人，诗心不死。

（三）活动三：24节气的色彩印象

P184 在中国人的观察里，大千世界的每一物象都有其时间、空间属性，不同的时间、空间都有其声色触味属性。

请大家结合《时间之书》，为四季选择颜色属性并陈述理由。

春天的本质：生发、生长。（绿）

夏天：屡践。（红）

秋季：成熟、收获、唤醒、觉察、收敛。（白）

冬季：四时尽也，万物藏也。（黑）

四季规律：春生夏长秋收冬藏。

重温人与天地万物感应共鸣的古典时光，解读中国人千百年来证实的存在与时间。我们也可以结合自己的生活体验为季节赋予个性色彩。

（四）活动四：对话 24 节气（24 节气中的哲思）为圆盘的中心写一段主题词，体现你对 24 节气所承载的文化价值的思考或者说说我们了解 24 节气的意义。

P150 大暑里有光景，有美，有元吉，有万物相处相劝的安顿。这一面也只有敏感的诗人、孩子才能体会到它。

教师感悟：节气里有光景，有美，有元吉，有喜悦，有安乐，有悲戚，有感伤，有万物相处相劝的安顿。节气提醒我们人与自然的共生共存，我们对自然的认识也是对自己生命的感悟。我们在四季的更迭中返璞归真，与自然相谐，感受与大地沟通的灵性与智慧。同时，我们也该在季节与时光的轮转循环中也有所持守。年轻人，你去做三四月的事，八九月自会有答案。

全课小结：新儒家学者杜维明提出应该分辨三种不同层次的中国人："一、自然生命的中国人；二、社会习俗的中国人；三、文化意识的中国人。只要有中国血统，也就是有'中国根源'（Chinese Origin）的人都符合第一类；会搓麻将，懂得欣赏京剧，喜欢吃大鱼头，能够陶醉在剑侠小说里的可以算是第二类；但是只有经过自觉的反省而能够把中国的文化价值内化（Internalized）的才有资格达到第三类的境界。"

第四节　如何组织自由论坛课

"自由论坛"是最为自然的读书交流活动，接近于"聊书"。所谓"聊书"，就是指教师创设一种轻松、随意的氛围，如聊天一般，让孩子们畅所欲言，成为课堂的参与者，都能做到把自己读书的感受"说来听听"。

在全体学生都熟读本书，且大多数学生有较强的表达愿望的前提下，我们可以开展自由论坛课。

教师可组织学生畅谈自己感兴趣的话题，或者大家接龙，每人畅谈一个体会，再抛出一个问题，后续的同学可以回答前面同学提出的问题，也可以畅谈体会。教师也可以就某一个细节组织讨论，引导同学深入思考。"自由论坛"可由部分阅读经验较为丰富，由表达意愿强烈的学生组织。在我与学生共读《三体》的时候，班上有几位同学积极性高涨，于是，他们就成了"自由论坛"的主持人，同学们也在你来我往地讨论后，将自己最感兴趣的话题写成了小论文。每个同学的兴趣点不同，他们基于深度阅读的思索带给同龄人不同的启发。尽管他们的文字还不够成熟，但他们在阅读，在思考，在表达……他们感受科幻思维的冲击，他们学习理解生活，思考人类的价值选择，思考科学理性与人文情怀的矛盾。这种思考，弥足珍贵。

【案例】"我看三体"自由论坛

任务：围绕阅读过程最感兴趣的问题深入研究，写成一篇小论文。

1. 根据阅读感受，确定研究课题

阅读《三体》，你最感兴趣的是什么方面的内容？《三体》带给你怎样的思考与启示？请结合你的感触，写一篇小论文。

2. 参考话题（可选择，也可另拟定）

A.《三体》中的"硬科学"

B.《三体》中的"破绽"

C.《三体》中的理性

D.《三体》中的"经济学"

E.《三体》中精彩的科学幻想

3.写作论文

要求：

（1）明确观点，列出论文提纲；

（2）从书中找出相关细节支持论点；

（3）用论据证明论点，润色文字；

4.小组组织宣讲、交流，推选有思想深度的作品

5.班内展示评选

《黑暗中的守护者》
——根据歌曲《她说》曲调创编歌词

北京市朝阳外国语学校　张倚天　田青禾

他在恍惚中来过／他慢慢建立威慑／只是最后的承诺／还是没能消除了灾祸／

你曾做的没有错／只是强者的独秀太莫测／他的错与对／

曾经淹没了一个文明在黑暗中的诉说／

无论你与谁／都在面壁中劳累／实力烧成灰／还需要藏头护尾

敌人心头的无畏／已被咒语默默地摧毁

无论你与谁／与世隔绝的岗位／望宇宙昏黑／欣赏万物的真伪／

今后不再有天明／等待平面中的苏醒

幻想绚丽　构思巧妙

北京市朝阳外国语学校初二年级　金语欣

读《三体》，我仿佛开启如梦的旅行，离开地球，来到三体世界，突

然，又穿梭在银河系中，瞬间，落入时间的深渊，继而，出现在宇宙的边缘，最后，只是一个人类的镜面。我意识到，我在最神秘的宇宙和最复杂的人性中无尽徘徊。

《三体》一书，有着异常绚丽的科学幻想。首先是选材，它建立在真实的宇宙图景上，以半人马座的三体人做背景讲述着人类一系列复杂的行为。与众不同的是，《三体》是想象与真实的完美结合，它既不是老套的时空旅行，又不是星球毁灭，而是几乎将所有科幻结合起来又将其颠覆得超乎常人的想象，是物理学、宇宙学与文学的完美结合。

《三体》一书，有着异常巧妙的构思。第一部以倒叙的形式引出了一系列情节。有人说，《三体》第一部只是整个系列的一个开头，可是在作者的精彩描述下，它本身也是富含推理之趣与想象之美的独立篇章。全书通过从宇宙不合常理的闪烁讲起，引出三体世界的虚拟游戏，叙述过程中穿插了红岸的历史，最后，秘密公开。在"三体"游戏中作者的幻想更是让我回味无穷，各号文明汇聚了中国历史、外国伟人与各个时期的技术。恒纪元、乱纪元、三日凌空、大撕裂……让我佩服作者天马行空的自如想象。

《黑暗森林》全书的构思也十分巧妙，先是写到罗辑与叶文洁的谈话中隐藏的宇宙生存图景，后写到罗辑莫名其妙地当选为面壁者，一系列影响下罗辑终于在两个世纪后拯救了人类。这部书中最显著的特点是前后呼应。"面壁计划"写得很是精妙。作者不仅要设计四位面壁者的不同计划，还要设计计划破绽、破壁细节。泰勒的计划中加入量子学更显精彩，"思想钢印"意味深长。罗辑的计划更是挑战了我的想象力，两条生存文明法则也融入得合乎逻辑。我本以为《黑暗森林》已经是罗辑命运的结局，没想到《死神永生》中再次设计出"执剑人"计划以及一系列的文明斗争，三个童话以及最终的结局不由得让人回想着整个地球三部曲。

《三体》三部曲中令我难忘的种种精彩，也同样化作我对宇宙、生存的认识。它是科幻的基石，更是文学的巅峰。

英雄在文明史中的重要性

北京市朝阳外国语学校初二年级　胡北南

《三体》中，有不少人类文明的英雄涌出，如苦守五十年执剑人座位的罗辑，为保留人类文明忍辱负重的舰长章北海，看透结局却没能挽救的维德……这些人无不在地球文明的延续中起到至关重要的作用，他们引我们深思：英雄的意义何在？他们为何会冒着各种风险为人类文明献身？

我想起了小说《魔兽世界》，讲述了一个兽人（游戏种族）英雄为了保护同伴们撤退，自己冲入了骷髅大军的深处，激战至死。在保护文明的战斗中以自己的生命保全众人，虽然小说中还说明了他"一心求死"，但这种气概也是可歌可泣的。

《三体》中并没有出现过这样战死的英雄，却有为爱默默送出一颗星星，在自己被人类文明出卖后仍透过童话传递信息的云天明。英雄的存在总是在推动历史。可见，《三体》中的英雄大多是在精神上的折磨中度过人生历程。

这时再提到"英雄"的字眼就多了几分豪气，金庸笔下的郭靖黄蓉夫妇，镇守襄阳城。作为侠之大者，他们不仅在第一线的战斗中显现出来，还对大众的心态有着极大的鼓励。在历史记录中，英雄的死亡率是远远高于人民的。在西方中世纪的骑士精神中，每逢战争，英雄总要冲在第一个……但为什么在每个人的心底还是有这样一个（成为英雄的）愿望呢？

正如人们在选择下一个执剑人时的心态：寻找到一个信仰，不管她是不是真的能控制住局势。于是他们找到了"圣母"，一个慈母形象的女性，她带来的不是和平，而是信仰。

最后值得一提的是另一种"英雄"了，即大史，这样的一个人，不算是有名，但是是个狠角色。他协助汪淼众人，陪伴罗辑半生，救了他五次生命，随时保证着他的安全。他也是罗辑唯一的倾诉对象。他有着军人的直觉，不顾自己的病，坚守职责。他也陪伴了大部分英雄的一生。这样的人作为配角出现，却引得比主线英雄还要多的关注，从读者看来，他也是一个对历史贡献极大的英雄吧。

希区柯克曾说过，要想做一个真正的英雄是没有选择余地的，往往是要么成功要么成仁，无论怎样，他们都是伟大的，值得去尊重的……

《三体》中的人物

北京市朝阳外国语学校初二年级　王赫彤

在我的身边，有很多《三体》的读者。大家对于这部科幻小说大多抱有不同看法：有的欣赏它起伏的情节和前后的呼应，有的欣赏书中较符合科学发展趋势的新式飞船和设备。而我作为一个喜欢以文学视角欣赏的人，最欣赏的是作者对人物的塑造。

让我首先从一位在全书中具有较大争议的人物——程心入手。与其说她具有较大争议，更不如说对于大多数读者，她是一个最不受欢迎的人物。程心在刚开始从"摇篮计划"脱颖而出时，她还是位"普通"的科研工作者，至多是一个被人送了星星的幸运女人，但她上司维德孤狼般的凶悍和暗恋她的云天明的执着和浪漫无疑给她增加了很多戏份。

在程心冬眠之后，她认识了艾AA。一次AA来接她时，她上错了车，差点被维德杀死，这一切的根源都是因为维德想成为执剑人，但这次刺杀的失败却适得其反。在新时代人们对"和平"与"爱"的渴望下，程心反而被公众看好。而作为一个普通女性，程心表示想用爱来感化矛盾，并在联合国大厦处抱着小女孩拍下了如圣女般的照片。

但执剑人并不是普通人，他掌握着两个世界的命运并需具备强大的心理素质。第一代执剑人是罗辑，他是一位保护人类和平的斗士，而他对于三体世界具有90%以上的威慑度。程心是个"圣母"，她在人们心中是远远好于罗辑的——因为用人类的话来讲，越有威慑力就越危险，就不让人放心，所以程心便被推选成了"执剑人"。

此后，程心在三体发动的进攻中放弃出卖两个世界以获取威慑，最终导致人类文明陷落。读者们大多认为就是由于程心的错误判断导致重大后果。我们不妨细想，程心是一个普通人，她有人类所具有的美好情感，她出于对两个世界的爱和潜意识中对"同归于尽"这个概念的不认可导致了她并未发射引力波也是正常现象。而人类在此前并未对三体发动进攻的情况所出合理预计，这是新时代人类犯下的错误。由于扎根于人们心底的和平观念，程心才被推选为执剑人，归根结底，此事件的责任人并非程心而是人类，最终的祸根是所谓的"和平"观念，我们在此将其归为人性的一部分。

这样的过程和客观的反思把新时代人类的群像雕刻出来；程心这样一个让我同情的形象也得以呈现得有血有肉，那么让我们回归上面所说到的话题：人性。

人性差点毁了人类，但人性也曾救了人类。罗辑在成为执剑人前曾经是面壁者，由于联合国对其妻儿的抓捕而逼罗辑真正推出了黑暗森林法则并制造了威慑。罗辑的妻子庄颜可以说是他的梦中情人，他对于完美女性的想象成为了现实，他挚爱自己的妻子和他们的爱情结晶，正因如此他才推导演绎出宇宙社会学"黑暗森林法则"。

但我们不能轻易地对"人性救了人类"的观点报以认同。因为在罗辑成为执剑人后，他为了人类文明的安危离开了妻儿并在孤独中真正成为了一身兽性的"面壁者"。在此时，他为了人类献身并舍弃了自己的生活，这又说明他完全脱离了"人性救人"的范围。这不禁引人深思，虽然人性救了人类，可出于人性的思想又节外生枝出了高于人性的另一种思想，那么人类的思想究竟是怎样的，或者说人类又究竟该保留或放弃哪种思想？

让我们从三体世界的角度再度切入吧。三体世界将程心的威慑值定为 70%—30%，罗辑的威慑值大于 90%，而维德的威慑值爆表，其依据是人性的由高到低，人性越高威慑越低。"生存是文明的第一需求"是基于"黑暗森林"建立的原则，一切善良或美德在生存面前一文不值，这正解释了威慑值高低与人性成反比的终极原因。与其相反的兽性则在另一方面证明了"宇宙社会学"对其的需求，如维德的光速飞船，罗辑的执剑……

在最后，我们用维德的一句话作为对人性兽性的取舍，让我们站在正执剑的程心的角度再次选择吧。"失去人性失去很多，失去兽性失去一切。"

第六章

表达：落笔沉淀、成果共享

第一节　以终求始，追问阅读输出

书籍，举世之宝，阅读整本书对于初中生的精神成长有着不可替代的重要作用。如何在课堂教学层面开展有质量有深度的班级共读，成为我们共同探索的课题。我们不妨"以终求始，追问阅读输出"。

追问一：何为"阅读输出"？

"阅读输出"是常常被用于外语学习中的词汇，意为对习得语言的表达与运用。就母语阅读而言，同样存在"阅读输出"。"阅读输出"可以指把以阅读方式获取的知识、能力、方法、情感态度价值观、素养等以有效的形式内化到读者的心灵中，并借助行为或语言外化呈现。"阅读输出"的前提是"输入"，是读者对文本的深度阅读。"输入"的过程也是"加工"的过程，读者在"输入"的同时调动已有阅读经验、生活体验，以各自不同的形式对信息进行重组，从而形成个性化的认识、理解、感悟，困惑。最终的"输出"就是将阅读后获得的信息、体悟、感受予以表达、展示、分享的学习过程。

阅读是极具个性化的行为，阅读输出的样式也应当是丰富多彩的。

"多元智能理论"提示我们在教学中应根据每个学生的智能优势和智能弱势选择最适合学生个体的方法。整本书阅读教学中，我们既要让学生"读有所得"，也要让他们"得有所长"。《义务教育语文课程标准（2011年版）》指出："应密切关注现代社会发展的需要，拓宽语文学习和运用的领域，注重跨学科的学习和现代科技手段的运用，使学生在不同内容和方法的相互交叉、渗透和整合中开阔视野，提高学习效率，初步养成现代社会所需要的语文素养。"[1]《课标》同时指出："能主动进行探究性学习，激发想象力和创造潜能，在实践中学习和运用语文。"[2] 教师可以在阅读输出的过程设计多种任务形式，体现学习活动的"探究性""综合性""实践性""创造性"。

在整本书阅读输出的任务形式中，教师可使用以下这几类样式：

1.写：文字类

读后感、文章评论、书评、微论文、书信、续写、改写、扩写、缩写、咏人诗、歌词、剧本、人物传记、人物纪年表、腰封设计、推荐语、辩论稿、台本、贴吧、弹幕……

2.画：图画类

思维导图、谱系图、纪念馆设计图、人生旅行地图、人物形象复原图、物件复原图、地形图、报纸、LOGO设计……

3.说：口头表达

朗读、演讲、辩论、讲故事、聊书、采访、讲座……

4.演：借助肢体动作的呈现方式

课本剧、微电影……

---

[1] 中华人民共和国教育部制定.义务教育语文课程标准（2011年版）［S］.北京：北京师范大学出版社，2012：4.

[2] 中华人民共和国教育部制定.义务教育语文课程标准（2011年版）［S］.北京：北京师范大学出版社，2012：6.

5. 做：其他形式的创意作品

命题、书签秀、诗画擂台、飞行棋、网络游戏开发、玩具、文化创意产品、迷宫、建模、自制动画或视频、朋友圈、微信名片……

任务形式的多样化有效激活了学生的阅读兴趣，学生们深读原作后能够在自己的优势智能领域各展所长，呈现多样化的阅读成果，表现出难能可贵的创造性。

追问之二：为何"阅读输出"？

"阅读输出"是作秀吗？答案是否定的。

首先，"阅读输出"是符合学习逻辑的"输出"，是阅读者自然而生的需求。

我的学生曾这样说："刚刚读完一本大部头，是完全没有可能马上开始一本新的大部头的，因为感觉心里空空荡荡的，脑袋里满满当当的，根本装不进新的东西。"或许，"心里空荡荡的"是因为终止了一段有主人公和作者相伴的旅途，心里充满了依恋和不舍；或许，"脑袋里满满当当"是因为一本好书会在他头脑里生发出很多思想和情感，这些思想和情感在头脑里堆积、纠缠在一起，自己一时也没有办法厘清，但是这些积聚在他头脑里的东西，正是一本好书对他最宝贵的馈赠。这样的感受曾变为他笔下的咏人诗，也曾成为他绘制的思维导图，还成为他设计的苏东坡纪念馆，以及他撰写的万字论文《〈水浒传〉与〈斯巴达克斯〉比较阅读》。"阅读输出"使得他不断回顾、梳理、提升自己对于书籍的认知，

他的"阅读力"也与日俱增，初中三年，他的阅读总量超过4000万字，他也在大量阅读中找到了人生的发力点。

其次，"阅读输出"是我们撬动整本书阅读教学的杠杆，它可以促进学生在整本书阅读过程中变"被动学习"为"主动学习"。

"学习金字塔"是美国缅因州的国家训练实验室研究成果，它用数字形式形象显示了：采用不同的学习方式，学习者在两周以后还能记住内容（平均学习保持率）的多少。它是一种现代学习方式的理论。最早它是由美国学者、著名的学习专家爱德加·戴尔1946年首先发现并提出的。

在塔尖，第一种学习方式——"听讲"，也就是老师在上面说，学生在下面听，这种我们最熟悉最常用的方式，学习效果却是最低的，两周以后学习的内容只能留下5%。第二种，通过"阅读"方式学到的内容，可以保留10%。第三种，用"声音、图片"的方式学习，可以达到20%。第四种，是"示范"，采用这种学习方式，可以记住30%。第五种，"小组讨论"，可以记住50%的内容。第六种，"做中学"或"实际演练"，可以达到75%。最后一种在金字塔基座位置的学习方式，是"教别人"或者"马上应用"，可以记住90%的学习内容。爱德加·戴尔提出，学习效果在30%以下的几种传统方式，都是个人学习或被动学习；而学习效果在50%以上的，都是团队学习、主动学习和参与式学习。

"阅读输出"既有"做中学"和"实际演练"的维度，又有"马上应用"的意味，大大提升了整本书阅读的学习效率。

追问三：如何提升"阅读输出"的质量？

就"阅读输出"而言，输出成果存有高下之别。

最常见的读书成果，是手抄报，包含作者简介，故事梗概，精彩词句摘抄，感悟书写等。这的确也是阅读输出的形式，但若所有的书册只采用这一种形式，很难维持学生的阅读兴趣，很难将学生的阅读行为深化。

我们不妨"输出驱动，输入促成"，做好整本书阅读活动的策划，做好打通学习路径的规划师。我们可以搭建任务支架，构建开放互动的课堂，引导学生这一学习主体的真实生长。

优质的阅读任务源于对整本书文学价值的独特开掘，对教学价值的准确定位，对阅读策略的精准选择，对活动的精巧设计。学生的每一份优秀成果的背后都离不开教师的专业引导。吴欣歆教授在《培养真正的阅读者》一文中曾说："在某种意义上说，语文教学是教师用自身的语文学习经验引领学生的语文学习实践，要指导学生阅读，教师首先得是一个成熟的阅读者，有良好的阅读习惯，对阅读对象有自己的感悟与思考。以此为基础，帮助学生更好地阅读，帮助他们在阅读过程中走向更好的自己。"[①]

教师的"语文学习经验"在教学中就体现为对所读书册的独到解读。

比如，在《水浒传》的阅读中，教师可依据《水浒传》"链式结构"的特点，引导学生用"内容重构"的策略为英雄人物立传，将散落在不同章节的同一人物的故事梳理整合。《水浒传》每数回出现一个中心人物，成为一个环。同时这一环又与下一环相连，环环相扣，各自集中描绘了人物性格的形成和发展。这些人物一个个连缀起来，通向共同的归宿——梁山。

在引导学生为人物立传时，教师可为学生规划学习路径：第一步，梳理基本信息，为此人物建立基本信息表。第二步，撰写"小传记"章节目录，在此时教师可以提示学生传记编写体例有以下四种：以时间发展为线索，以主要事件为线索，以人物关系为线索，以身份变化为线索。第三步，学生分成小组，撰写传主"浓墨重彩"的一章。第四步，仿照史家笔法为传主写评论性文字——"赞"。教师可先为学生提供样例，如《五柳先生传》或《史记》中的"赞"，引导学生区分"赞"语中的观点与事实例证，搭设任务支架，引导学生从仿写入手，完成高质量的阅读输出。

优质阅读任务应当符合以下几个原则：

---

① 吴欣歆.培养真正的阅读者以《小王子》为例谈整本书阅读指导［J］.中学语文教学，2017（10）.

其一，鼓励成果多样，言语解说是核心

学生可以用多种形式呈现自己的阅读成果，但在展示、交流之时，务必要求其对作品予以口头介绍或文字解说，这样，既保护了学生创作个性，也发展了他们的言语实践能力。

其二，关注所读书册的形式特点及文体特点

教师可以关注书册的目录设置与插图设计等信息，并由此切入设计阅读任务。比如在《骆驼祥子》《红岩》等书目都没有目录的具体名字，教师可尝试使用"目录撰写"的任务，鼓励学生用章回体小说回目概括的形式完成任务。"目录撰写"既考查了学生对本章节主要内容的理解概括，又考查了学生的语言运用能力。

其三，指向本书教学价值

开展整本书阅读时，首先要确定整本书阅读教学价值，即我们希望学生在阅读此书时所提升的能力与建构的策略等。对于传记类、诗歌类、散文类、小说类、书信体、科普类、报告文学等不同体裁的作品我们要关注其自身特点，巧妙设计。例如作为一部"硬科幻"，《海底两万里》有三大看点：尼摩船长，鹦鹉螺号潜艇，疯狂的大海。他们一个是真正的人类，一个是人类创造的机器，一个则是人类征服的对象。作为人类代表的尼摩船长有不畏强暴、勇于反抗的性格，同时，他对弱小民族抱有深深的同情。我们可以据此出发，设计教学任务——解密尼摩船长，复原鹦鹉螺号，梳理海底两万里路线。

再如，阅读《骆驼祥子》一书，祥子命运起落与悲剧命运成因都是本书教学价值所在，我们可以结合这些专题设计绘制"祥子的命运起落图"或探究"祥子的沉沦，谁之过"等研读活动。有的同学设计了牵线木偶图，将祥子的木偶版手绘形象剪贴好粘于海报右侧，将影响祥子的人物按出场顺序分布于海报左侧，同学们用细线把"重要他人"与祥子的胳膊、

腿等穿连起来，形象地表明这些人物对祥子命运的改变都起到了一定的牵拉作用。还有的同学设计了祥子悲剧命运转盘，随着祥子命运罗盘的旋转，转盘会逐一显露出影响祥子生命中"重要他人"的主要经历、形象特点等。这些探究成果都直指教学价值，综合性强，富有创意。

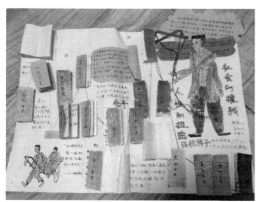

图 6-1

其四，体现阅读策略。

如果我们将学生共读书册的主要阶段大致划分为"初读"与"深读"两个部分，那么，"预测""融入""批注""组织""跨界阅读""捕捉闪回""寻找照应""理解监控""图文互解"等策略更适用于初读阶段，"自我提问""分析冲突""图文转化""内容重构""对照阅读""再现还原""建立联结"等更适用于深读阶段。阅读策略是教学中的训练手段，也是重要的教学内容。当我们找到了适合每本书的阅读策略，就找到了整本书阅读教学的新支点。

总之，在整本书阅读活动设计的过程中，我们可以不断追问"阅读输出"，步步推导，精心搭设任务支架，用教师自己的阅读经验帮助学生成为成熟的阅读者。教师要关注学情，捕捉契机；设计路径，搭建平台。教师更要相信学生，留出期待；相信学生，耐心等待，与学生共建智慧宝库。

第二节　整本书阅读与个体生命成长

"老师，我被牛津大学录取了。"这则信息来自宋伦宸，人大附中国际部高三学生，2014—2017 年就读于北京市朝阳外国语学校初中。初中三年，我是他的语文老师。他被世界顶尖名校录取，让我欣喜，但并不感到意外，因为他在初中阶段就表现出了极强的"阅读力"。

2014 年 9 月，宋伦宸是个虎头虎脑的大个子男孩，谦恭有礼，在课堂发言与文章写作中体现出宝贵的思想与男孩子该有的气度与格局。我意识到，这个孩子在小学阶段，读书有量有质。

后来，我得知，他有一位非常注重培养孩子"阅读力"的妈妈。这位优秀的母亲曾经这样记录自己对孩子阅读能力的培养经验：孩子二年级时喜欢听《三国演义》的评书，从此对三国的热爱一发不可收拾，家里各个版本的"三国"以及各个版本的"说三国"一应俱全。孩子的阅读兴趣又由"三国"延伸至"三十六计"和"孙子兵法"。孩子的"三国热"大约四年级降温，这位母亲又给孩子选择了汉朝历史、唐朝历史、清朝历史阅读。这位母亲认为，男孩子必看两类书，一是战争历史类，另一类是推理侦探类。她给孩子推荐了《福尔摩斯探案集》，激发孩子阅读探案故事的兴趣，提高孩子阅读大场景故事的信心。这位母亲相信孩子内在的精神、智慧和身体一样是在不断成长着的，这种成长有他独特的节奏和规律。当孩子的内在需求和大人提供给他的书高度契合时，阅读对他而言是一种莫大的享受。她说不清阅读给孩子带来什么样的益处，但是她相信阅读在孩子心里构造了另一个世界。这个世界使他自信，使他不会被起起伏伏的分数打败。

　　班里还有不少孩子有较好的阅读基础，这也促使我不断思考：如何在推进语文常规教学的同时将整本书阅读做得更好？如何保护孩子们的阅读兴趣？如何让他们的"阅读力"在初中阶段获得新的发展？

　　单篇课文的教学无疑是教学的主体，在教学中，我与同事一起注重选择教材中的经典篇章，精讲、拓展。例如在阅读《秋天的怀念》时，我们将其拓展为史铁生专题，与学生共同阅读了《我与地坛》《合欢树》等篇目，引导学生理解"一个时代的精神底盘"。为了让单篇阅读变得更有乐趣，我也设计了不少言语实践活动，引导学生在真实的任务情境中走进文本，深读深思。在讲解《福楼拜家的星期天》时，我借助比较人物的"同中之异"与"异中之同"，力求让学生感受到作家描写的精妙，从而捕捉人物群像的精神侧影。此次三五知己的倾心畅谈之景由福楼拜的学生莫泊桑执笔"素描"，他秉承着老师的创作理念"作家在作品中应该像上帝一样，到处存在，又无处可见"。我们从莫泊桑的精妙描写中看到了广博智慧的屠格涅夫，敏锐犀利的都德，深沉温和的左拉以及热情真诚、雄辩过人的福楼拜。这几位大家又形成了丰富的对比、微妙的映衬，而众星捧月，又烘托出福楼拜这一精神领袖的非凡魅力。"第三人称"的视角让我们感受到莫泊桑的"无处可见"；而"非凡""极大""很少""总是"等修饰语的使用又让我们感受无处不在的仰视与崇拜，正所谓"有我恰在无我处"。课后，我布置了一个作业：作为《福楼拜家的星期天》微电影的拍摄者，写一篇"拍摄手记"。以下是宋伦宸同学 2015 年的作业：

　　（镜头拍摄在埃菲尔铁塔上，渐渐扩大）

　　午后的阳光照在埃菲尔铁塔上，把它渲染成了一种奇妙的金色。杜伊勒丽的花园里的花朵点缀着被阳光镀金的草坪，仿佛增添了几抹芬芳。罗浮宫内外，看花的人三三两两，更多的人在街边坐下，看着绚烂的花朵，来上一杯美妙的咖啡。这座浪漫之都的下午，一切都那么的惬意。

（镜头来到房间内）

阳光通过一扇整洁的玻璃窗户，照在了一个身材微胖的圆脸男人的身上。他就是福楼拜。他头顶的头发有些稀疏，因此显得有些滑稽，但这丝毫不影响他那浓重的墨眉下的那双炯炯有神的大眼睛放着光。他浓密的"人"字型胡须覆盖了他的嘴巴。此刻，他正身穿礼服，看着屋内的另一个年轻的男人。"居伊"，福楼拜对他说："你的文章着实有进步，但你仍须仔细观察，细节仍要反复修改。加油，年轻人，如果你坚持下去，加上你过人的才华与天资，你会一展宏图的！"

"是的，老师，谢谢指教。"居伊·德·莫泊桑毕恭毕敬地拿着文稿，对着老师鞠了个躬。与他的老师不同的是，莫泊桑长着一张长方形的脸，他浓眉大眼，鼻直口阔，高挺的鼻子和坚毅的眼神透露了他百折不挠的精神。

"记住，锲而不舍，金石可镂。"福楼拜慈祥而又期许有加地看着自己的爱徒。

就在此时，门铃响了。"啊，我的老朋友来了！"福楼拜兴奋地从椅子上弹起来，胡乱盖住文案，几乎是飞到门前，把门打开。迎面走来一个花白胡须的短发老人，他热烈地抱住了福楼拜，连鬓胡子几乎碰到了福楼拜的脸上。"老朋友，好久不见！"年近花甲的屠格涅夫大声说道。

屠格涅夫仰坐在沙发上，看着莫泊桑，"啊，这个年轻人就是你的高徒了？"福楼拜答道："正是。""幸会！"屠格涅夫刚要走过去与莫泊桑握手，门又开了。

都德迎面走进来，他乌木色的头发与乌木色的卷须连成了一片，显得十分的威武。他随手拿了把椅子坐下。一进来就打开了话匣子，"丹普战争，普法联军打赢了，这可是一场胜仗！"爱丽舍宫正在欢庆，路易国王召开了大型舞会。他努努嘴，眯着眼。很快，他又将话题扯到了艺术上，

"你们看过印象主义画展了吗？那么缤纷的颜色，他们一定很有前途的。"

这时，累得气喘吁吁的左拉走了进来。他瘫在沙发上，扫视着大家的脸，他黑色的眼睛左扫右扫，他在倾听。

这时，朋友们开始争辩。福楼拜军号般的大嗓门说道："印象派就像文学之浪漫主义一样，荒唐！艺术，是用心观察，描绘事实！"

左拉喝了一口白兰地，说："美术和文学是艺术母亲有所不同的双胞胎，自然主义不仅是描绘事物，更是寓情于物。美术的学院派早已死而不僵，离灭亡不远了。"

"可是，"都德霍地坐起来，他举高了手，做着手势，"就巴黎来说，美术的古典学院派绝对占了上风，如同文学的自然主义"。

朋友们的争论持续到了天黑，一轮皎洁的明月镶嵌在天空之上，游走于白云之间，白色的大理石在月光下晶莹别透。福楼拜与朋友们一一拥抱，最后尽兴而散。"真是酒逢知己千杯少啊！"他感慨道。

在他的作品中，我们不难看到，文学沙龙中的大家形象都通过其言其行跃然纸上，人物对话的补充也较好地诠释了作家的文学理念。不难想象，宋伦宸同学查阅了相关资料，并通过合理想象完成了这一言语实践任务。

在作文训练中，宋伦宸也常常带给我惊喜。就写作，我与宋伦宸及其家长有过这样一段交流《从一篇习作和一封来信看阅读给孩子带来的变化》

题目：在旅行中，你游览过令人陶醉的风景名胜，踏访过引人遐思的历史古迹，结交过志趣相投的旅伴，经历过难以忘怀的事情……请以"_____印象"为题，写出你的所见所闻所感。

一篇习作：

日出·印象

北京市朝阳外国语学校初二（2）班　宋伦宸

凌晨，当天际被笼罩在一片黑暗之中时，我登上巴黎圣母院的钟楼，静候日出。

站在这座历经百年风霜的哥特式教堂的高耸的钟楼顶上，站在旧经中二十四君王曾站过的地方，站在敲钟人——卡西莫多曾深情地注视着爱斯美拉达跳舞的地方，我看见东方出现了一丝曙光，射向了大地。渐渐地，那束光变得明亮，圆盘一样的太阳缓缓从东方，从比利牛斯山脉的尽头升起。它是血红的，它用热与力撕开了黑暗天际的一角。紧接着，天空仿佛燃烧了起来，云霞被映红了。接下来的变化是突如其来的，令昏昏欲睡的我猝不及防：仿佛在一瞬间，光明彻底冲破了黑暗，太阳占据了天空，将光芒洒向大地。黑夜结束了。

站在钟楼上，我呆呆地发怔，好像刚才的日出不过是梦幻一场。看着眼前逐渐消散的晨雾，我不禁有些眩晕，眼前的景色突然有了不真实感。

我慢慢向前走去。不错，正如雨果所说，这是"石头的交响曲，是印刷术被发明之前的人类的智慧与感情的结晶"。它屹立着，度过百年风雨，依然不倒，因为它在静候自己的日出。法国大革命的炮火曾经淹没了它，愤怒的人们曾把它的彩色玻璃打碎，将二十四君王像搬走；拿破仑曾带领着得胜归来的法军，高奏凯歌，昂首走进圣母院，穿过凯旋门，耀武扬威；他又带着雄心一路向东，去了俄国，却再没有回来。法王曾在这里绝望地看着德国大军气势汹汹占据巴黎，又在二战失败后被法军杀得片甲不留。那时，法国看到了日出，圣母院也看到了日出。

站在小说中卡西莫多曾敲过的大钟前，我仿佛看到卡西莫多冲出教堂，抱起被抓的爱斯美拉达，不顾一切地跑出广场，那一刻，两个不幸者的心紧紧连在了一起。一直到死，卡西莫多仍然抱着爱斯美拉达。因为，她就是他的日出，他终于等到了日出。

我站在钟楼顶上，伴着高踞楼顶的石怪，静静地注视着下面众生的福与祸，生与死。我在等待，我在奋斗，我要创造属于自己的日出。当属于我的太阳撕开黑暗，我这个凡人要像英王一样拍着胸脯，说："吾之疆土，太阳永不落！"我将拥有自己朝阳般的未来。

【张媛老师评语】

作者眼中的日出，不仅是云霞升腾的绚烂，更是在宏大背景下他对"日出"意味的追寻。经由"石头交响曲"的巧妙过渡，圣母院上观"日出"也由自然中的实景变成作者与历史的对话、与经典著作的对话。"日出"由具象而抽象：它是法国人民奋争的力量，是卡西莫多对于爱情的执着。静思之后，作者将其与自己的生活体验相联系：我也要让自己的日出撕裂黑暗，伴着撕裂的苦痛，感受重生的欣喜。朝朝日出，与其一同升腾而起的，是那颗有希望的心……

一封来信：

张老师：

您好！

收到您对宋伦宸的作文的评语我非常惊喜，感谢您对学生作文的用心。宋伦宸曾告诉过我，您曾经为一位同学的作文写下过比一页稿纸还多的评语，能遇到这么一位认真、有担当的老师真应该说是他的福分了。

他的这篇作文我很喜欢，虽然他在遣词造句方面还很粗糙，有很大的欠缺，但是这篇作文表现出了一个青春期的男孩子应该有的气势和气度。

宋伦宸进入初中后，阅读水平和写作水平都有了质的飞跃。整个小学阶段，他的绝大多数课余时间都用来读书了。到了六年级以后，我有一些犹豫：童书对他来说显然是太浅了，但直接让他读世界名著大部头是否合适？他是否能理解？对他是否有副作用？六年级下学期，适逢电影《悲惨世界》上映，老师带着学生一起看了影片的录像，并初步讲解了小说，他很感兴趣，我顺势为他买来了全本的《悲惨世界》，他一口气读完，表示很喜欢。从此，一个崭新的世界在他面前展开了，他热爱雨果，他读完了所有能够找到法国名家的作品。进入初中以来，在语文老师的引导下，他的阅读范围进一步拓宽，对作品的理解也深刻了不少，他开始思索，对作品的理解再也不是停留在看故事情节上了。

上学期对《梵高传》的阅读，使孩子受益颇多，这种教益不仅仅是文学上的，同时还涉及艺术、宗教甚至是哲学。感谢老师没有囿于课本和教学大纲，跳出常规思维，为学生选取如此精彩的作品。真正的语文教育应该兼顾美学教育甚至是人生教育，我很庆幸，这种教育，孩子在他的语文课堂得到了。

这学期读《骆驼祥子》，他表示很震撼。上周末他特意去看了人艺演的话剧《龙须沟》。我想他应该又爱上了老舍，爱上了话剧，爱上了独特的老北京风情。因为多了一些热爱，所以他的生活中又多了许许多多的期待。

世界上美好的事物很多，但只有善于体悟的心灵才能够领略。感谢老师带领孩子探索、体会文学名著的世界，让孩子有了发现美的眼睛和表达自己的能力。

宋伦宸家长

2015 年 11 月 14 日

看到这样的作文，收到这样的信件，我的内心充满了感动。我们步履蹒跚的改革得到了家长的支持与认可，这让我备受鼓舞。在 2014 年至 2017 年，我们备课组都在尝试推进整本书阅读。我们拟定了校本书单，在整合课内教材的前提下，按序列推进整本书阅读。书单共分"诵读传统经典""课堂精读书册""课外拓展阅读"三个维度，引导学生拓展阅读。我仍记得在初二刚开学时，我带着孩子们回忆我们初一全年阅读的书目，他们说书名，我写在黑板上，接下来，我问："你们知道每本书的字数吗？"当我把字数一一写在书名旁边后，请同学们做做加法，当孩子们算出我们一年共读了 300 万字之后，他们激动地给自己鼓起掌来。当时，我们《课标》要求学生三年阅读量不少于 260 万字。我和同学们约定，初中三年，我们集体共读书目的阅读量要努力突破 1000 万字，2017 年 6 月，我们做到了。

以下是我们三年来共读的书目：

表 1

初一		初二		初三	
书名	字数	书名	字数	书名	字数
《曼德拉传》	44.5 万字	《四世同堂》	100 万字	背诵：苏轼诗词文 80 首	共计 8000 字
《西游记》	82 万字	《苏东坡传》	26 万字	《唐宋词一百首》	（8 万字）
《朝花夕拾》	19.8 万字	《文化苦旅》	23.5 万字	《三国演义》《鲁滨逊漂流记》专题	（20 万字）
《草房子》	20 万字	《三体》	88 万	《风会记得一朵花的香》等	（20 万字）
《呼兰河传》	14.4 万字	《水浒传》	90 万字	《诗经》专题	（30 万字）
《海鸥乔纳森》	2 万字	《红岩》	41 万字	《民国经典国文课》	（45 万字）
《狼图腾》	51 万字	《名人传》	27 万字	《时代语文：三维阅读》	（45 万字）
《梵高传》	42 万字	《海底两万里》	35 万字	《巴黎圣母院》	（40 万字）
《骆驼祥子》	10 万字	《三国演义》	72 万字		
《童年》18 万字					
共计：304.3468 万字		共计：502.5 万字		总计：1014 万字	

推进整本书阅读的过程中，我将课上课下阅读活动合理安排，推出系列"班级读书会"，开发出可操作性较强的"整本书阅读实施流程"：自读—初探—深读—共议—表达。教学实施过程中，我注重结合不同书册特点设计丰富多彩的"学的活动"，引导学生合理运用"预测""连结""图像化""信息建档""内容重构"等阅读策略，发展阅读能力，提升核心素养。宋伦宸始终是整本书阅读活动的积极参与者，阅读《梵高传》后，他绘制了凡·高的人生罗盘，还撰写了咏人诗表达自己的感受。

致凡·高

北京市朝阳外国语学校　宋伦宸

当救赎的渴望支离破碎，艺术之花悄然绽放。

向日葵因你而获得了倔强的灵魂，在它短暂的生命里散发着金光。

枝干枯萎，花朵凋零，挡不住它永恒的顽强。

你描绘了那壮丽的星月夜，恒星的旋涡是一首亘古流传的挽歌。

歌唱吧，就在这壮丽的星月夜。

哪怕没人听见，没人理解，没有同情，没有知己，阳光下你的影子陪伴着你。

你的肉体在鄙夷中毁灭，你用孑然的灵魂在天国里悲悯众生。

你拥抱苦难，苦难中你可曾彷徨；你走向自由，路途中你可曾迷茫。

你的身体早已化为灰烬，留下的是耀眼的色彩和后人流连的目光。

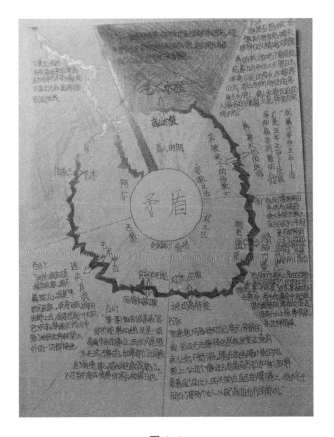

图 6-2

阅读《苏东坡传》，我们布置的匹配任务有背苏东坡诗词文以及为苏东坡设计一座纪念馆，在他人生经历的重要地点选址，并借助整体设计传递人物的精神气质。班中不同的小组都有精彩的创造，宋伦宸把他构思的过程写成了中考同题作文。

读书·实践·收获

初二2班 宋伦宸

午夜，月朗星稀，四顾寂寥。一束皎洁的月光射入了我的窗口，照在书桌边凝神静思的我的身上。我看着摊在案头的《苏东坡传》，努力构思着"苏东坡展馆"的平面设计图。苏轼乃一代文人，集孔子之圣，李白之仙，杜甫之忧，岳飞之忠，诸葛亮之智，司马光之才于一身。他是"挟飞仙以遨游"的仙人；是"同官贾相与庆于庭"的百姓救星；是"十年生死两茫茫，唯有泪千行"的深情丈夫；他更是一颗"千磨万击还坚韧"的夜明珠。

苏轼是不幸的，正当他的仕途一路顺风的时候，王安石的变法开始了。从此，这个效忠宋朝，立志于治国安邦的天纵大才被埋没在了黑暗时代。他被打上"元佑党人"的标签，被迫下台。他从杭州太守的位置被撤职；而后又卷入了"乌台诗案"，被关进了大牢。漫漫长夜，明月当头，人影在地，他不舍"粉身碎骨浑不怕，要留清白在人间"的气节。他立志为国殉节，虽身处囹圄，他也要活出自己的精彩。

苏轼又是幸运的。造化弄人，阴差阳错，他被从监狱里放了出来。出狱后，他经历了人间疾苦，世态炎凉。随着朝中权力的变更，他被放逐到一个又一个穷苦荒凉的地方。他的第一站就是黄州，也就是我们小组建立"苏东坡展馆"的选址所在。"一箪食，一瓢饮，人不堪其忧"，苏轼不改其乐。在"月出于东山之上，徘徊于斗牛之间"的赤壁，在奔腾浩瀚的长江岸边，在"白露横江，水光接天"的夜色中，饱受打击的他依然壮志满怀，吟咏出"自其变者而观之，则物我皆无尽也"的句子。身处逆境，他仍旧豪气冲天，满怀希望。赤壁之夜，他尝超脱之乐，品羽化之仙境，活出了自己的精彩。

"今人不见古时月，今月曾经照古人。"月光，这束洒向我书桌的月光，曾经照亮过御史台的监狱，照亮过赤壁，照亮苏轼在每一个不眠之夜徘徊往复的足迹。今夜，这束月光照亮了我的思绪，我豁然开朗。苏东坡最精彩的时候，就是深夜里他沉思的时候。他就像是一颗恒星，平日里并不耀眼，但在暗无天日的夜里，他熠熠生辉。只有在万籁俱寂的夜里，世事的纷扰嘈杂通通隐去，他的希望和快乐在黑夜里盛开，他的才华点亮黑夜。

苏轼的一生，波澜壮阔，有春风得意，有哀转久绝，有如日中天，有身陷囹圄。他与命运对抗，与悲剧博弈，最终却拥抱苦难，将悲哀化作一篇篇优美的华章。他的人生太曲折了，太复杂了。我对着月光冥思苦想，却想不出能表现苏轼人生的展馆设计。

一束月光映射到黑暗中，点亮了它，又与它融为一体，我看着这景象，若有所思。渐渐地，太极形的主题展厅在我的脑海中浮现了，太极黑白融合，浑然一体。而苏轼的一生不正是日与夜，暗与明，对立、交战、和解直至统一的过程吗？可又用什么代表他出众的才华呢？我低头沉思，月光斜斜地照着书皮上小小的英文标题 *The Gay Genius*。没错，就是这个"G"了，它代表了苏轼的"天才"和"快乐"。一个以太极为主题，以"G"形长廊包裹主展厅的方案成形了。这两个意象的组合象征着苏轼用快乐和才华凝结成的希望与黑暗作战，在深夜里绽放自己的精彩。今夜，在这一束月光的陪伴下，长夜倏然而过，我们的展厅初具雏形了，精彩的火花更在深夜里迸发了。

成功不在于逆转的一瞬，而是在希望萌发、生长的悠长岁月中。精彩不是在黎明时迸发，而是隐藏在无数个漫漫长夜之中。收获不在于成功的那一刻，而在于读书的厚重与实践中的抉择与守望。"对酒当歌，人生几何。"在读书中，我们与一代圣贤对话，体味他们的辉煌与辛酸，看透自己内心中的那份软弱，那份执着。在实践中，我们与高贵的灵魂合二为一，用自己的方式诉说别人的故事。如果说，读书让我们看到别人在他们的世界里成长。那么，实践让我们在别人的世界里成长。在黑夜中，我们为别人扼腕叹息。在无声中，我们默默前行。但总有一天，精彩不再隐藏，它终将横空出世，那一刻石破天惊，人们为之震惊，世界为之喝彩。

他在有了创意之后，与小组同学通力合作，用 Sketchup 建模软件设计出"苏东坡纪念馆"的动态演示图。初二寒假，我要求学生们阅读《水浒传》并完成配套学程中的相应任务。所谓"学程"，是为引领学生细读文本而就部分章节所拟定的阶段性阅读题目的汇总。宋伦宸是个认真的孩子，他这是第一次读《水浒传》原著，以前的故事情节都是靠评书了解到的。初一和初二上学期，他读过不少西方描写大革命的书，比如《九三年》《双城记》《巴黎圣母院》……习惯了西方小说的叙事方式，《水浒传》让他感觉读起来很别扭。林冲的故事讲得好好的，偏又开始说武松了，等再说回林冲的时候，武松的故事都已经忘得差不多了，还得翻回前面回读他的事迹。更让他不解的是，起义军明明一路攻城拔寨，凯歌高奏，却又突然接受招安。在读的过程中，他不断地想起同样是描写社会底层人民起义的《斯巴达克斯》，两书在写作手法和故事走向上有天壤之别，原因何在？

他回顾自己读过的关于欧洲历史的书，如《全球通史》《路易十四》《拿破仑传》等，再与中国的历史小说《三国演义》《隋唐演义》《七侠五义》《岳飞传》等做对比，他敏锐地感受到《水浒传》与《斯巴达克斯》中人物性格和命运的不同，源于中国与西方文化传统的不同，而《水浒传》的叙事方式，也正是链式结构的体现。

他将自己的想法写成文章第一稿，题目叫作《〈水浒传〉和〈斯巴达克斯〉的对比阅读》，他用四个小标题"从作品本身看两部书""从作者看两书""从作者所处的时代看两书""管中窥豹浅谈东西方文化之间的差别"构架文章。初稿 3500 字，有自己独到的观点，我肯定了他的想法，也提出了改进意见：1.文章开口太大，主旨太宏伟，不够具体；2.整个文章写得像一个提纲，论述不够充分，原文论据不充实；3.选取的对比角度有重叠，应重新规划。建议从"人物塑造""叙事方式""文化背景差异"

角度选点探究。第一次修改后，文章4000字，主体结构较为清晰，但还是感觉论证力度不足，我带他解读了学长的一篇论文，引导他精读原作，寻找原作细节佐证自己的观点。此次交流后，宋伦宸把文章的第一部分做了较大的修改和补充，文章变为5600字。从论文的局部可以看出他基本掌握了论文撰写的思路，于是我让他用这样的方式充实全文。几经修改，"人物塑造"细化为"起义者形象""起义军群体形象""女性形象""起义军对手形象"这四个角度，所选的人物都具有可比性。叙事方式角度，他得出了有价值的结论：《斯巴达克斯》与《三国演义》的成书方式更接近：先历史，后成书；这与《水浒传》迥然不同。"中西方文化差异"角度，他将思路聚焦，探讨"文化差异与招安""文化差异与造神"的问题。此篇文章最终成稿10220字，是一位14岁的少年在名著阅读过程中的真实体验，也是对文化、历史、宗教、人性等重大命题的深刻反思，真可谓"对比阅读见功力，深思勤改著佳篇"。这一作品发表于《中华活页文选（初三版）》（2017）。

宋伦宸在中考结束后给了我一个惊喜，在我以孩子们共读了1000万字为骄傲时，他奉上了自己的个人书单。三年来，除了我们共读的书目外，他个人阅读量超过3100万字，这还不包括《史记》《莎士比亚全集》《鲁迅全集》中他所阅读的篇章，这几部文集因未完全读完，不计字数。我关注了宋伦宸的个人书单，他的阅读多是由一个点辐射开来，从而形成一张网。这之中，有从课内作品衍生的阅读兴趣，比如从《水浒传》到《斯巴达克斯》，继而辐射出对西方文化的系列探究。有不少作品的阅读呈现出"专题阅读"的状态，读完《大国航母》，他会阅读《近代国造舰船志》《民国海军舰船志》《英国皇家海军舰队》等书。在读完《中法战争》后，他会阅读《中俄战争》《清日战争》《刺杀肯尼迪》等书。

"一个人的阅读史就是他的精神成长史"，此言不虚。从孩童时代开始的大量阅读，为宋伦宸同学构筑了丰富澄澈的内心世界。初中三年，我欣赏他在课堂上侃侃而谈，纵论古今；赞佩他在作文中尽情挥洒，书写壮志；更惊喜于他的鸿篇巨制，洋洋万言。他也认为读书成就核心竞争力——学习能力、思辨能力、表达能力。读书让他会读、敢写，也让他找到人生的发力点，关注经济与经济史研究，他自己也说："在人生的早年就能发现自己喜欢做什么是一件幸运的事。"他考入人大附中国际部，在更多的中英文书籍的阅读中让自己的底蕴更厚重，思想更深刻。数年如一日的努力，带给他的不仅是北京市英文辩论比赛一等奖等殊荣，更多的是阅读视野、思想深度、文化底蕴、人文情怀以及超强的思辨能力与中英文表达能力，所有的这些，也使得他在牛津大学人文社科专业面试中成为让人欣赏的亚洲面孔。正如他在《读书 实践 收获》一文结尾所写的那样："成功不在于逆转的一瞬，而是在希望萌发、生长的悠长岁月中。精彩不是在黎明时迸发，而是隐藏在无数个漫漫长夜之中。收获不在于成功的那一刻，而在于读书的厚重与实践中的抉择与守望。"

曾得天下英才而教之，是我从教路上的幸运，不断从英才的学习行为中得到更多的启示，是我莫大的收获。我觉得在宋伦宸考入牛津大学之时，回顾、梳理他成长的经验，是一件有意义的事。由衷希望他的阅读经历能启发更多的孩子，使得他们拥有阅读力、思辨力、表达力，也希望这些核心竞争力帮助每个热爱阅读的孩子找到自己人生中的精彩。

参考书目

1. 吴泓. 语文专题学习与整本书阅读十讲［M］. 北京：商务印书馆，2021.

2. 吴欣歆. 培养真正的阅读者：整本书阅读之理论基础［M］. 上海：上海教育出版社，2019.

3. 李煜晖. 探索和发现的旅程：整本书阅读之专题教学［M］. 上海：上海教育出版社，2019.

4. ［美］露西·麦考密克·卡尔金斯. 如何培养良好的阅读品质？［M］. 韦丽平，译. 北京：教育科学出版社，2018.

5. ［美］露西·麦考密克·卡尔金斯. 如何有效运用阅读教学策略？［M］. 林玲，译. 北京：教育科学出版社，2018.

6. ［美］露西·麦考密克·卡尔金斯. 如何创设适宜的阅读环境与课程？［M］. 祝玉娟，译. 北京：教育科学出版社，2018.

7. 纪秋香. 独立阅读能力发展路径与评估［M］. 北京：华文出版社，2017.

8. 李森，伍叶琴主编. 有效对话教学——理论、策略及案例［M］. 福州：福建教育出版社，2012.

9. 肖川. 义务教育语文课程标准（2011 年版）解读［M］. 武汉：湖北教育出版社，2012.

10.唐江澎，张克中．在亲历中感悟意义：例说语文活动体验式教学［M］.南京：江苏教育出版社，2012.

11.［美］莫提默·J.艾德勒，查尔斯·范多伦.如何阅读一本书［M］.郝明义，朱衣，译.北京：商务出版社，2004.

12.［美］琳达·达林－哈蒙德等.高效学习：我们所知道的理解性教学［M］.冯锐等，译.上海：华东师范大学出版社，2011.

13.［英］艾登·钱伯斯.说来听听：儿童阅读与讨论［M］.蔡宜容，译.北京：五洲传播出版社，2011.

14.［英］艾登·钱伯斯.打造儿童阅读环境［M］.许慧贞，译.北京：五洲传播出版社，2011.

15.龙应台.孩子你慢慢来［M］.北京：生活·读书·新知三联书店，2009.

16.王文静，罗良.阅读与儿童发展［M］.上海：华东师范大学出版社，2010.

17.龙应台.目送［M］.北京：生活·读书·新知三联书店，2009.

18.课程教材研究所.20世纪中国中小学语文课程标准·教学大纲汇编：语文卷［Z］.北京：人民教育出版社，2009.

19.严育洪编著.课堂高点：学生思想的生成［M］.北京：首都师范大学出版社，2008.

20.郭思乐.谛听教育的春天——郭思乐生本教育思想随笔［M］.合肥：安徽教育出版社，2008.

21.［加］英格丽德·约翰斯顿.重构语文世界：后殖民教学实践［M］.郭洋生，邓海等，译.北京：教育科学出版社，2007.

22.夏丏尊，叶圣陶.文话七十二讲［M］.北京：中华书局，2007.

23.吴雁驰.高中书册阅读教学理论与实践［M］.湖南：湖南教育出

版社，2006.

24. 林崇德. 教育的智慧：写给中小学教师［M］. 北京：北京师范大学出版社，2005.

25. 潘新和主编. 新课程语文教学论［M］. 北京：人民教育出版社，2005.

26. 林裕康，罗嘉怡，谢锡金，林伟业. 儿童阅读能力进展（香港与国际比较）［M］. 香港：香港大学出版社，2005.

27.［日］佐藤学. 世界课程与教学新理论文库：学习的快乐——走向对话［M］. 钟启泉，译，北京：教育科学出版社，2004.

28. 钱理群. 语文教育门外谈［M］. 桂林：广西师范大学出版社，2003.

29. 施耐庵，罗贯中. 水浒传（上、下）［M］. 北京：人民文学出版社，1997.

30. 张鸿苓主编. 语文教育学［M］. 北京：北京师范大学出版社，2001.

31. 裴娣娜. 教育研究方法导论［M］. 合肥：安徽教育出版社，1995.

32. 叶圣陶，刘国正主编. 叶圣陶教育文集·第三卷［C］. 北京：人民教育出版社，1994.

后　记
追寻有创造性的语文教学

我出生在一个教师家庭，在师范大学的校园中长大。校园中有一座陶行知先生的雕像，雕像基座上镌刻着一句话："处处是创造之地，天天是创造之时，人人是创造之人。"这句话看似简单，实则意味深长。创造的前提是不是事事动脑，时时思索，付出热情，创出新境？当我走上三尺讲台时，追寻有创造性的语文教学就成为我的职业理想。

仍记得我在首师大读书时，语文教学法林跃老师崇尚"故事化生存"，常常借故事讲教法讲人生，他说过，创造的灵魂在于排列组合，他也常常鼓励我们开发语文教学资源，做有创造性的教师。

2000 年 7 月，21 岁的我本科毕业，走上中学讲台。我的师傅是北京二中的退休教师宋芹兰先生。宋老师温和从容，朴素谦和，言谈举止都带着语文教师特有的儒雅、温暖与幽默。宋老师以教学为乐，她告诉我："每一天都是新的。"虽然宋先生是返聘教师，但她仍追求在教学中推陈出新。师傅胸有成竹，将初中三年语文教材的内容重新整合，用两年时间讲完三年内容，余下的课时我们补充了"现当代诗歌诵读"专题、"古代诗歌诵读"专题，《红楼梦》《三国演义》《莎士比亚戏剧集》等经典名著的阅读。一个月一部名著，每周我们用教师专题讲座、学生共读分享的方式推进阅读，最终指导学生就喜欢的话题完成微论文写作。师生共读，与学生一起走进经典名作画廊中人物的喜怒哀乐，成为教学改革中最让人难忘的记忆。我与这拨在初中共读名著的学生一起继续推进高中三年的学习，在高考中斩获佳绩。

2011 年，学校调整工作，让我在担任行政干部的同时执教初中阅读课，自选素材，每周给 11 个班各上一节阅读课，课型以群文阅读为主。恰在此时，学校开展"阅读素养提升工程"课题研究，北师大吴欣歆老师、杜霞老师入校指导。两位专家鼓励我突破专业发展的瓶颈，上出整本书阅读课，甚至构建出校本课程体系。2012 年，我开始尝试在课堂上开展《孩子你慢慢来》整本书阅读交流。这是一本由 23 个单篇结成的散文集，记录作者与儿子一同成长的故事，抒发作者在养育孩子的过程中重新发现自己、重新成长的欣喜与感悟。第一次试讲，我请学生自由畅谈感悟，学生说到哪篇，我就及时回应。结果，发言的孩子感兴趣的篇目并非为其余同学所熟悉，课堂上成了我和发言同学的单向交流。我向吴欣歆老师求教，她让我结合本书特点及学生兴趣选择几篇文章课堂共读，设计课堂工作纸，让学生在课前充分预习。吴老师告诉我要用自己的人生经验解读文本，读出整本书的精华。我不断完善，先后对教学设计修改了七次，课堂内容逐步"聚焦"，选择出有代表性的四篇文章课堂讨论。我们重读《初识》《一只老鼠》《渐行渐远》，再就序言《蝴蝶结》开展"你问我答"的活动。最后，大家共议"慢慢来，需要什么"，感受"慢慢来"背后的生命底色——对每个人尊严的呼唤与尊重。教学内容聚焦了，课堂讨论自然就热烈，胡昕宇同学在叙说母亲"目送"自己时感动落泪，而我和其他孩子也感动得泪不能禁，课堂也因这感动让人久久难忘。学生学到了阅读整本书的方法，我也找到了阅读教学的意义：发现美好的情义，指导我们的现世生活。

在吴欣歆老师、王彤彦老师、吴少弘老师、闫革老师专家的指导下，我学到不同类型的整本书应当如何教，我的学生也学会了读传记、小说、散文集等的方法。他们阅读兴致高，有的同学初中三年阅读总量突破了4000万字。他们的阅读输出质量高，有同学用乐高模块拼搭"鹦鹉螺号"获得了"人教杯"特等奖。与学生一同成长的过程中，我不断扩大自己的阅读视野，不断阅读教学论、文艺理论、文学评论等书籍。为了找到符合学理的教学突破口，我长久沉浸在书本中，有时一个多月才能"养"出一份满意的教学设计。每一次尝试前都是慎重的思索，每一次突破后都是成长的喜悦。我将课上课下阅读活动合理安排，推出系列"班级读书会"，开发出可操作性较强的"整本书阅读实施流程"：自读—初探—深读—共议—表达。

我们拟定了初中生阅读推荐书单，分三个维度：初中六个学期传统文化经典诵读的推荐书目包含"韵文、诗词、神话、文章"几个层面的内容，根据学生身心发展规律，采取由诗而文，由简而难的推荐顺序。教学方式，以诵读为主。"精读书册"以文学作品为主，涉及小说、散文、书信、童话、戏剧、人物传记等，教研组集体探索"整本书阅读教学流程"，召开"班级读书会"。"拓展书目"涉及文学、历史、哲学、科学、社科、艺术、博物七个领域，以学生自读为主，部分拓展书目与本学段精读书目有一定联系，以期形成基于整本书阅读的专题学习模块。

2014年至2017年，我们完整地推行了一轮阅读，个中滋味苦乐自知。学生在三年中累积阅读1000万字左右，还有学生初中三年阅读总量突破了4000万字。这些学生中，涌现出在北京市高考中跻身前十名的清华、北大学子，也涌现出考入牛津大学、哥伦比亚大学、耶鲁大学等世界名校的孩子，阅读力成为他们成长的底蕴。

身为教研组长，我与同事共同完成了《西游记》《水浒传》《孩子你慢慢来》《目送》《赞美你：奥巴马给女儿的信》《海鸥乔纳森》《曼德拉传》《呼兰河传》《草房子》《笠翁对韵》《骆驼祥子》《汉字王国》《朝花夕拾》

《人生不过一场绚烂花事》《四世同堂》等经典佳作的学程开发、读书分享会设计、成果交流等工作，编辑校本教材及学生文集数十本。我们的探索也逐步被关注，2014年4月，我校承办"北京市初中语文'教学资源开发与学生阅读素养提升'现场会"，我校教师与全市同人分享初中阅读教学成果，广受好评。2014年7月，我在全国中语会阅读推广中心、商务印书馆主办"为中国未来而读"2014阅读论坛中执教整本书阅读公开课《海鸥乔纳森》，获得专家认可，教学实录发表于《中学语文》。我校教师参编的《书册阅读教学现场》（教育科学出版社）一书在2016年出版后多次重印。语文教研组2017年被评为"北京市工人先锋号"优秀集体，于2020年，被评为"北京市模范集体"。

我在探索中收获着自我突破的快乐，也与学生一同成长。2018年，我有幸参加了北京市"京教杯"青年教师单元（或主题）教学大赛以及全国"中语杯"课堂教学大赛。在刘德永老师、李卫东老师、周鸿祥老师、王彤彦老师、吴欣歆老师等专家引领下，我不断思考学生从我的教学中应该得到什么，又怎么得到。两次参赛的经历也促使我思考：整本书的阅读与单篇教学、单元教学的联系何在？或许，无论执教单篇、单元还是整本书，都要以一整套符合学习逻辑的言语实践活动帮助学生在言语运用中理解文本内容，提升思维品质。我也一直致力于探索如何让整本书阅读、单篇课文教学、单元教学、考试测评等实现"内部共振"，让几者形成教育合力，真正做到提升学生的语文学科核心素养。我不确知自己的实践是否正确，更不敢说自己做到了"创造"，但我的目标是真实而明晰的：追寻"有创造性的语文教学"，因为我始终牢记着陶行知先生的话："处处是创造之地，天天是创造之时，人人是创造之人。"

我深深感激启发我、引领我的各位导师，也感激与我一同奋战的同事们，更感激我可爱的学生们，你们的投入回应让我拥有更多前行的力量。

我也由衷地希望我在整本书阅读中尚不成熟的探索能为更多的同人提供一些思路，唤醒前行的渴望，激发追寻的热情。整本书阅读教学的天堂，或许不是我们要走到的地方，而是我们用漫长的时间和巨大的心血缔造出来的。